2022 山东省艺术重点课题 L2022Q06170197《文旅融合背景下泰安传统村落文创设计研究》

2022 年度泰安市社会科学课题立项 22-YB-072《文旅视阈下泰安传统村落数字文创设计实践路径研究》

村落文创设计

刘 杨 著

中国原子能出版社

图书在版编目(CIP)数据

村落文创设计 / 刘杨著. -- 北京：中国原子能出版社，2022.11（2025.3 重印）

ISBN 978-7-5221-2256-4

Ⅰ. ①村… Ⅱ. ①刘… Ⅲ. ①村落文化-文化产品-产品设计-研究-中国 Ⅳ. ①G124

中国版本图书馆 CIP 数据核字（2022）第 204709 号

村落文创设计

出版发行	中国原子能出版社（北京市海淀区阜成路 43 号　100048）
责任编辑	王　蕾
责任印制	赵　明
印　　刷	北京天恒嘉业印刷有限公司
经　　销	全国新华书店
开　　本	787mm×1092mm　1/16
印　　张	12.25
字　　数	234 千字
版　　次	2022 年 11 月第 1 版　　2025 年 3 月第 2 次印刷
书　　号	ISBN 978-7-5221-2256-4　　**定　　价**　72.00 元

版权所有　　侵权必究

前　言

回顾历史:

我们追溯文创,它在文化发展中更迭变迁,陪伴神州华胄在沧桑时代中跌宕起伏。文创发展不是踽踽独行,而是与中华文明携手并肩历经潮落潮起。文创一直以"定于一尊"的传统思维和"用夏变夷"的进取姿态在历史中进化,既在汉唐盛世的"天朝气象"中昂首阔步,亦在近代以来的"文化逆差"中上下求索,文创产出在历史变化中不断突破界限,在文化塑造中不断迭代更新。而村落作为农耕文明孕育下的生产生活形态,在历史画卷中早已勾勒出浓墨重彩的一笔,注定不应沦为文创领域的一片荒漠。

审视现状:

我们正视文创,我国文化软实力不断增强,文创产业飞速发展,文创产品五花八门,文创涉及的领域、内涵、形式、元素均极大丰富,已成为践行习近平总书记"讲好中国故事,传播好中国声音,展示真实、立体、全面的中国"指示的排头兵。遍历众多成功文创产品的案例,共性是对大众心理、历史文化和时代气质进行了有效的再融合、再升华,我国文创产业已初步完成发展路径和方式的探索,具备理解、创作、传播、有深度、聚人心的文创产品能力。但聚焦于村落文创这一细分领域,其发展相对滞后,与《中共中央国务院关于做好2022年全面推进乡村振兴重点工作的意见》中"创新农村精神文明建设有效平台载体"和"推进非物质文化遗产和重要农业文化遗产保护利用"的要求仍有差距。

展望未来:

我们憧憬文创,今后要更加注重对特定地域、特色文化中传统村落的特化研究。首先要辩证审视传统文化元素,用实践的发展态度进行文创思考;其次要提高站位、打开格局,着力推动中国村落文创在全世界的认同感;再次要借鉴传统村落的风貌与风俗,对传统符号和文化元素解构与再构建,从传统中汲取真谛,注重内涵的推陈出新,真正符合现代文化需求和发展。

综上所述,文化创意产品是文化与时代的典型产物,在差异化文创的体验中,人们有必要不断更新对文创的理解和解读,并在村落文创领域持续发力,传承其历史意义,创造其现实价值。

本书对国内外文创设计进行了一定研究与考察,着力摸清国内外文创的发展脉络,对典型文创案例进行深入剖析,并实地考察了文创发展较成熟的以北京故宫为代表的各大博物院、以平遥古城为代表的古村落、以齐鲁文化为代表的旅游景点展示场馆,先后汇总整理了大量资料,在书中进行呈现与解读,为深入思考我国文创发展的未来路径打下坚实基础。

本书介绍了关于文创设计的相关政策、村落文创设计的流程、融合科技发展的地域数字文创设计,重点结合泰安地域文化特色、发展规划蓝图、大量实践案例创作,系统地阐述了泰安传统村落数字交互式文创设计研发策略。

衷心希望本书能得到大家的喜爱,愿本书能对视觉传达设计专业教师、在校大学生以及关心和从事文创设计的相关人士发挥指导意义和参考价值。

2022 年 7 月

目　录

第一章　文创设计相关基础知识

第一节　文创产业的概述

随着文创产品需求的日益增长，文化创意产业发展成为新的朝阳产业之一。早在 2000 年，《中共中央关于制定国民经济和社会发展第十个五年计划的建议》中第一次明确涉及文化领域及其产业布局，国家又陆续发布《国务院关于推进文化创意和设计服务与相关产业融合发展的若干意见》《文化及相关产业分类》和《文化产业促进法》等促进文化创意产业的相关政策法规，足以明确文创产业发展是未来经济社会发展中的重要组成部分。

一、文创产业的基本概念

20 世纪 90 年代英国经济处于不景气的停滞状态，时任英国首相布莱尔听取"创意经济之父"约翰·霍金斯教授的建议，将创意经济上升为国家战略。自 1998 年英国创意产业纲领文件，到 2005 年英国创意经济方案，再到 2017 年英国现代工业战略，创意经济得以在英国持续蓬勃发展，并随着经济的发展不断产生自身迭代升级。进入 21 世纪，文化创意产业已然成为新兴朝阳产业，其产业发展程度成为当前经济竞争力和文化创新力的重要指标，是世界各国都孜孜以求的新经济增长点的重要内容。但是国内外学者目前对于文化创意产业尚处于认知和探索阶段，尚未确定一个清晰完整的定义。笔者结合自身教学实践，参照诸家代表性意见后认为，将无实体形态的文化径直蜕变为兼具社会和财经效益的优势产业，即文创创意产业的概念及意义。换言之，文化创意产业应以文化为共同条件和特性，通过创意将知识的原创性、经验性和先进性，融入具有丰富内涵的文化之中，产生出能够创造经济价值的全新产业类型，而经济价值的兑现要依靠重视、尊重和维护知识产权来保证。

二、文创设计产品

设计的核心是人，设计是人类思想产物的结晶，其产出是反映物质功能和精神追求的各种文化要素集合，是功能价值、文化价值与创意思想的统一。创意设计一般指以文化等传统领域为创作"燃料"，以创新立意为创作"火花"，是创意产业从业人员的文化智慧在特定范围的物化表现。文创产品是其创意来自文化设计的产品，简单来说，文创产品是指具有文化内涵并加以创新的产品，其核心要义是对文化内容进行文化内省后的创新性转化。而文创产品的设计主要是通过分析文化价值本身所蕴含的文化因素，将这些文化因素以现代生活形态符号的形式转化成设计要素，并探求其使用后的精神层面满足，即产品的体验价值。随着现代社会的不断发展，消费者个性化、差异化的消费需求，逐渐助推文化产品成为市场的新颖消费品。文化产品设计，是基于生产力、科学技术、文化价值观和功能实用性为一体的研发产物，科技和文化的附加值普遍要高于普通产品和服务。经过精心设计和改版打磨，可进一步设计出具有代表性的文创产品或文创周边，达到文化传承与产品功能价值的一致性。

三、国家对文化创意产业的政策

表1-1　国家文化创意产业相关政策解析

时间	负责部门	文件名称	主要内容
2000 年 10 月	中国共产党第十五届中央委员会	《中共中央关于制定国民经济和社会发展第十个五年计划的建议》	首次提到文化产业
2001 年 3 月	第九届全国人民代表大会常务委员会	《中华人民共和国国民经济和社会发展第十个五年计划纲要》	首次提到文化产业
2002 年 11 月	中国共产党第十五届中央委员会	《中国共产党第十六次全国代表大会报告》	首次提到文化产业化
2004 年 10 月	中华人民共和国文化部	《关于鼓励、支持和引导非公有制经济发展文化产业的意见》	首次支持民间文化投资

时间	负责部门	文件名称	主要内容
2006 年 3 月	第十届全国人民代表大会常务委员会	《中华人民共和国国民经济和社会发展第十一个五年规划纲要》	首次提出支持文化创意产业，加强现代艺术的监管
2006 年 10 月	中华人民共和国文化部	《文化建设"十一五"规划》	首次提出支持文化创意产业，加强现代艺术的监管
2009 年 9 月	中华人民共和国国务院	《文化产业振兴规划》	首次将文化产业作为国家战略
2011 年 3 月	第十一届全国人民代表大会常务委员会	《中华人民共和国国民经济和社会发展第十二个五年规划纲要》	首次要求建设具有地方特色的文化产业基地
2011 年 10 月	中国共产党第十七届中央委员会	《中共中央关于深化文化体制改革，推动社会主义文化大发展大繁荣若干重大问题的决定》	首次将文化产业列为国民经济支柱产业
2012 年 2 月	中华人民共和国文化部	《文化部"十二五"时期文化产业倍增计划》	要求创作一批高水平的文化产品，扩大文化领域消费，建设一批高水平的文化产业基地和园区
2014 年 1 月	中国人民共和国财政部	《文化产业发展专项资金管理暂行办法》	设立了国家文化产业基金，并首次支持 800 余家文化企业
2014 年 2 月	中华人民共和国国务院	《国务院关于推进文化创意和设计服务与相关产业融合发展的若干意见》	要求地方政府必须重视文化产业发展
2015 年 1 月	中华人民共和国国务院	《博物馆条例》	用制度保障来推进博物馆事业规范化、专业化发展

续表

时间	负责部门	文件名称	主要内容
2018 年 4 月	中华人民共和国国家统计局	《文化及相关产业分类（2018）》	对文化产业进行了新的分类
2019 年 6 月	第十三届全国人民代表大会常务委员会	《文化产业促进法》	明确地方要文化基础设施建设和确保民众享受更好的文化服务
2020 年 11 月	第十三届全国人民代表大会常务委员会	《著作权法》	更加具体地规定了各个文化产业的著作权，有利于文化产业的发展

四、地域文创

地域文创一般是指在特定的区域范围内，设计产出的服务当地文化生活或特定区域的产品，通常具有地域文化、地域风俗和地域信仰，有特殊的服务群体，有指向性、针对性的文化服务产品或虚拟文化产出品。

第二节　文创设计的源泉是文化

一、文化的概念

（一）什么是文化

文化是一切与经济、政治有关的精神活动及其产物。西方"文化"的词源是原始耕地及其开垦的文化意义，后来，它被延伸到培养人的身体和心灵。"观乎人文以化成天下"出自《周易》，意为在不同的时代凝聚价值观，融化人心，化育行为。"观乎人文以化成天下"强调的是文而化之，"文化"一词由此而来。国内外虽对文化有不同的定义，但都是对塑造人类思想的体现。

关于文化的理解有很多，要从众多文化内涵中挖掘和提炼出适合的文化价值非常困难，所以在本书中这样去解读文化：文化是一种承载精神价值、文化内涵、民俗文化和实用价值为一体的多元集合体。

所以说，文化充满我们日常生活中每个角落，而文创设计就是让消费者在日常生活中，通过文创载体的使用，感受不同的文化内容和文化元素。

(二) 文化的层次

按照不同的分类标准可以大致分为以下几种层次：

1. 表层文化

表层文化又可成称之为物质文化，是人类通过对物质形态的利用，表达于日常的衣、食、住、行等领域，是人们在物质生活资料的生产过程中所创造的文化内容，如汉民族传统服饰，以及有着3000多年历史的中国传统拨弦乐器古琴等。

其中最具代表性的是物质文化遗产，根据联合国《保护世界文化和自然遗产公约》规定，对物质文化遗产的划分大致归纳为以下三种。

(1) 文物。包括拥有广泛受众的房屋及其雕饰、画作，拥有探轶价值的洞窟、居民区或各种遗迹的综合体等，具有一定的历史文艺或者科学技术收藏价值。

(2) 建筑群。包括具有相仿样态、较高定位和聚计划分布的建筑、景观等，具有一定的历史文艺或者建筑学收藏价值。

(3) 遗址。包括具有较高定位和意义的人工造物、自然产物或人与自然协作的痕迹，具有一定的历史文艺或人类学收藏价值。

物质文化遗产是文创设计中非常重要的文化元素来源之一，是文化经过重新创意后的深刻体现。

以此为依据，曲阜孔庙是以孔子故居为庙的建筑群，属于物质文化遗产。庙内有殿堂、坛阁和门坊等464间，周围以红墙，四角配以角楼，是仿北京故宫样式修建的，与相邻的孔府、城北的孔林合称"三孔"。

孔庙的建筑平面呈长方形，占地14万平方米，南北长0.7公里。孔庙沿一条南北中轴线星罗棋布，两侧对称，鳞次栉比，共有九重庭院，起始有十三御碑亭、十三御碑亭和以棂星门为首的五道门；从大圣门起，布局分作三列：中列为大成门、杏坛、大成殿、寝殿、圣迹殿及两庑，作为祭告孔子及儒家代表性人物的区域；东列为崇圣门、诗礼堂、故井、鲁壁、崇圣词和家庙等，作为拜祭孔子五服内祖辈的区域；西列为为启圣门、金丝堂、启圣王殿和寝殿等建筑，是祷告孔子双亲的区域。

全庙共有五殿、一祠、一阁、一坛、两堂、十七碑亭和五十三门坊，共计有殿庑四百六十六间，分别建于金、元、明、清及民国时期。孔庙内最为著名的建筑有：棂星门、二门、奎文阁、杏坛、大成殿、寝殿、圣迹堂和诗礼堂等。

孔庙建筑群及其价值意义均非同一般，具有承载传承孔子思想的教育意义、儒家思想的文化传承、推动民族融合统一的进步性、倡导"仁"与"礼"的精神遗产和透视中国传统政治经济体制的史学价值。

以上都是设计元素的窗口，了解物质文化遗产，挖掘并创新设计是对隐含有形之物、无形文艺中智慧与观念的回溯。

饮食文化

饮食文化是最具中国特色的典型文化之一，以历史悠久、流派众多、影响深远著称。

首先，风味多样。我国一直就有南米北面的主食偏好，口味上有东酸、西辣、南甜和北咸的地域分布，根据各自形成的体系与影响力可分为川菜、鲁菜、粤菜、苏菜、浙菜、闽菜、湘菜、徽菜八大菜系。

中国自古讲究"国以粮为本""民以食为天"，吃饭是头等重要的大事，故而许多食物在地域分布上的不同总能隔三岔五地登上民众热议的"大雅之堂"。这其中尤以南北分界最为明显，如端午节中必定会有关于咸粽、甜粽或者豆沙粽、肉粽的讨论；中秋节时关于月饼甜咸以及五仁、莲蓉等经典馅料也将甚嚣尘上，更有甚者连月饼是用刀叉切着吃还是整个拿着吃都要争论一番；冬至日吃饺子蘸醋还是酱油、白糖、辣椒油也是永恒的话题。无数有趣的地域饮食差异提醒着我们，中国饮食文化是一种百花齐放、兼收并蓄、不能一概而论的特色文化。

其次，不时不食。最初出自《论语》"乡党"一篇，影响了后世中餐更多倾向于对当季食材进行烹饪，即所谓的"时蔬"，合适的季节食用适当的食物，体现出一种自律养生、道法自然的人生追求。

除此之外，中国饮食文化还注重食物与器皿的相得益彰，例如《红楼梦》中"妙玉奉茶"生动描述了茶与茶具的搭配，《笑傲江湖》中"祖千秋论杯"精彩展示了酒与酒具的搭配。另外与西餐大相径庭，中餐热衷于为食物赋予活泼有趣的名字，甚至超脱于食材而更多依托于典故。例如，龙凤配、乌云托月、佛跳墙和油炸桧等。

从表面上看，中国人在意食物在视觉、嗅觉、味觉上的呈现，但本质上更加注重对食物附着的深层寓意和认知社会的深刻哲理，例如：当小孩子100天大的时候，小孩子的家人要为登门祝贺的亲戚朋友们奉上染成红色的鸡蛋，分享传递得子的喜悦与新生的祝福。

服饰文化

服饰是日常中最生活化的体现之一，服饰文化也颇为讲究，往往要根据不同的场合和事务穿搭符合的着装。现代人更是利用服饰文化来表达自己的"内心世界"，将其作为个人外在形象的窗口。而古人则是对服饰有严苛的要求，特别是在一些传统服饰中，代表了中国传统文化、等级制度等时代特征。汉服是中国古代最具代表性的服饰之一，汉服也称为华服，大体上是上衣下裳的形式，之所以这样，主要是由华夏民族的农耕农作的属性决定的，日常耕作中能够方便地穿脱。这也是农耕时代服饰的主要形式。

除了形式上的特点，服饰的纹饰也反映了人们的思想观念，不同时代的形式和纹样，形成了特定时代的中国特色服饰文化。

唐朝作为中国古代繁盛时期，其服饰也因此丰富多样，自唐到隋，中国古代服饰领域掀起蓬勃发展的新浪潮，政通人和、五谷丰登、万国来朝的盛世景象下推动了纺织工艺的大发展，带动服装产业一片欣欣向荣，衣服样式、颜色与纹样等得到了不同程度的升级改良。特别是该时代的女性衣着，达到了我国古代服饰领域靓丽的巅峰，衣帽的精美绝伦和饰品的巧夺天工，让大众倾心仰慕、流连忘返。冠服规制是我国古代王朝地位层级的体现，作为专制制度上层集团权力架构的儒学和服饰礼仪，起到划分阶层和地位的关键作用，用色和图案更是大有讲究。

郭沫若曾说过这样一句话，衣裳是文化的表征，衣裳是思想的形象，中国传统服饰经历几千年的积累和融合，不断丰富和发展，形成了中国服饰文化系统。在服饰中的文化也是文创设计中经常涉及的内容，挖掘和理解服饰文化是对文创设计内涵的升华。

建筑文化

建筑是人类物质文明和精神文明的产物，它是一类文化范畴的典型体现，在各个年代呈现不同的文化样式及其特定主题。我国传统建筑大多为木质结构，欧美典型建筑大多取材自砖石，当代建筑多由钢筋砼构件组成。

中式建筑形式丰富多样，包括宫阙、庄园、塔楼、桥涵、佛寺、道观和陵寝等。中国最早的史前建筑诞生在距今约1万年前的旧新石器时代之交，在原始农业出现之际，因为有了定居的要求而出现。在之后的漫长发展历史过程中，中国传统文化中天人合一的思想对中式建筑产生了重要的影响。

宫殿建筑是最具代表性的中国古建筑之一。例如，明清故宫、布达拉宫、大明宫等，均代表着中国建筑的巅峰之作。建筑风格也独具特点，以对称、协调、庄严和雄伟著称。

再如园林建筑，是中国传统建筑另一重要的组成部分之一，是指以江南私家园林和北方皇家园林为代表的中国山水园林形式。在中国传统建筑中，古典园林是独树一帜有重大成就的建筑，它被举世公认为世界园林之母和世界艺术之奇观，是人类文明的重要遗产，其造园手法已被西方国家所推崇和模仿，在西方国家掀起了一股"中国园林热"。

2. 中层文化

中层文化即通常为大众所熟悉的行为文化，通常涵盖科技、文艺、信仰、礼节、规则和民俗等认知维度的概念，但它的呈现必须以真实环境、事物为依托。

中层文化在人际交往与日常习惯上的表征是多种多样的，如传统节日中的各种习俗：过年守岁贴春联，端午节吃粽子，中秋节赏月、吃月饼，重阳节吃羊羔、喝菊花茶、做竹鱼香包等场景。

中层文化中最具代表性的是非物质文化遗产。根据《中华人民共和国非物质文化遗产法》规定"非物质文化遗产是指各族人民世代相传并视为其文化遗产组成部分的各种传统文化表现形式，以及与传统文化表现形式相关的实物和场所"。主要包括六个范畴：一是以沿袭自古代的白话文学和当作其媒介的话语；二是沿袭自古代的绘画、书道、歌曲、舞蹈、方技和戏曲等；三是沿袭自古代的手艺、医术和纪年；四是沿袭自古代的礼法、节日等习俗；五是沿袭自古代的运动和玩乐形式；六是沿袭自古代的其他非物质文化遗产形式。

以上述内容为标准的很多非物质文化遗产元素都成为文创设计表达的"语言"，其中特别是传统美术、文学和礼仪等。例如，传统美术中的木板年画的使用是许多文创创新设计的素材。

3. 深层文化

本书所述的深层文化指代为哲学文化，它作为一种思想认知、心理活动和形而上学贯穿于其他两类文化之中。哲学文化往往是一种思想维度上的文化，其核心是关乎文化价值的立场甚至是一套评价系统，它由秩序文化、文化观念、文学、文艺以及风俗等构成。山东滨州杜受田故居，曾是咸丰皇帝老师杜受田一族的居所，按照明朝的礼制，大门可开三门、五架大梁，杜家宅确仅开一门；他居住的房屋可五间正房、九架大梁，然而，这里仅三间正房、五架大梁。杜受田官居一品，为官一生地未置一亩，房未增一间，不仅如此，滨州杜家虽有众多朝廷重臣、府州主官，但是杜家的住宅却极为普通，房屋装饰也异常简洁。家产的微薄和杜家"端正、明白、和平、谨慎"的家风映刻在每一位后人心中，这正是透过建筑传承精神层面的深层文化价值。

地域文化

地域文化是文化在一定的地域环境中与环境相融合后，形成的一种独特的文化，具有区域性、独特性，是文创设计中最能够体现"人情味"的文化元素，一定要深刻了解和把握好地域文化。

地域文化中最具有代表性的便是方言。方言是一方水土所形成的语言文化，所以通过方言可以了解不同的地域文化和民俗现象。在山东鲁北地区，迎娶新娘的路线必须是精选规划好的环形路线，预示着不走回头路、圆圆满满的婚姻。类似的地域文化还有很多，都是人们对于地域生活的诠释。特别是涉及以少数民族地区人们保留的独特文化和生活习惯的文创设计，更是需要深入了解该地区的文化与信仰。

刺绣这一中国古老的手工艺术，也因为受到不同地域文化的影响而成为地域文化差异的一种体现，以秦岭淮河一线为南北分界线，分为南绣和北绣，南绣以苏绣、湘绣、蜀绣和越绣并称"四大名绣"为主，北秀以京绣、鲁绣、陕绣和晋绣等地方绣种为主，不同的地域孕育不同的刺绣文风格，形成了各自独特的艺术特征。

地域文化的差异促使我们在设计有地域属性的文创产品时，一定要先了解当地的特色文化，这样做出的设计不但被区域消费用户认同，同时也能打动更多的人群。

民俗文化

中国传统文化的内容如此丰富多彩，为我们提供了大量文化元素进行创意设计，但是只有不断地提升设计者自身的文化修养，才能准确地解读他们，以准确的方法和恰当的载体进行传达和表达。

第三节　文创设计的要素是创意

创意是平面设计的根本要素，更是文创设计的灵魂，在文创设计中不是仅仅复制其中的历史文化元素、传承精神元素和历史文物遗迹信息元素，而是对文创元素进行有效创意，融入现代人的思想、融入科技载体、融入当下时代文化在生产力的作用下，发挥审美和实用功能。

一、创意的概念

创意是什么？创意是对传统的叛逆，是打破常规思维模式，是破旧立新，是思维碰撞后得出的创意性想法，是不同于寻常的解决方法，但绝不是天马行空。创意的方法仍然有迹可循，可以从产品本身的属性方面着手。例如，颜色、质感和用途等，要常常感受到手上的东西很讲究，比如一些文创的日常用品。中国传统元素有很多，都存在风雅之韵，在很多的设计中也存在创意，下面就选择有代表性的创意产品分析一下（图1-1）。

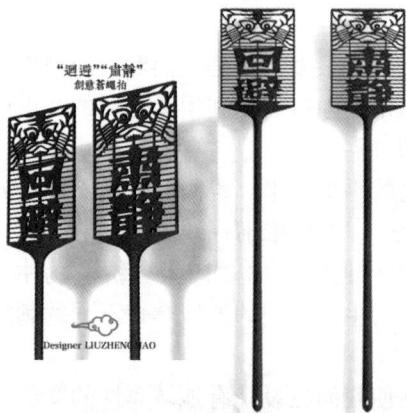

图1-1　肃静牌苍蝇拍文创设计产品

古代皇帝或官员出行，一般就是举着回避肃静的牌子，还要举官衔牌、铁链、木棍、尾枪和黄伞，此外还要"鸣锣开道"提醒前面的百姓人等避让。官员出行鸣锣开道，被认为是必行的官仪，仪仗大小，鸣锣次数也都反映了仪仗官员的品级大小。举"肃静""回避"出行其原因在于：

1. 肃静

肃静是旧时王侯、官员等外出时禁止闲人喧哗之辞。《儒林外史》记载："严贡生，借了一副'巢县正堂'的金字牌，一副'肃静''回避'的白粉牌。四根门枪，插在船上。"

2. 回避

回避则是历史上的一种倡廉制度，是为了防止官员徇私的制度，"凡回避，京官尚书以下笔帖式以上，祖孙、父子、伯叔、兄弟不得同任一署，令官卑者回避。"

设计中，以此为创意设计"回避""肃静"创意苍蝇拍，使这一早已消失的物件又有了新的意义，在我们消灭苍蝇时变得"先礼后兵"，出手之时似乎也变得威风凛凛。

二、设计的概念

（一）什么是设计

设计一词出现较早，英文中的设计（Design）意思源于拉丁语，译为画句号。在中国古代汉语中，"设计"一词最早出现在东汉许慎的《说文解字》，有"设，施陈也。从言，从殳。殳，使人也"，本义是陈列、安置。三国曹魏张揖的《广雅·释诂三》，有"设，施也。"，已经出现了制定、建立的意思。经过历史演进，逐渐发展出设想运筹计划与预算的意思。在经过较长一段时间发展，设计定义也不断被更新和完善，其核心定义大多是为实现一定的目标而进行的设计规划方案等创造性活动。

（二）创意设计的价值

创意作为实现文化意义和视觉设计的主导力量，其最大的价值在于对文化的转化，它将物质文化、非物质文化以及与其他分类方式不同的文化进行了解，并以有趣的、消费者能够欣然接受的方式进行传达，使传统文化得到传承。不可否认的是，好的创意能让文化传递，让传承的效率最大化。创意设计的价值可具体分为以下两种。

文化附加值。一般的创意设计通常只是将文化元素生搬硬套于载体之上，不考虑文化意义，与图形转化等设计要义相似，只是简单的附加特色文化元素的图案。而有意义的创意设计，则能够将文化内容转化和延伸，在对其设计精心研究后，对其中的文化影响进行处理，将设计内容与设计思路巧妙融合，传达思想的同时兼顾功能性等特殊属性，使其脱颖而出。

经济附加值。好的创意设计产品，会促使购买率的提升，增强消费者对产品的记忆，从而达到购买的目的。如果设计不能留下深刻印象，只是起到功能性作用和效果，那必定会被同类设计取代或不足以产生消费。通过有意义的创意设计方式传递文化价值的同时，能够促使消费者产生共鸣，从而增强了创意设计的经济附加值，当然也会受到消费群体、消费心理、市场因素等影响，只有这样才能保证特定文化产品能够满足细分市场的需求，实现经济效益的最大化。

第二章 文创设计创新

第一节 数字文创

数字文创从 2020 年至今呈快速增长趋势，国家也出台了一系列支持文化创意产业的相关政策，具体可分为"以民间习俗为切入点、以历史文化为切入点、以专业交叉为切入点、以科技赋能为切入点"等层面。数字文创设计多服务于艺术馆、博物馆等场所，产出数量也在积聚增长。

数字文创是"科技+文化"的附加值，文化创意产业以科学技术为支撑，起点是文化，核心是创意设计，是一种为满足人类精神文明需要的综合服务型产业。20 世纪 90 年代，西方国家逐渐开始推崇"文化创意产业（Cultural and Creative Industries）"，并将该产业作为依托于信息科技革命的新兴领域，对文旅融合现代服务业的高增长、文化传承和活化数字视觉文化都起着举足轻重的作用。文创产业在国内的概念尚不太明确，文化产业、创意产业和文化创意产业三者虽有共通之处，但具体的发展方式与方法均相差甚远。文化创意产业本质上是文化产业的分支，但覆盖范围较广，可囊括视觉传达表现、环境工程设计、软件技术和计算机服务等多方面。

第二节 数字技术与文创设计的融合发展

一、文化传播的外界条件

适宜的外界条件是文创广泛传播的前提，文创行业要参照文创策划的基础流程，逐步升华文创策划的意识和理论，多措并举开展解构，确保特色文化情境、文化观点、文化思维和文化底蕴都已注入文创产品，策划人员还要以特定产品样态呈现多样外界条件下的对应立场，最终将信息沟通和散布的机能赋予文创产品。通过互联网、智能移动终端和智能交互平台等将不同的产品以更有价值的文化宣传形式进行展示是文创设计的根本关切。依托科技加之文化渗透的文创产品使受众享受到更宜人的独家感觉，激发起深入思索文化内涵与文创策划的关键意义，在对各式各样的文创产品大量尝试后，慢慢品味出产品实用性与文化性的融合，使用户的审美情趣发生变化，从而展现文创产品的文化传播魅力。在梳理文创产品适合传播的环境过程中，分析到美术馆、科技馆、博物馆和景区文化长廊等展览场所都可以作为文创的宣传前沿，同时完备的文创策划计划是文化宣传的关键步骤，可以迅速激发起受众直接获取文化讯息的兴致，改变受众的文化和美学取向，从相同质量的产品中选择更有用的讯息。在文化传承流程中，文创从业者应注重营造适宜的传播外界条件，利用数智传媒技术开发更优的宣传手段，并通过改善传播外界条件持续提高文创策划能力，确保文创产品策划达到物尽其用的程度。

二、交互设计体验

传统文创设计展现的艺术范围有限，多是实物产品的展示，受其自身的传播的局限性，受众通常在产品数据传播环节不能得到充足的知识与舒适的感受，造成最后的宣发成绩与期望相差甚远。基于差异化文创产品的策划理念，应当借助数智传媒手段来丰富主题，增加交互体验占比的同时，剖析受众的差异化诉求，再经过反复策划来迎合使用者的本质要求，这样才能让受众使用文创产品的全环节都能有适宜的感受。如何在快速理解和熟悉产品，是文创策划中对于受众层面的一个难关，对于传统文创和附加科技要素的文创都是不小的挑战。基于大量剖析可知文创产品的主流发展趋势，即要提供满足受众要求的互动主题和感受，同时要在关键时刻发挥极致的呈现效益。

在现代数字时代，数字媒体手段将成为迎合目标群体诉求的新型技术样态。设计从业人员还可以利用相关平台拓展文创策划的底层概念，然后演绎出更加迎合大众的互动关系，使不同外界条件下的文创蜕变为受众思维交流后的产物，它能够使设计从业人员在思考问题后便捷地修改和策划，从而保障快速捕获受众诉求，从而使交互形态更加活跃。交互策划要以受众为核心，设计从业人员要在运用数智媒体手段的环节中完整地开展解析与行动，发现文创策划与科学技术的最大公约数，并以此为策划切入点，持续优化文创策划能力，更好地体现文创产品的功能与作用。

三、数字文创的预期价值

（一）优化文化传承和传播方式

数字文创通常研究运用短视频、动画、应用程序与社交媒体等互联网手段转化和承载特定区域的文创，具有互动性、参与性、娱乐性和共享性，既迎合现代年轻人，也向传统艺术前辈致敬。基于媒体平台可实现设计师与用户的点对点信息交互和二次传播，易于形成指数化传播效应。

（二）优化产业模式和消费模式

数字文创深度融合数字技术、文化创意和设计服务，具有低耗能、低污染和可持续等环保特征，为创意经济提供了新的可能。文化数字文创既可以引导实体文创线上销售，本身也是可消费的虚拟商品，面对众多互联网平台和网络用户，具有可观的经济价值。

（三）优化文化管和管理方式

数字文创研究可有效利用市场经济，对文化进行灵活转化，获得一定经济收益后反哺文化保护，为文创事业赋予更大的社会责任。利用数字技术维护和创新文化元素，易于长期存储、及时更新，降低经济成本的同时长期保持文化传承。

第三章　文创设计

文创设计建立在文创产业的基础之上，文创产业涵盖范围广泛并且产业链很长。做好文创设计需要立足于文创资源环境，瞄准国家发展趋势，找准文创发展优势，才能构建具备卓越优势的文创，从而发展多种类型的文创设计。

在文创产业蓬勃发展的趋势之下，文创设计类型呈现多元发展趋势，设计者需找准视角，在文创产品的发展创新之下，不断将文创产品的质量提升，丰盈文化元素，提升体验感受，才能不断探索出更加符合社会发展的文创设计产品，不断完善文创设计带来的多重效应。

第一节　文创设计分类

文创设计的范围极为广泛，而且随着社会经济文化发展，更新速度较快，所以目前并未形成特别清晰的划分界限。本书主要从艺术设计专业的教学实践角度出发，对文创产品进行考量分类，主要从以下几个方面进行：基于场馆的文创设计、基于区域或景区的文创设计。

一、基于场馆的文创设计

目前为止，我国展览场所文创开发既能获得一定的经济收益，更是可以聚拢一批热衷文创体验的群体，最终也带动了文化的发扬与传承，收获大量的社会效益。创新是文化创造力的根本源泉，在人工智能时代的科技驱动文化背景下，新兴科技手段成为会展场所文创的创新模式，并呈现出以下特征。

一是基于移动互联网和移动终端的普及，会展场馆、文化创意和受众三者的互动越来越频繁，路径也越来越多元。目前，网上参观展览场馆和网上文化付费已不容小觑。根据清华大学文化经研所与天猫国际共同编制的《新文化与创新消费趋势报告》，2019 年参展场馆的在线观众数量超过了线下观众数量。全球 24 个展馆将文化创新延伸至天猫电子商务平台，全部展览场所的观众总数为 16 亿人次。

二是展览场所通过微博、微信和抖音等交际应用开拓了文化宣传的多种路径，便捷了受众认识熟悉文创产品。

三是数据分析技术和智能媒体为设计从业人员指明了提炼展览场所文化内核的新路径：在展览场所中，通过智能感应装置辨识受众的行程、神情、动作和停留时间；在数字会展场所和数字文创中，通过数据监听软件识别受众的身份、举止和倾向；利用智能辅助辨识和可视化展示，形象绘制受众的特征肖像，建立受众要求与策划要素的映射，差异化策划文创产品。

四是得益于数字媒体、互动技术、精密材料的发展，展览场所文创给受众带来了更逼真、更刺激的经历以及身临其境的体验。如利用机器人对展览场所的主题为受众进行介绍或者讲授，使受众在互动任务中获取知识；使用虚拟现实技术对历史情境进行复现，从而达到跨越时代的体验。

五是目前展览场所正积极开拓多样化的文创样态和媒介，例如研发影视剧、动作片、文艺节目、声乐以及游戏等文娱类文创产品，甚至展览场所中的互动装备、智能电脑、通信等电子消费产品，都可成为文创介质。这些注重感受的新颖文创产品在反映文化内蕴、产生经济价值等方式上与传统文创存在较大差异，同时伴随人工智能时代到来，以上多项技术也会更加完整与扩展，最终构成一条庞大的产业链，极大地降低数字化文创策划的投入与难度，推动展览场所文创样态差异化。

展览场所文创，整体是指以展览场所内的特色历史遗迹、传统文化、地域民俗为主题开展的文创创作。美国学者哈里森（Harrison）在 90 年代提出的展览场所新立场，左右并昭示了展览场所功能的变更，逐渐由原有的展品放置、探索与观览，蜕变为侧重受众要求的创设原则。时至今日，大众对于展览场所的用途与要求不仅仅是展品放置、探索与观览，在宣传地域文化、传承文化底蕴和组织文化沟通共建等层面也有了新的要求。所以让文创产品渗透到更大范围的群众中，将文创作为开拓现代文化宣传方法的关键要素，具有十分重大的综合意义。此外，西方国家已经开创了展览场所文创独家卖场的成功营销案例，为文创策划与营销在展览场所这个细分领域上的发展给出了参考。近年来，我国也颁布了一系列积极政策，如《博物馆条例》（2015）、《关于推动文化文物单位文化创意产品开发的若干意见》（2016）等，各类展览场所以多种形式开展文创研发与营销正越来越受到国家层面的许可、促进与保护，也让从中获得的经济收入能够参与到展览场所文创发展的正向循环中。需要指出的是，目前对展览场所文创的概念，还没有一个相对固定的划分原则，展览场所纪念品、周边产品的定义也含糊不清。同时，某些研究关注到了展览场所文创公共服务与经济商品的双元体特质，也总结归纳了展览场所文创在影视剧、书籍、零售、餐饮等细分行业的下沉。对文化创意及其产品的盖棺定论要兼收并蓄，一是要从文创方面判断其是否兼具与展览场所有关的文化特质和产业意义，二是要从产品方面要判断是否将对文化要素了再策划、再提炼和再开发，并为产品添加了商品属性。基于以上分析，本书认为文创产品可大致划分为展览场所数字商品、多载体刊发物、特色活动、观览装备和周边产品，以上分类可推进对展览场所文创策划的深入研究，并且已经覆盖既有样本。

最后，关于采选"展览场所文创"或"展览场所文创产品"的论述，最好按照"一事一议"原则进行分析。产品指代在市场上流通并具有填补受众某种特定要求的商品，它可以是实物亦或服务。考虑到我国展览场所大多带有公共色彩，某些线下服务（幼教、游览）、线上服务（数字导览、移动终端应用）及其附属装备（观览设备、交互设备）按政策宜无偿使用，此类"产品"暂不能与商品相提并论。因此在我国既有国情下，展览场所的文创样态将愈加清晰和多元化，目前暂时遮盖"产品"二字对于系统化解析文创的核心是有意义的。本书将锚定展览场所文创作，全面研究其发展的新路径。

（一）故宫文创

人民群众的精神文化需求总是随着生活质量的提升而不断水涨船高，北京故宫博物院敏锐嗅到了经济社会发展带来的商机，他们大胆借鉴台北故宫的成功经验，在 2008 年组建了文化创意中心，此后不断主动出击，综合应用独立研发、品牌授权、跨界合作等新颖业态，开展了相当规模的行之有效的文创产品策划、生产与营销。参照前故宫博物院院长单霁翔披露的数据，整个故宫的文创产品收入在 2017 年一年就有 15 亿元左右的规模，有效支撑了故宫博物院的宣传推广与日常运营。

（二）敦煌研究院文创

以敦煌石窟、敦煌壁画闻名于世的敦煌，地处中国古代通向西域、中亚和欧洲的交通要道——丝绸之路上，因其独特的地理位置而闻名于世，是一座有着悠久历史的文明古国。不论是古代丝绸之路，还是现代"一带一路"，敦煌艺术始终是中国现代艺术发展的重要节点，它深深植根于中国传统文化，对中国传统审美产生了深远影响。敦煌文化艺术具有旺盛的生命力，不仅是对优秀传统艺术的展示，更是不断激发现代艺术创作的源泉。敦煌的文化元素价值极为丰富，如大沙、月牙泉，以及莫高窟壁画等，其文化价值各不相同。敦煌文化的核心意蕴是慈悲、智慧和美丽。敦煌博物馆作为敦煌传统文化的传承代表，为使原本高冷、抽象的历史文化与更多的年轻人接近，灵活运用文创产品，耦合当代前沿艺术与古代艺术的分野，从敦煌石窟内壁绘画中收集和演绎出飞天、菩萨、菩萨、藻井、鸣沙山、鸣沙山、九色鹿、双峰驼等主要素材，设计出靓丽的品牌标识与观感辨识体系，并独具匠心地搭配成型，让古老的敦煌文化容光焕发。

融合传统和现代文化让年轻人爱上敦煌，以大众化的眼光欣赏千禧年的艺术，是敦煌博物馆文创的品牌诉求，也是敦煌文化元素成为当前最受关注的文化创意之一的根源。敦煌博物馆将古丝路的石窟、壁画、飞天等元素运用到各种现代生活用品中，借用波普艺术的表现手法，还原千年前的彩色壁画，诞生了古典艺术与街风交融的"再创辉煌"系列，将古典艺术、现代前卫极限运动的创意与飞天、伎乐天的组合，寻求心灵慰藉、渴望心灵解脱的"佛系"系列，将传统图案与现代审美融为一体、经典艺术与现代审美融为一体，正中佛系青年的"萌点"。

敦煌博物馆已于 2016 年年初开启以敦煌知识产权为主题的文创研发，力图拉近东西方文化、审美的距离，扩大敦煌文化在青年群众中的受众。2019 年 6 月，"丝路手信"特色文创产品开始线上发售，作为敦煌文创的全新子品牌之一，超前的创作理念赋予了该系列产品快速上手、引人瞩目和便于把玩的优点，借助该系列产品敦煌文创找到了一条收拢青年群体的创作之路，在更广阔的目标群体中推广特色文创。

通过品牌合作拓展，拓展文创领域新市场，近几年来，品牌和文化形象的跨界融合，使高冷的文物在"燃烧"，同时又带动着文化创意产业的发展，圈粉无数。当各大品牌纷纷推出敦煌形象文创新产品时，大众也将目光集中在敦煌这个坐标位于西北、中西文化交汇处的丝路宝地。

"敦煌博物馆天猫旗舰店"于 2020 年 5 月 18 日国际博物馆日上线，除了自身的原创设计产品与广大网友正式见面外，还积极各大品牌共同研发，扩大敦煌文创有关知识产权产品的覆盖范围。发售首日成交量即超过 30 万件，并在微博等社交媒体受到了"敦煌博物馆有猫了"等话题的热捧，阅读量达到 1400 万人次。商店出售的物品包括文具、服饰和化妆品等文创产品，其中大部分都是对莫高窟内的九色鹿、飞天等元素的创作。

此外，《这就是街舞》《极限挑战》和《新国货》等流行网络节目也与敦煌博物馆进行了联合，将敦煌文化演绎成多姿多彩的声音，相关点击、放映量达到 2 亿人次，各类平台留言评论超过 6 亿人次。还有与天猫商城合作的"掘色敦煌"主题行动,将敦煌文物收藏在展览场所以直播的形式呈现在公众面前,将敦煌文创推向大众。并与 VANS、卡宾等品牌合作,开发敦煌原创文创系列产品,拓展敦煌文创市场。

形象文创的文化是基本创作的核心,在敦煌文创中,文化是基础,创作是核心。丝绸文化历经千年,蕴藏着丰富的内涵,承载着无法言说的故事和艺术。敦煌博物馆文创有别于传统文创开发、经营的营销方式,通过为敦煌相关知识产权产品经济意义的激励与开发,不断扩展丰富产品库和品牌架构,促进敦煌文化与当代思潮的互学互鉴,真正做到"做好内容,讲好故事",不断开创敦煌文创的新局面,让敦煌文化活起来,让大众爱上敦煌,让敦煌文创以时尚、潮流的姿态融入生活。

在人工智能时代的汹涌大潮下,人机交互正不断向前涌动,距离拥有情境识别、情绪辨识和面向受众心理的接口越来越近,给交互策划带来了全新的任务和契机。在此大环境下,以展览场所数字化和人工智能干预的加持下,展览场所文创开发亦呈现出交互化的显著倾向,尤其以美国克利夫兰博物馆系列交互装备为典型,受众从情感辨识手段的创新运用中体会到了新颖且富有内涵的感受。基于以上论述,本书将融合情感交互技术进入文创,并对目前文创策划缺乏独特性的现状进行探讨。需要引起注意的是,目前设计行业及相关研究并没有对情感交互投入充分的关注,大部分研究仅局限于计算机技术方面。本书聚焦于情感交互技术在交互感受中的作用,以策划层面作为切入点,对情感交互策划原则与措施进行了尝试性的研究。本书将首先阐述展览场所文创的基础定义,指出该领域的发展现状和不足,并对交互式文创的内核进行界定。然后对情感交互定义、实施原则和策划要点在情感计算的角度上开展解析;诠释交互感受中人工智能及其有关元素所发挥的作用和实际表征,为未来进一步研究创立理论支持。同时,以交互式表达原则为依据,将交互式文创的策划分为"价值—实施—完成"三个环节,并在此基础上讨论了国内外样本,总结各环节下策划的关键重点。以展览场所对历史的观览为例,选用调查问卷法与访查法获得受众对情感交互式文创的理解、立场与诉求,再对匹配于情感交互的文创主题、样态、介质和情境等要求进行实验解析。因情感交互要求一定的前瞻性,本书从环节与流程、投入与产出、前馈与反馈及受众与心境等多个视角为切入点,系统解析了干预文创的作用要素。然后将案例探索的论断升华为"受众、举止、载体、情境"四个维度的策划措施。最终形成由"发挥性能—提升感受—缔造样式—配合手段"等四个策划层次为主的架构,梳理每个层次的策划元素,得到情感交互式文创的策划思路。本书关于情感交互干预文创感受要素的讨论是交互策划理念与原则的外扩,可为情感交互策划提供一种路径，亦可应用于其他相关领域。案例分析中归纳的策划措施对于展览场所文创研究有借鉴性意义，情感交互式文创的理念和其策划方法为展览场所文创的完善赋予了新的方向，对于策划活动也有一定的参考价值。

展览场所文创是当下发展较为成熟的文创设计之一，在文创设计中发展比较早，体系成熟，为其他文创设计提供了很多的参考方向和借鉴的价值。

二、基于区域或景区的文创设计

基于区域的文创设计也可称为地域文创设计，地域文创设计是文创设计中最常见的文创设计，主要服务于区域文化经济生活。

区域文创设计，最大的特点就是具有地域性，以山东泰安地区为例，泰安地区历史悠久，旅游业是泰安地区的特色区域文化特征，泰山景区文创是泰安地区文创设计的重头戏，是吸引全世界游客的重要窗口，在设计区域文创的同时我们既需要考虑突出地域性又要符合国际性的特点，展示窗口较为广泛。以泰安、泰山发展历史为主线，主要梳理了以下几条文创主线：山神崇拜与帝王封禅祭祀的历史，其中帝王封禅祭祀活动为主线的文艺活动已经延续了很久，在泰安市大津口天烛峰景区有实景演出《中华泰山·封禅大典》，一直是展示区域文创的重要窗口，在景区展示中，也有许多关于封禅大典的文创产品，特别是线下的文创产品品类繁多，品类在不断拓宽，发展速度较快，实践操作性比较方便容易实现，但是更新速度较为缓慢。线上的文创设计产出还有欠缺，正在不断丰富和完善，这种现象也是区域文创中的一个普遍短板。科技性和人工智能性文创设计的缺失给游客的体验感大打折扣。目前本书作者的文创设计团队也在向智能型文创发展研究方向迈进，不断研发线上文创体验，来扩宽区域文创发展路径，以大数据和互联网为依托，不断增强泰安地域文创的发展新高度。

除此之外，泰安景区还有许多周边新兴旅游产业也在不断发展，这些区域的进步发展空间较大，特别是一部分传统村落发展速度较快，也成为大家关注的焦点。传统村落与文创发展同步进行，相比与较为成熟的景区，这部分文创更加具有探索空间。以泰安周边的传统村落为例，展开了一系列的传统村落文创研究，首先村落文化是最能展现原汁原味区域文化的集合处，它一般包括具有承载历史的古建筑、丰富多彩的民俗活动、口口相传的传统美德故事以及具有当地特色的饮食文化，都是文创设计需要展现的窗口。

（1）以泰安地区群众性的民俗活动历史主线的文创设计，更加突出文创的活动价值，通常具有节点性和鲜明的时代特征。喜闻乐见的民俗活动需要文创产品作为载体，通常这种文创设计的主旨更加突出宣传意义，设计的文创产品也是身边便携的日用品，文创的重心会根据活动的本身突出不同的思想，在传达文化的同时，吸引受众群体的兴趣点。例如每年三月初三是泰山老奶奶的生辰，许多当地群众都上山祭拜泰山老奶奶，祈福顺遂平安。还有每年农历正月初一到岱庙赶庙会、猜灯谜的活动，都是群众性民俗活动的重要组成部分。在此期间的文创产出也是结合传统文化的特色和当地群众偏好的色彩进行的文创设计研究，具有鲜明的节日气氛和喜爱偏好。

（2）以文人墨客的游览观赏历史主线的文创设计，该部分的文创设计更加突出文创的文化性，发源于隋唐明清时期较为繁盛的古文化，也是趋于当时的时代特征，当时的文人墨客多积聚在泰山之巅进行大量的文化交流。现当代泰安以具有相当比较优势的文化吸引力和地理位置仍承载着许多的综合活动，例如泰山国际登山节、泰安国际马拉松比赛、泰山石文化展等等，在游览景观的同时，突出设计具有影响力的文化创意产品和纪念品，让赛事有文化展示窗口，让文创产品成为载体，把区域文化和精神内涵的魅力走出"区域"。

综上，区域文创的鲜明特点和不同受众群体以及文创的本身要求不同，会呈现出不同风格的地域文创特色，地域文创的发展是复杂且漫长的过程，并不像我们想象的那么简单，需要深入的研究、挖掘和与时俱进的再设计。好的区域文创一定是内涵不变、形式创新的文创，区域文创需要把握对区域文化的深入理解、对文创设计的高涨热情和对时代潮流的前沿引领。当今的设计再也不只是满足简单的实用需求，人们对它的期望值越来越高，这也要求设计者对文创的把握要越来越精确，附加值要更加频繁、精彩地呈现，只有这样才能设计出真正服务于人民大众、脍炙人口的文创设计。

第二节　村落文创设计

文创设计不仅需要考虑到消费群体的基本体验感受，还应注意到更高层次的设计体验需求和产品属性特征，对于村落文创设计更是如此，它区别于普通商品设计，针对性更强，一般具有艺术性、文化性、地域性、民族性、纪念性、实用性、经济性与时代性等诸多特征。

一、村落文创设计特征

（一）艺术性和文化性

1. 艺术性

是指设计者对设计产品进行的艺术处理加工，这是一个设计凝练的过程，需要结合消费群体的审美喜好、设计材料、地区环境和使用环境对商品进行创造。需要满足商品的艺术美感，同时还需兼顾大部分消费群体的审美眼光，设计往往是外形和内涵的叠加艺术价值，让消费者在使用的过程中，不断体味其中的美感，使得文创设计与消费群体建立与美同行、由美愉悦、用美沟通的良好体验氛围。

蕴含于村落文创设计中的艺术性，更加需要对艺术性美感进行设计解读。人们的目光大多聚集在城市化的文创体验中，对村落文创设计有所忽视，而村落文创的艺术性往往能给人带来别具风格的自然轻松体验，因此村落文创设计也是大众不可或缺的一类重要文创体验品。此类文创设计具有海量的设计艺术性素材，例如与村落环境相关联的村落建筑、村落景观和村落生态环境，与村民生活相关联的民俗活动、传说故事和风土人情等，都是有待艺术性处理的关键设计窗口。

设计者对村落艺术性的建构需要挖掘、提炼、重构和组合，而村落文创品的艺术性经过设计升华后将迸发出特殊的艺术价值。

2. 文化性

文创设计的重要特征是文化性。文创产品文化性的输出往往是激活文化价值、激活文化思考、激活文化情感和激活文化体验，这些都需要对文化特质时刻保持清晰的创新视角。这样的具有文化性的文创产品才能最大程度地发挥其文化附件值，带来可观的经济效益。

村落文创产品的文化性应该是取其精华、去其糟粕，兼具村落优质传承精神、村落时代特征、村落文明发展脉络和村落特色等几方面内容。文化性作为文创设计的核心特征，在消费者心中位置最为重要，当消费者考虑其对文创产品的购买意愿时，往往对其抱有相对较高的期望值，不仅是简单的满足使用功能，简而言之是对其蕴含的文化价值进行买单。在如今的时代背景下，村落文创意图在众多文创中脱颖而出，需要承载更多的文化价值和文化渊源。文创产品的文化性还应体现在对文化的创新性继承，这种创新不是简单的抄写文化历史符号、迎合低级情趣的文化体验，而是应该着眼于其中的"文化内核"，真正做到文化与内涵、文化与精华、文化与时代、文化与艺术的完美融洽。

（二）地域性与民族性

1. 地域性

文创设计中地域性的体现是地域文化的转化。中国地域文化是指分布于我国各种区域内物质文明和精神文明的集合，是一种时间悠远、源远流长、经过反复研究探索后被多数专家学者认同、独具特色的地方文化传承，其文化特征一般具有沉淀历史、反映现实生活和体现区域经济、宗教、艺术、民俗等文化形态，是一个完整的价值系统综合体。文创设计的地域性处理主要是融合历史资源传承性与现实生活适应性两方面的关系，可以称之为"原发性设计"。

村落文创设计的重心是呈现村落与众不同的人文空间和自然空间。不同区域的村落有不同的文化属性，例如中国的北方地区和南方地区存在显著的不同差异，这直接呈现在南北方村落文化有语言的"南繁北齐"：南方方言繁多，邻近村落可能都是不同方言，北方相对方言比较单一，虽各具特色但整体语句结构类似。再者是"南经北政"的意识观念：自两宋以来，南方经济一直较为繁盛，特别是江浙地区，更是表现得尤为突出，这种自古至今的社会经济生活所带动的社会上层建筑，也促使南方村落，特别是南方人们的心理特点展现出独有的特色。所谓一方水土养一方人，南北方的自然风貌的差异促使其在建筑、景观和饮食等多个方面不尽相同。这种天然的划分促使我们在文创设计中更加需要处理好共性与个性的关系，一方面突出文化的个性特征，反映特定地域的文化空间和自然空间，另一方面又要兼顾文化共性，做到对不同文化的肯定与认同，这种关系的处理具有相当的难度，需要用心研究，如今的文创设计参差不齐，为了进一步让村落文创展现独特的魅力，仍需要不断地学习和深入挖掘区域文化。

2. 民族性

民族性是文创设计中的特殊属性，它往往具有本土文化，一般而言，民族性是强调包括语言、文字、宗教信仰、生活方式和历史等文化的认同。例如，民族性的差异使得大家对同一动物、颜色、审美等存在不同的解读和认知。东方人通常把"龙"理解为神圣、美好、高贵、尊荣、幸运、成功和吉祥的化身，在中国封建专制时代，龙是帝王的象征，龙所产生的文化象征意义是中国人根深蒂固的文化凝聚和积淀，它不仅仅是一个普通的神话形象，它所传达的内核精神早已渗透于中华民族子孙的心中，中国人都称自己是龙的传人。而西方对"龙"的解读往往是凶恶、丑陋和负面的。

在表达民族性最多的村落文创中，设计师对民族性的把握往往抱着崇敬谨慎的态度，尊重民族性传达的不同文化特征，这种文化不同，本身就是文创设计的亮点。使用好民族特殊文化性不仅可以为设计增添附加值，更重要的还可以传承其民族内核精神。在对民族性文创设计的把握中，重点梳理民族艺术或生活中的民族英雄故事、民族图腾符号和民族审美色彩，并不是对民族历史痕迹的照抄、照搬，而是构建符合现代审美情趣的民族亮点。民族的就是世界的，民族的也是村落文创的重要输出产地，我们身边不缺少美，只是缺少发现构建美的文创设计精品。

（三）纪念性与实用性

1. 纪念性

纪念性文创设计可分为留念性的和历史性的，两者都是对人们现实生活中有特殊意义的情感或记忆的承载。但两者有一定差异，留念性文创偏重于旅游过程中对不同文化的留念记忆，它一般是对不同文化的浅显感知和更进一步的了解，通常我们会通过这些留念性的物品使人们回忆起当时的美好，给拥有者带来愉悦回忆的同时，加深对文化精神的内化。还有一部分文创设计是对特殊纪念事物的承载，这些往往是较为小众的定制型文创，记录相关的人和事物，将纪念性文创赋予独特含义，用以承载这部分有意义的载体关联消费者与纪念本身的某种记忆。历史性的文创一般是对某个国家性的历史节点或重要节日的设计，这部分也是文创设计的一个重要窗口。例如，中华人民共和国成立 70 周年、2022 年北京冬奥会、中国航天全面进入空间站在轨建造等重大节点，这部分文创设计往往起到宣传重大事件的作用，通过运用简洁明了的设计方式进行传达，也突出展现了国际性的特征。

体现村落文创设计的纪念性则更多表现为象征属性。例如，数字象征，村落的百年历史、村落文化周年活动；空间象征，村落建筑景观、村落生态环境、村落民居环境、村落公共环境等。以泰安地区的"二奇楼"村落为例，它的村落特色是以奇石、灵石著称的村落文化，村中有许多名石古碑，村落处处可见石头乡路、石头房屋、石磨、石碾、石制水井等，具有鲜明的泰安建筑特色，历史风貌保持也相对完整，再加上民风纯朴，是非常具有齐鲁特色的传统村落，村中已经逐步开发了旅游经济，村落文创也在逐步展开、不断深入，通过挖掘其中的文化精髓，以村落古碑为亮点，创设周期性的文化活动，可以不断完善传统村落的文创设计研究，在与文旅融合的同步进展之下，将具有地域特色的传统村落打造成为文化与文创设计的展示平台，这其中的意义是非常重要的，本身就是具有纪念意义的文创事件。

2. 实用性

实用性是文创设计中首要考虑的基本属性，但在文创设计中，设计师往往忽略了这一属性，而是片面侧重于审美性和艺术性的表达，这造成了很多文创设计产品虽具有较高的艺术性观赏价值但是使用频率较低，导致大量文创设计"昙花一现"、未能长期保存下来。笔者认为，好的文创设计一定是兼具实用性的，实用性也会让文创设计最大程度达到预期的存在价值，因此在设计之中应当注重不断审视文创产品的实用意义，特别是在中国，我们对传统的手工艺制造情有独钟，这种具有人情味的文创手造产品往往是最天然的审美表达，它与生俱来就是智慧与实用的集合物。

在村落文创设计中，我们将众多手造文创产品作为设计的重中之重，是源于村落的自然材料丰富，可以就地取材，突出环保的同时还可带来更高的经济价值。在设计这方面文创中，我们需要将当下实用的物品与村落的手造文创品进行结合，将原有的手造文创品进行审美升级，把能够传达村落文化的设计品进行创造性的美化，把原有的天然文创产品进行重新包装和工艺提升，手造文创产品经过精益求精的打造后，就可成为可持续的热卖产品，从而以点带面拉动更多的村落文创设计产出。

(四) 经济性与时代性

1. 经济性

经济性是指用可控的低成本创造较高的有效经济价值，在文创设计中较高的经济性会使文创产品的发展变得更加顺遂。在信息化高度发展的今天，走价格差已经不是良性循环的主要办法，消费者能够通过移动网络迅速定位到商品的低价范围。实体文创想要发展迅速，应要考虑几方面内容：首先是文创产品的价格需要严格把控，不能虚高，这也需要国家有关部门制定相应的规章制度并加强市场监管与引导，过高的价格会使消费者望而却步，即使购买也会降低复购率进而影响文创发展。其次文创产品在设计生产中要充分考虑到不同的消费群体，设计出符合不同层次的文创产品，来迎合不同受众的消费水平。再次特别重要的就是从设计本身环节中要降低成本，用更低成本的材料创造出更高水平的文创产品。例如，纸张、秸秆等环保材质可有效降低成本同时也具备相当的使用效果。最后，文创产品要不断提升自身的品质，真正做到让消费者爱不释手，在购买的同时，让人感觉"物有所值，贵有它的道理"。价格始终是购买文创产品的一个重要参考值，能否激发文创产品的购买欲，使文创产品不断高效发展，经济性需要一直摆在重要位置。

高性价比的村落文创产品是村落文创发展的重要指标，高性价比并不简单意味着价格低廉，高性价比是一个综合参数，是用较低的价格买到同等质量的产品，也就是人们常提到"买着贵，用着便宜"。在长久来看，高性价的文创产品将成为一个重要的经济增长点，这就要求文创产业要不断设计和产出此类村落文创产品，需要不断优化文创设计，降低成本，促成高性价比的村落设计不断出现。首先需要整合村落中的优势资源，就地取材，减少运输成本，同时还能够环保再利用。其次影响成本的关键是人工费用，因为村落文创的设计发展离不开当地村民的智慧和劳动，选择适合当地村民能够参与制作的文创产品，既能够带动增加村民经济收入，还减少了人工成本。最后需要不断挖掘创新村落文创产品的更新速度，跟上经济发展的步伐，才能正中下怀、找到经济增长点。

2. 时代性

时代性是指具有时代特征或特性，体现在每个时代都有代表性的事物或者标志。人具有时代性，文创设计服务于人类，也需要具有时代特征。文创设计兼具各种属性的同时，不能离开当代人的审美需求，一旦脱离就会像许多非遗资源一样难寻传承、甚至消失，文创设计也是同样的道理。对于时代性的把握上，设计师需要解决的重要问题是处理好文创中文化性与时代性的关系，抓住文化内核、文化精神与时代元素进行巧妙融合，这种融合既可以是一种当代人的生活习惯，也可以是当下流行色彩甚至是一句网红语言，这都能拉近文创设计与消费群体的距离，产生共情。这种微妙的关系需要设计师具有敏锐的观察能力和敏感的时代捕捉眼光。

反映在村落文创中的时代性特征困境，往往是文创产品的不适应生产。例如，本身农产品质量是过硬的，但由于包装老旧，无法打开文创农产品市场，不符合当下人的日常使用需求，往往是大分量包装，难以携带，在口感最佳期间无法用完进而影响口感、造成浪费，又或者无法满足大家庭节日之际走亲访友的包装赠送需求等，很多细节都需要有经验的设计师精心打造。之所以有部分的村落文创品可以长盛不衰，秘诀就是通过不断的更新持续满足人民群众的时代性需求。随着当下国家对文旅融合发展乡村经济的带动，国家已经颁布许多支持发展文创的政策规定，文创从业者一定要抓住时代的脉搏，与政策同行，顺应时代的潮流，再加以对村落文创的优化打造，真正将村落文创设计推向时代潮头。

综上所述，文创设计的发展离不开对特性属性的准确把握，如何把握好文创设计的文化性与艺术性、地域性与民族性、纪念性与实用性、经济性与时代性，值得大家探讨和研究。

二、村落文创设计方法

文创设计使用什么样的方法，需要综合考虑文创设计的要求、类型和风格等多种因素，往往不是简单的采用一种单一的方式，而是采用多种方法综合施策的设计，以下将以主导方式的原则阐释文创设计方法。

（一）功能型文创设计方法

包豪斯设计学院的缔造者格罗皮厄斯（Walter Gropius）说过："一个物品必须在各个层次都与它的初始目标相匹配，在实际中能实现它的性能。"也就是说功能型应该具备很多能力。例如，便捷、安全、耐用、便宜和舒适等，这些都折射出以人为本的原则。在满足基本的实用性功能之上，增加更多的具有吸引力的"亮点"功能，将为文创设计产品赋予更多的"卖点"气质。

普遍意义上讲，村落文创设计的功能型基本要素是实用性，例如，餐具是人们吃饭的必备工具，手机是人们沟通联系的工具，电灯是用来照明的工具，等等，它们都有明确的主导性。文创产品的实用功能是作为能够完成某项任务或目的的工具，同时也兼具审美性、娱乐性等，我们在设计这部分文创产品时要重点突出其主要功能的主要属性。为顺利达到突出主要功能的目的，需要不断吸引用户的注意力。例如，相当数量的村落文创农产品使用简单的包装进行售卖，销售效果一般，为此我们可以采用置换简易包装的方法，将原本平平无奇的包装置换成用户感兴趣或是有关联的造型，改变人们固定思维模式对包装本身的肌理、色彩、质感和材质等刻板印象，这种创意的方法与文创的包装巧妙结合，总能使人眼前一亮。图3-1创造性地将鱼的躯干后部及鱼尾应用于酒类包装，将酒类原有千篇一律的古朴包装为之一新，鱼体与瓶身和谐地融为一体，预先给顾客一种"如鱼得水"的美好寓意，更易于激发起把玩、购买和饮用的兴趣，同时该包装的改造恰如其分，并未影响酒瓶本身的实用性及保护性，包装使用的纸张材质对环境的副作用相对较小，使得产品达到了视觉和外界影响的高度统一。诸如此类创意包装将使产品自身品质再上一个新台阶，强烈地激发起目标群体的购买欲，更好地配合产品本身具备的过硬质量与优质体验，为产品打开畅销之门，构建起流量复购和利润的消费闭环。

图3-1 红酒包装

(二) 趣味型文创设计方法

所谓趣味型，是指能够引发人的情感因素，往往感到愉悦、高兴，并且引起了解欲望和兴趣的一种属性。这种情感能够带来引人深思的动力、提振情绪的感染力和触动人心的打动力。趣味型文创一般是从情和趣两个层面进行解读：一方面是"情"，通常是感情、情感、情趣和情调，情感可能是多方面的喜怒哀乐表达；另一方面是"趣"，通常是指乐趣和趣味，给人带来惊喜、惊奇、新鲜、巧妙感和不可思议的感受。对待趣味型文创的设计时，往往是文创设计通过轻松愉快和诙谐幽默的表现手法达到其设计的目的。面对城市生活的压力时，村落文创的趣味型产品以它其身的天然优势，给人带来轻松自在的感受，这种需求是当代人的生活中所不可缺失的情感诉求。创作文创设计时恰如其分地表达趣味型的设计初衷，能够给文创产品增添生机与活力，从而让消费者认可与喜爱。

1. 表象趣味性

表象趣味性是指通过设计产品外在的造型、结构、色彩、肌理、大小和质地等特质，达到趣味性设计目的。可以采用以下几种方法：第一，从造型的角度入手。例如，根据文创产品的类型，将一些夸张的人物五官、宠萌的动物形象、对比色彩的植物形象恰当的与产品进行结合，或是改变固定思维中比例大小，等等。在使用趣味性文创的体验过程中，我们通常会多感官的接收和处理文创产品信息，从而得到不同的感受，这种通过第一印象得到的直观认识往往是最本能的感性喜好，此类本能的趣味型文创设计会得到关注，获得首要优势这些方法都是利用改变造型语言、造型材料进而贴合大众审美方法的设计手段。另外在采用表象趣味文创设计方法时，应该对不同的造型深入研究调查，选择最恰当的造型语言用以直击人心，还需要重复了解外在造型给人带来的不同感受。例如，饱满精细的造型给人心理带来安全感，纤细灵动的线条给人运动感，明度、饱和度低的色彩会给人以稳重感。我们要根据文创设计产品本身意图传达的思想，不断转化趣味性设计因素的设计方法，达到文创设计目的。第二，从互动角度出发。例如一部分文创需要人为参与才能达到使用的目的，这种参与性的文创设计，主要使用的方法是运用人体工程学原理，通过操作便捷的趣味性进行文创产品的互动。第三，综合多角度趣味出发。例如，在设计时综合考虑到消费群体、消费能力、性别、年龄、文化层次以及文化多元性等诸多方面，坚持设计为人的理念，广泛树立情感沟通与良好体验，尝试建立长周期中，物质层面与精神层面共同体的村落文创设计良品和有效设计方案。

2. 情景趣味性

情景趣味性是指：通过文创设计创设一种情景，这种情景可以是现实空间，也可以是虚拟空间，同样也可以"穿越时空"。它的表现形式多样，线上可表现为一部电影、一个景区宣传短片、一个抖音视频或是智能移动终端云空间、手游，等等。线下可以利用 VR（虚拟现实技术）、AR（增强现实技术）大型情景剧场、人工智能技术、声光媒体技术创设情景，这种情景的建立离不开当今科技的发展和支撑，通过技术支持达到情景趣味性的传达效果，利用这种情景的光环效应，还可以带动周边的文创设计和制造，这种情景趣味性文创设计是当下文创设计的主要消费点，已成为影响大众、特别是影响青少年的重要文创设计手法。

在对情景趣味性文创进行设计时，应该注意以下几点：第一，构建的文创情景需要符合村落文化内核，不是简单地置换为技术载体，是将技术服务内嵌于村落文创而非制约文创。第二，村落文创趣味性创建中，需要建立优质情景空间，本质上就是通过空间建立一种氛围感。例如，山西平遥古城，以最原始的村落保留和淳朴风土民情著称，在这样的文化积淀下推出的大型实景演艺项目"又见平遥"，成为塑造中国华北地区文化精神、特别是平遥故事的成功案例。项目的创新突破之处在于它是一种沉浸式的情景体验，这种感受是坐在观众席观看所无法体会到的真实参与感，情景的带入让人与身边创设的时空融为一体，借助触手可及的情景和沉浸式的带入感"欺骗"了观众，观众自己似乎是剧中人物，是现场的一分子，而非普通观影者，这样的趣味情景体验剧，让观众穿梭于故事其中，新奇的感受犹如自己穿越于古代街头，体味其中一砖一瓦、一人一物。身边的演员和剧情随时牵动你的思维，整场演出没有机会走神。优质的情景环境和文化精神的植入，让情景本身就得到了可观的收入，即使在炎炎夏日或是冰雪严寒，良好舒适的情景空间都不会因为天气而影响体验，让人流连忘返。

情景趣味性设计方法主要采取以下几点：第一，从实际的场景中实践观察用户的真正需求。村落文创各有不同，地理环境与人文环境有所差异，要实地深入了解村落特点，根据实际情况精心设计，着重考虑村落文创的特殊性。设计之初还要进行大量有效的问卷调查和实地考察，亲身体验村落生活与文化，观察体验村落文创人群的诉求点，真正理解和探寻到消费者的体验情绪，在进行创新研发中可以采用跟踪与调查问卷、信息采集、场景信息、实地记录和模拟测试等研究方法。第二，多场景探寻需求。以场景为依托，多层次的建立与消费用户的沟通，我们一般认为，文创设计产品与用户的交流是在使用或看到时才开始建立的，其实很多的文创设计在消费用户还未接触到产品时就已经开始建立的无形的联系，我们借助场景的创设，不断探寻消费用户的隐藏需求和隐藏感受，从而在更加早期就建立了一种心理上的共情与信任，合情合理地找到构建文创设计与用户的连接交汇点，这样的方式还可以弥补由于设计经验的不足给消费用户带来的文创设计的不良体验感。第三，建立场景中对文创设计进行反复模拟验证。在完成基本的文创设计之后，设计者需要通过各种有效路径进行方法验证，在此过程中关键在于对于一个模拟场景的体验以及功能的合理性鉴定，通过一部分不同类型的消费用户的初步体验，来验证是否达到设计之初的效果和目的，这种方法可以比较直接地检测出设计的效果，而且成本较低、可操作性强，不仅如此，在此过程中设计者还可以根据反馈增添更多的设计可能性，充分的补充设计中的不足，进而提高完成度。

如今的村落文创已经不能只是简单地提升一下包装、改变一个创意就能满足消费者的要求，需要利用科技加上当代人的体验习惯，构建和创新文创设计以及文创产品，这是一个系统性的工作，环环相扣，相互作用。情景趣味性文创的发展需要全面提升，情景文创也需要不断更新，表象趣味性和情景趣味性的项目会带动相关的其他文创设计和产品，达到文创相互映衬、缺一不可的境界。

(三) 人工智能型文创设计方法

人工智能型文创是当今文创和未来文创设计的发展方向，科技改变生活的同时也改变着文创的发展，科技的注入逐渐渗透到生活的角落，同时也成为文创更新的载体。人工智能的主要研究方向是通过认知建模、推理应用、机器学习、机器思维、机器感知和机器行为的迭代让机器能够尽量贴近人类的思维，这与文创设计中"以人为本"的设计理念不谋而合，这些都将成为人工智能与文创设计的契合点。

在面对多感官、多元化的文创设计中，特别是村落文创设计发展中，我们将人工智能型文创的设计方法做出几方面的探讨：第一，村落文创不同于科技馆，有很多的前言科学技术有存在难以推广融入的问题现状，在进行这方面的设计时是存在一定难度的，一方面是这种技术能不能被当地村落人们认可，特别是交通比较闭塞的古村落，大家对外来事物存在着或多或少的抵触心理；另一方面是基础建设相对落后，有很多技术没有平台建设，只空有想法但没有实施场所也难以进行。直面存在问题我们需要理清解决的有效方法，不仅是设计本身的创意和推广，还涉及对这些智能科技的普及工作。当村落村民真正感受到这其中的"实在"，才能正式进入人工智能型文创村落设计。就设计本身，我们通常不断寻找人工智能与村落的结合点，不能让人感觉到人工智能在村落文创中有过多突兀的出现，寻找到柔性深入村落文创之中的"语言"。这种融入有点像综艺类节目《向往的生活》的文化体验，是一种结合村落文化的窗口，我们不是变成当地人，而是以一种植物嫁接的方式，达到双赢。感受到村落文化魅力的同时，并不影响村落本身的文化魅力。

就其文创设计本身而言，我们需要通过人工智能技术让更多的人感受到村落文化生活的魅力，这种感受可以从真正的村落文化中体会，我们可在村落中建立人工智能设备和场馆，可以从设备和场馆中多方面、全方位地展现出村落文明与文创设计。要在真正入住村落、体会生活、劳动、拍照、娱乐等体验，在这些日常生活中将人工智能技术导入村落，例如增加村落电子向导等微小的植入。还有一个重要的展示平台就是通过网络进行的具有人工智能属性的文创研发，创设村落文创线上平台、云游村落、云种植蔬菜水果和创设村落主题手游等，全方位、多角度地便捷拓宽村落文创的了解渠道，这种平台的建立离不开人工智能的参与，有时大家体会到的便捷和方便都离不开人工智能的支持，这方法相对于实地建设要容易许多，针对的群体亦比较固定，只有技术和设计创意本身的难度。线上的方式需要不断地更新维护，这样才能将真正的文创设计建设得越来越完善。

三、村落文创设计原则

(一) 兼顾市场导向原则

市场导向原则是指，以市场的需求为中心，进行生产经营活动的安排，以达到顾客满意的目的，并在此过程中，不断提高服务质量，获得最大利润。在文创设计中，我们秉持着以市场导向为中心的原则，在设计和研发文创产品时，不是漫无目的地推陈出新，想设计什么就开发什么，而是在满足市场需求、时代背景、消费者需求的前提下真正开展文创设计产出。设计者要辩证地看待市场导向，不是一味地追逐市场潮流，而是要以一种兼顾市场导向与村落优势文化内核的方式去设计文创产出。

这种以市场导向为原则的理念，早在 20 世纪 50 年代西方就已经产生了，不能算作是当下文明的新型"产物"。市场导向的原则是做好营销的主要手段，起码在当下，任何以买方市场为主导的市场中，能够达到成功的营销仍然是至关重要的环节。任何设计者所设计的产品都不希望只是被静静地摆放在橱窗中无人问津，切实地使用市场导向是双赢的，既可以实现文创价值、带来收益，进而反复批量生产，最终可以给大量消费用户带来需求的满足和便利。文创设计是一个庞大的体系，设计与营销都非常重要，每一方面都需要抓住市场机遇。设计者的主要目的不是短时间的追求盈利和销量，而是要建立长效持续的增长收益，就必须兼顾市场导向为原则，力求在时代变化与消费需求不断更新的进程中，持续地迎合还未被满足的市场份额空间。大家之所以去买归根结底还是有不断的需求尚未被彻底满足，当大部分市场已经饱和或跟不上潮流趋势了，那当下的村落文创设计一定会淹没在众多可替代的其他产品之中。所以以市场导向为原则，增加村落文创的文化内核是文创设计能够长盛不衰的重要渠道，要想不断探寻到真正的需求点，就需要不断地采用开发、挖掘甚至促销的手段持续提高文创设计自身的价值感，用以满足源源不断的市场需求空间，不断扩大市场份额。

市场经济本身就是一个调节控制器，把文创设计的需求与供给联系在一起，文创需求与文创供给在一个矛盾体系之中相互依存，这是经济体系中一直并存的问题。我们需要加以注意和掌握的是，以市场需求为出发点，不断动态平衡、解决、处理、调节和完善文创供给与文创需求之间的矛盾关系。通过达成供求平衡，促使文创产业与文创设计处于良好的稳定平衡水平，使得文创产业时刻处于健康良好的发展方向，文创产业的发展也必定会带动文创各个方面的进步，村落文创设计产品将成为最直接的收益方面。

村落文创是文创设计的一个分支，在当下的市场迅猛发展节奏中，要想在竞争中不断前进和发展，就必须组建一支专业的创作团队，相互借力谋求进取。村落文创时时刻刻身处于经济市场不断发展、消费模式日新月异、同类竞争日益增强以及外界不确定因素的诸多客观环境。例如，2020 年突然爆发的全球性新冠疫情，导致经济受到了重创，一些行业在疫情中逐渐退出，一些行业又因疫情应运而生。因此文创团队的市场营销战略观，对村落文创的发展起着决定性作用，把握好市场导向的原则，全面细致地完成每一项文创研发工作，才有更多机会、更大可能在残酷的市场经济竞争中不断砥砺前行、成熟壮大。

（二）创新原则

创新发展是一切发展的根基，要想让文创设计时刻与时俱进、保持新鲜，就必须创设一个长期有效保鲜环境。这个环境就文创设计而言，就必须多元深入，分析思考文创的各个角度创新。我们可以通过市场导向原则、划分消费类型、消费人群和从文创设计产品出发进行精准定位，实地调查研究，把握需求市场的同时，兼顾消费用户的内需手段发展创新。创新的方法策略主要从以下几个方面进行。

1. 文创设计理念创新

理念是支撑文创内核发展的重要方向，我们的设计理念需要不断地更迭发展，如果不能摒弃保守的固有思维，往往会禁锢发展的脚步，就如同我们历史进程中的闭关锁国，限制与外界的沟通联络，必然会导致一系列严重且难以解决的问题的发生。我们的设计理念一定是凝结创新发展与村落文明的，一成不变的理念准则必然会导致文创设计最终衰败。

2. 文创设计手法创新

文创设计之初，设计者的设计手法单一，基本都是手稿式的创作，在传播媒介上也比较局限，大多发展于包装和宣传主题的文创设计。随着时代进步，网络发展，我们的传播方式发生了极大的改变，过去的纸媒主导传播方式基本在历史舞台上偃旗息鼓，迎接我们的是以网络为依托的在科技加持下的多元传播。设计的工具也发生了改变，计算机辅助软件、手绘工具、各类以科技为支撑的设计方式层出不穷，我们的设计手法也由过去的单一纸张绘制，转变为机器辅助的各种方法，这种创新和更新是不断进行的，手法也在随着工具、媒介、路径的改变不断进化，可以对文创设计不断变化的需求进行更好地适配。

3. 文创设计风格创新

为符合大众审美和需求，设计风格在不断地扩充，就村落文创中农产品包装而言就增添了很多，主要考虑在包装的规格、包装的大小、包装的材质、包装的外观形状和包装的色彩等方面增添最基本的多样性，还增加了不同风格主题的包装，例如以节日为主题的包装、以村落特色文化内核的特色包装、以流行元素为主线的特色包装类型，等等。还对村落文创中的文化艺术品、创新设计品、智能产品设计、工艺设计品等各个方面进行不同程度的风格创新。

4. 文创设计品类创新

与此同时，还要不断开创文创产品的品类，从单一的农产品特产之上，不断创新。早前只是突出特色的大米、小米等谷物，品质不错但是品类单一，现在不断增加其他特产产出，如增加特色的水果、经济作物等，还创新性地增加农产品二次加工生产。例如，桂林市全州县的龙水乡是比较早出产禾花鱼的地方，地理环境优越，原生态无污染，禾花鱼苗在水田稻香中生长，鱼肉鲜美细腻，优质蛋白质含量高且有稻香而远近闻名，早在清朝时期就已作为贡品，活鱼在当地烹饪后美味鲜香、骨软无腥味，特别受欢迎，但是生鲜不易长期保存和携带，广大距离较远地区的人们无法分享美食的现实因素阻断了禾花鱼的发展，于是当地展开了很多禾花鱼的二次加工，增加了例如鱼罐头、鱼片、鱼肉松等便于携带的方式，增加了禾花鱼的附加值。创新增加村落文化中的手工艺品类，不断创新设计符合大众审美的手工制造品，将原有的手工制造品增加不同类型，分门别类地扩充，例如之前文创手工艺制造品多以使用的日常工具为主，我们改变不同样式或改变工艺，现在我们还在增加工艺欣赏摆件、挂件和趣味互动产品用以满足消费用户的不同需求。创新增加村落文化活动，这种能够触动人心的心灵感受也是村落文创中的创新之处，之前大家容易忽视，只是将重心落在各类便于携带的土特产上，而忽略了文化本身的吸引价值。在村落中生活，呼吸新鲜空气，体会慢节奏生活状态，与亲朋好友喝茶、聊天、弹琴、叙旧甚至一个人看雨发呆，这种慢慢的平静感，相信都是每个困顿于当下快节奏都市生活的人们最想体味的生活。我们抓住这些需求，不断完善文创设计中新的需求空白点，让文创真正做到提供高品质的服务，让大家爱上由文创设计带来的生活改变。

5. 文创服务创新

服务特别影响文创产品的发展，如今大家的生活水平、质量越来越高，对于各方面的服务要求也日渐增高，在现今的各行各业中，不但要产品过硬更要服务周到。文创本身的发展不是线性发展，它是非线性系统的存在与延伸，我们的文创团队发展要逐渐组建成为类似企业的部门组织设置，再也不能是单纯的只管设计一下的"一锤子买卖"，而是对文创设计进行全寿命周期的发展跟进，这样的服务精神，才能得到认可或者弥补设计本身的一些小瑕疵。这样的创新意识是要时刻存在的，之前我们往往是忽视的或者不作为重点考虑的因素，服务的追踪其实可以带来更多的增值空间，这种增值可能会反映在很多方面，最直接的是文创设计产品在一段时间的销量增长，也可能是一种长效的缓慢增加。总体来看这种服务是一定能够带来我们无法忽视的良好效益增长的手段。

6. 时代引领文创设计创新

一个时代有一个时代的产物，在中国文创发展的萌芽阶段，我们可以用来创作的手法和工具还相对比较匮乏，设计手法也相对比较单一，这种比较简单的方式，使得我们没有丰富多样的文创设计产出，各类文创设计趋近相同，单是在文化内涵上的区别处理，有心者在产品的创意手法上做点文章，我们的文创发展并不是被多数人认同，或者说文创本身还没有系统地呈现展示在大众视野之中，只是零星的迸发出一些带有文化特性的高创产品。

随着时代的进步，特别是近年来中国发展日新月异，我们的国际地位越来越高，国家对知识产权的重视愈加重视，我们的文化精神也发展得越来越繁盛，同时和世界各国的文明文化更加频繁地相互交融发展，我们的文化内核得到了快速发掘与提升，特别是在村落文化上产生了翻天覆地的变化，我们此时需要的就是紧紧跟上时代的发展进程，时代是推动文创设计发展的马达，顺势而为、抓住机遇本身就是一种创新。

对于文创服务本身，目前还没有特别完善和系统的文创服务体系，还处于一种践行实验的状态，我们需要不断地加强对文创服务本身的创新，又或者说文创服务的增加，无论对文创产业、文创设计本身而言就是一个创新发展。文创服务创新是一个需要大家深思和研究的问题。

7. 文化传承元素创新

文化元素是文创设计的核心元素，是村落文创设计素材的源泉，使用好文化元素，可以为文创设计赋予较高的文化内涵附加值，因此设计师对文化元素的利用应该是不断更新的。

主要从以下几个方面进行。第一，对现有的文化传承元素进行创新设计，现有的文化元素，一般是村落文创中最具突出的特色文化元素，也是首先被发掘设计使用的元素，我们对这些元素进行不断的提炼和打磨，将这部分元素进行符号化的处理和造型上的再创作。往往在使用这部分特色文化元素之初，都是由村民自发或是应急状况下的使用，带有较强的非计划性和随机性，我们将这部分"半成品"进行设计上的优化，可能产生不错的效果，将这部分最初的文化设计雏形进行语义、形式和色彩上的重构，打磨出更加符合当下审美的元素符号和素材，可以在适合的文创品中反复使用。第二，是对新元素的挖掘，消费用户对所谓"老字号"的文化元素充分熟识之后，会产生进一步了解更多的村落文化的意愿，这时就需要有新文化元素的不断加入，人类本就对一些新鲜事物充满好奇心理，创新的文化元素刚好可以满足大家的这种需求。设计者将不断挖掘新鲜的村落文化，表现形式可以是多个方面的。例如，设计者可以对一些无形的文化现象、精神文化元素进行创新，这部分创新往往在村落文创设计中容易被忽视，比如一些独具村落特色的方言表达、行为习惯表达、一种村落文明精神表达、一种淳朴民风表达或是一些固定民俗活动的表达，我们将这部分内容进行实际的挖掘与具象化创作，用合适的设计方法将文化内容进行创作。文化表达的形式可以根据时代的需求进行不断更新。例如，当下比较流行的是通过插画的形式，表现村落中的民俗活动和民情民况，这种形式风格可以灵活多变、因地制宜，特别是对待不同的消费用户群体，可以有针对性地进行风格调换把握，做到更加人性化的设计。而且只要将这部分设计元素提炼出来，设计者可以根据不同情况便捷、快速地进行主题更换，对文创设计本身也起到高效便捷的作用。

设计文创中文化传承元素的创新，不是将历史遗迹中的历史元素进行简单的复刻，而是一种再创作，以实际文创设计故宫博物院文创为例，对部分祥瑞奇兽主题文创设计进行分析，根据实际案例进行最直接的文创设计解读，此文创设计起初是源于了解故宫的各类奇兽，寻找到了比较典型的脊兽原型，了解到故宫太和殿的脊兽分别是：万兽之首天子化身的龙，百鸟之王祈求天下太平的凤，百兽之王威武英勇的狮子，腾云驾雾的天马，入地通海的海马，形似狮子、喜烟好坐的狻猊，鱼尾在身、能兴云作雨的押鱼，头顶独角、能公正严明分辨曲直是非的正义化身獬豸，牛头龙身、能祛除灾祸的斗牛和面孔似猴，背生双翅、手持金刚宝杵、能够逢凶化吉、独一无二的行什。再次了解宫殿使用脊兽的数量规定，太和殿规格最高可用 10 只脊兽，一般宫殿根据等级不同可用 1~9 只不等，因紫禁城建筑有着严格的等级制度，各宫殿根据等级相应递减。再次对脊兽的功能性进行了解，脊兽除了大家熟悉的装饰功能外还兼具实用功能，由于宫殿的屋脊使用琉璃构件组成，有一定的坡度，为防止琉璃构件下滑，需要用脊桩定在木构件上，上面再盖一脊兽，防止雨水渗入进木基层中，起到保护的作用，10 只脊兽整体在房屋之上，也预示着以天子自居，普天之下皆王土，在他的召唤之下，四海珍禽异兽都齐聚紫禁城，共同拱卫紫禁城的安全，象征着国泰民安、天下太平的美好寓意。设计者最初把这些重要的元素信息认识之后，就开始进行文创设计，设计者选用了其中 5 个神兽的形象，进行趣萌化的处理，突出每个神兽的特点，改变比例大小，设计出一组神兽印章，其设计的文创产品，从造型上更加符合年轻群体的审美喜好，加之每个神兽都具有其独特的美好寓意，将这部分祝福能够传递给消费用户，同时印章中纹样是神兽传统图案与美好寓意文字的结合，印章在当今人们心中本就是一种肯定、保障的象征，设计者将这两者结合，完美地表达出神兽的传递意义，以一种印制的形式将这种美好传递给更多的人，这样的设计手法可以总结实际的村落文创，进行类似手法的文创设计。

8. 消费用户细化创新

消费用户的细化创新，可以更加有目标性的锁定消费群体，一个设计很难可以满足所有人的期许，因此用户的细化创新可以划分出更多的差异性，这种细化的差异性对文创设计本身而言就是一个系统的分类，有利于文创设计的研发和创新，实现更加人性化、差异化和个性化的文创设计。

按照最基础的划分方法是年龄划分，一般可分为儿童、青年人和老年人三种人群，这也是最具风格特点的划分方式，当建立起基本的划分方式后，还可以进一步地进行划分，按性别、职业、群体和爱好等方式，有针对性的用户细化更能够带动文创设计的发展方向，因此需要对消费群体进行细化创新。

9. 消费手段差异创新

消费手段的差异性是指，通过营销手段的不同，增加文创设计品的消费渠道，这样渠道是必须具有创新的消费模式，能够激起消费用户的兴趣。一般是用趣味性、新颖性和独特性作为创新亮点的营销模式，激发大家想去尝试消费。在消费模式的更新中要注重消费心理的流动，把握好消费心理的满足感，100%的消费体验感有时候并不能给大家带来充分的消费力，太低的获得感又会丧失对文创的兴趣，据研究表明保持大概75%的产品满足感，才能够有效地给消费过程带来惊喜感，以上都已经得到本书设计团队的验证。

近年来，网络覆盖越来越完善，通过线上的消费方式越来越多，我们也必须重视基于线上的便捷消费方式。线上消费方式可以更加便捷的随时下单购买，不受地域、天气、时间的限制，这种无障碍的便捷模式促进了更多的消费，文创设计产品也要跟上这样的大时代潮流，依托互联网建立自己的购物平台，或借助一些公共平台生成自己独有的营销模式。建立起这样的便捷方式的时，也就引导消费者逐渐养成了一种固定的消费习惯，就如同一日三餐不可缺失。另外目前可以通过淘宝、抖音等平台开展自己的文创产品直播，直播可以通过主播的介绍，更加清楚明了地展示文创产品的功能、特点、优势和优惠力度，真正满足了大家"明白"消费的需求，这对文创消费的创新带来了新的机遇和挑战，加之近年来全球新冠疫情的影响，对全球经济和中国经济影响巨大，所有行业都在抓紧利用线上平台不断扩宽创新工作模式，销售渠道更是应该如此。创新消费手段和提高销售率，这对文创的营销创新带来了巨大的影响和机遇。

（三）绿色生态健康环保原则

1972年6月5日至16日，"第一届联合国人类环境会议"在瑞典斯德哥尔摩召开，各参加国达成了历史闻名的《人类环境宣言》，那一时刻标志着环境保护正式成为世界各国政府高度关注的重点工作任务，我国政府也是该宣言的缔造者，自此中国的环保事业走向了正规化的道路，1973年国家建委增设了环境保护办公室，此后该办公室又上升为国务院下属的国家环境保护总局。2008年"两会"召开后，根据国家安排，国家环境保护总局又再次升格为"环保部"，从此对我国各地的环境保护执行全盘管理和督导。这一系列的改变表明我们对于环保的重视和可持续发展的环保理念正逐步加强。在大政策方针的引领之下，我们的设计也应该秉持这种绿色生态、健康环保的原则发展，坚持绿色设计原则应遵循以下几点原则。

1. 绿色资源生产原则

绿色资源生产原则是指，在设计制作产品时，要选择可循环、可降解、绿色环保的材料作为设计的原材料。设计时要把握可持续发展的观念，重点了解设计材料的客观属性和优劣状态，选择使用优质的可再生、可利用资源进行设计。

人们常提到"垃圾是放错的资源"，我们要将资源进行有效的选择和整合，这种选择也会给环保材料的发展方向起到一定的导向与促进作用，设计产业大量与迫切的环保类材料需求也迫使生产者进行产业升级，研发、迭代技术转型攻坚生产环保材料，最终形成需求带动生产的良好局面。一方面，我们这种创造性应用环保材质的设计理念，在文创设计本身已经有了大量而广泛的实践，例如：利用木材、布料和石材等天然材质的资源，将这些天然材料进行简单的二次加工就能呈现出比较好的文创产品艺术效果，同时这种天然的材质也会给消费用户带来亲切感和温馨感，这得益于自然资源的天然属性。另一方面，我们在对文创产品进行设计生产的过程中，也要持续遵守、维护这种环保原则，例如，一些木质的文创产品，即使原本的选材自然绿色，但在生产制造过程中使用粘合剂，导致甲醛成分超标，使得天然材料不再"天然"，严重的甚至还会导致质检不合格，所以设计者在选材时也需要考虑到生产全过程链条上的环保资源把控。

2. 绿色资源供应链原则

绿色资源供应链原则是指，在设计产品使用过程和消耗过程中，要尽可能选择可循环、可再生和可重复利用的能源供给，把绿色理念融入包括采购、设计、物流、销售等全流程环节中。例如，由太阳能、风能、地热能、潮汐能转化而成的电能等低碳环保能源，此类资源产出技术相对比较成熟，依据生产地的能源资源禀赋，总能在使用过程中不断的获得其中一种或多种稳定供应，同时造成的污染是微量、可控的，节能的同时还将成本控制在一定程度之下，是一种比较理想的环保使用方式。例如，利用太阳能作为驱动力的车载排风文创设计产品，是一款利用太阳能转化为动能的环保文创设计，汽车大部分时间在户外，接触太阳照射的时间比较多，特别是夏天太阳暴晒时更是如此，在户外阳光直射的密闭空间内，车里的温度会迅速上升到40、50摄氏度，即时打开车门和空调也很难迅速降温，设计生产的太阳能车载排风扇，可以将太阳能板悬挂至车窗位置利用太阳能动力使风扇转动形成空气流动，使车内保持更低的温度。该项设计是比较成功的环保能源案例，在很多销售平台销售数量也是非常可观，很多的车载产品都是利用了太阳能资源，比如太阳能香薰、太阳能摆件和太阳能时钟，等等。

3. 绿色资源可回收可降解原则

设计资源可回收可降解原则是指，在设计产品使用寿命终结之后，可以通过适宜的方式进行回收利用，或是采用资源化的处理做到最大程度的环保价值或是快速无害化降解，这就能够让文创产品时刻保持绿色竞争力。

这一原则符合国际环保理念和国家相关法律法规，最直接的且最关键的是能够长效保护我们赖以生存的地球环境，这也是一名设计师义不容辞的初心与使命。我们对绿色环保设计不仅需要考虑到文创产品的自身经济价值，更是要从发展的眼光和可持续的理念出发，充分考虑到文创产品在整个生命周期中对自然环境和人文生活带来的影响，平衡经济效益与生态环境之间的关系，做到两者的有机结合。

4. 绿色管理原则

绿色文创产品需要加入国际标准，遵照 ISO 14001 环境管理体系执行，这个体系涵盖了产品全寿命周期的环境评价、环境意识培育、组织和责任划分、环境指标考核等方面。真正的文创产品不能是毫无标准的"土特产"，加入国际标准，是文创设计的重要管理原则，这是重中之重。

例如，在中国早期发展迅猛的电子产品行业，更新换代速度可谓是日新月异，很多的电子产品在淘汰后都没有进行有效处理，产生了很多电子产品垃圾，难以处理，无法短时消耗，其中的部分重金属等有害垃圾还会造成污染，也导致相当数量不达标企业被停产整顿。也有一部分企业设立了自己的环境保护管理部门，严格把握产品绿色标准，能够自查自省，制定自我绿色产品生命周期管理计划，绿色商务管理计划等，最终成为行业环保标准标杆。文创产品的发展也需要符合绿色管理原则，扎实践行环保政策标准。

5. 绿色推广原则

绿色推广也就是文创设计产品的绿色营销，是文创产品攫取在绿色环保层面比较优势的关键因素，我们应该借助各种途径，打开和树立大家对文创产品特别是村落文创产品的绿色形象，多角度的普及绿色文创产品的理念，让大家学会辨识优质绿色文创产品，而不是一味地减质低价营销，逐步扎实培养起大众的绿色购买习惯，不断推陈出新巩固绿色文创产品地位，开拓绿色文创产品的市场容量，从而长效保持绿色文创产品发展。

6. 绿色财务核算原则

绿色财务核算原则，用来衡量绿色成本和绿色收益，其中包括：环境资产、环境成本、环境负债和环境收益。由此可见，绿色环境需要作为与资金等同等重要的资产进行优化经营。许多的国际跨国企业还要执行对每项有关环节的年终收益报告制度，在许多发达国家，绿色财务是衡量一个企业的重要数据标准。这样的发展趋势，也是文创企业需要不断追求的发展方向和目标，把文创产业做大、做强、做标准的同时，增加完善科学的发展目标，是文创产业的必经之路。

7. 倡导绿色消费原则

绿色消费原则主要是指，对人类命运共同体和文明体系的茁壮成长有推动作用，对全世界自然生态和谐有保护作用，是每个人、每个家庭都应进行的可上升到全人类可持续发展理念的具体执行。而大众理解的绿色消费还停留在相对低级的层面上，简单地认为在一些食品行业的安全健康方面，这只是冰山一角，想要将传统消费观念改变成绿色消费，还有很多的地方需要完善，从文创设计角度出发，我们不断的通过宣传和产品引领大家的理念转变，同时也需要政府和有关部门参与到倡导绿色消费的活动中，只有这样，我们的绿色文创设计产品才有市场，文创企业才能够提升绿色竞争力。

无论是采用哪些绿色生态健康环保原则，我们都希望文创设计与文创产业长足发展，这是每一个关注文创设计人们的心声。

（四）美观原则

美观原则是看似简单却很难达到的原则之一。美是人人追求的最基本属性，在面对选择时人们会自然地选择心目中更美的那件文创设计产品，但是每个人的审美观念不同，所谓"各花入各眼"，设计者要找到其中审美认可感的"最大公约数"也是需要进行一番布局。例如，文创产品的包装要平衡好包装中文字、图形和色彩之间的关系，做到让美观来吸引消费用户的认可，从而激发起对文创产品产生更深了解的欲望，往往这是最关键的第一步。特别是在当今时代，消费用户对产品的要求越来越高，已经不是简单的满足实用性这个单一原则就能达到的，需要集美观性、实用性和功能性于一身，总有一些质量不错的文创产品由于缺乏美观的包装和布局导致滞销。

美观性最重要的一点要符合审美要求，由于地域、种族和性别等因素的差异性，大家对美观的要求会有差异，但是就美感本身而言，符合形式美法则标准的设计产品在其他因素基本一致情况下，具有设计美感的产品会毫无意外地脱颖而出，特别是在对村落文创或是地域文创进行设计时，大家在一定的区域环境内对审美的高级感认同也有趋于相似性，所以我们对美观性的把握也需要个性化的对待，探寻到最合适的审美需求至关重要。

在美观性的把握中，还要注意的是，设计者在创作文创时通常单纯以设计者的角度审视产品的美观性，有时并不一定被大众所认可，设计者往往要经过系统严谨的美学教育，对美感的把握要有比较独特的视角，在设计时也应该不断回归和考虑大众的审美需求特别是一些具有普遍性的文创设计产品。

美观性原则的把握需要我们不断地去摸索，在长久的打磨中凝练大众的审美需求。很多经典的形象和图案经历过很多时代洗礼依然为大众所认可，例如：迪士尼的各种卡通形象，有许多文创产品热衷于高价授权联名这些被大家认可的形象，其实是对美观形象的买单。许多大牌的经典图文年年都在流行橱窗中长期摆放展示，可见美观性原则带来的效益是一种长久的、持续性的稳定回购率，不可小觑与忽视。美观性不是一成不变的，而是动态发展的过程，我们也需要与时俱进。

（五）分层设计原则

文创设计应该是分层次、多元化的设计原则，其中文创产品的价格是影响文创购买率、再发展复购的重要因素，设计者需要特别以价格的分层，对设计本身展开设计研究，提供不同风格、不同价位合不同层次的文创产品，才能更精准地定位各层级的不同消费群体。

1. 高端消费文创产品

高端的文创产品以村落文创为例，主要体现在要具备最新的文创产品创新亮点，这部分文创产品是以设计前沿、概念性的角度出发，起到一个发展方向的带头引领作用，往往从产品功能、产品设计和产品营销等各个方面都是贯穿最新的理念，这部分高端文创设计的市场占有率相对较低，不是营销的主要层级，是顶级的设计元素和功能汇聚于一体高端附加值产品。我们在设计时，一般会考虑到材料的高端性、设计工艺的高端性、设计创意和手段的高端性，有些甚至以高端私人定制的形式来考虑高端文创产品的各项层级方案，来迎合高端文创产品消费群体。

2. 中端消费文创产品

中端文创产品往往已经经历了一个比较成熟的消费闭环，产量比较大，是大多数消费群体的购买考虑对象。这部分文创设计产品瞄准的是消费用户群众中最畅销的购买层级，往往是具备设计感的流行元素、功能元素和价格优势，满足大多数文创消费群体的审美需求、内心需求和使用范围，往往这些产品覆盖范围广泛，是大多数人都需要的产品种类。这部分产品与其他层级相比，具有较高的性价比优势，设计风格最多且设计品类最多，也是设计师成系列出品的最主要的部分，就设计而言这部分设计的更新速度与其他两个层级相比，速度更快，产量更多，可以称作是文创设计中的王牌和主打商品。

3. 低廉消费文创产品

低端的文创产品往往也有它特色的优势，简易的包装形式、低廉的价格优势、适当的使用体验等是低端文创产品的消费点。就设计本身而言，低端的文创设计更加注重朴实大方的可接受性原则，没有过多增添流行元素，通常是以一些经久不衰的经典设计元素为基础，搭配以基础色调为主的文创表现，其经济实惠和朴实无华的特质扩大了受众范畴，几乎可以被各类人群和消费群体接受。例如，村落文创中比较常见的手工艺小件，普遍具有制作简单、灵活便捷、出产量高和成本低廉的特点，几乎在村落中随处可见，通常这部分产品也是文创系列产品中曝光率最高的典型设计元素，可以达到人手一个的高普及度，同时使用周期相对较短，有时甚至可以起到一个烘托村落文化核心的作用。

　　三个层级各具特色，各自覆盖不同的消费需求，在当下竞争激烈的文创设计中，都起到了积极的促进作用，预计未来还有更多的划分方法和手段加入文创设计中来，需要设计者做到与时俱进。

第四章　村落文创设计流程

第一节　组建文创项目

文创设计产品项目的顺利完成，离不开整个设计项目团队的组建和周密管理，每个环节的完成是项目本身与项目管理的融合。在整个文创实施环节过程中，应该首先制定一个科学的文创项目计划管理规则和项目计划步骤书，要充分考虑到设计中每个环节的重要程度和影响因素，例如，成本、时间、设计方案、呈现方式等因素。设计本身是一个统一的集合体，为了成功完成文创设计项目，达到预期目标，项目组成员应该各司其职，认真完成自己承担的具体环节和任务，同时还应该对整个项目进度情况保持跟踪了解，特别是做好与之相邻环节的沟通与衔接工作，通过相互推进、成就彼此顺利有序、保质保量地完成文创设计。

村落文创设计项目有其独特性特征，它绝不是普通的设计，对整个团队而言应该具有更加成熟的项目计划书，并且创作团队要对整个文化背景、元素等有相当深刻的理解，这不仅包括对该项目的独特文化特征的了解，还应该兼具对整个中国文化历史脉络、非物质文化遗产、地域文化和地域习俗等的知识储备和文化素养，拥有一定的文化归纳整合能力、思考能力和认知能力，具备以上条件才能对村落文创设计品的高质量输出敞开一扇明亮的窗口。

一、文创项目的成员组建准备

一个文创项目的准备工作一般可以分成三个阶段进行，根据预期的项目完成时间为界定，分为前期的项目组建环节、中期的项目准备环节和末期的项目查缺补漏环节，层层递进地进行筹备以保障整个文创项目顺利完成。

（一）创建项目人员团队

对整个文创设计项目而言，准备组建工作是关乎文创项目顺利完成的重要开始，准备工作的完善程度与整个项目的完成进度呈现明显的正相关关系，一个成熟的项目团队一般在整个文创项目的准备环节做到筹备速度比较快、筹备材料比较充分和目标指向性比较明确，项目组成员经历项目的数量相对比较多，所以项目组成员能够预判和规划大多数发生的问题，并能够从容应对各种突发事件，相对而言项目组成员的工作效率比较高，但相对模式化的处理也会导致团队缺乏创意思维。对于一些相对比较年轻的新建团队，项目组成员相互之间往往缺少必要的磨合，所经历的案件项目相对比较少，项目组成员难免地会出现某些项目漏洞而不自知，这时更需要一个具有丰富经验的项目负责人进行相关的指导与监督，充分发挥对项目的查缺补漏能力和对突发事件的应急处理能力。当然不可否认的是对于新团队而言也有其自身的优势，由于人员构成一般比较年轻，大家的工作热情比较高，团队往往充满活力。

根据项目的差异化要求，要注重选择合适的项目组员。为了使项目组顺利建成开展工作，组员的选择至关重要，特别是关键环节的组员设定会影响整个项目的达成度，选择组员时要充分考虑文创项目的实际情况、项目的设计内容、成员的特长优势，综合比较各方面来审慎确定。系统的文创设计不是一个人能在短时间完成，一般需要各方面的鼎力支持，而且文创产品的更新速度和迭代频率相对较高，个人的力量在海量的产品中显得独木难支，这就更加凸显了团队的必要与优势。

（二）确定项目负责人

文创团队的建立最重要的是确定项目的主要负责人，负责人在整个项目中起着决策核心的作用。作为一支团队的灵魂人物，负责人所担任的工作是一个整体统筹的领导工作，第一要有认真负责的工作态度，第二要对整个文创项目有一个清晰明确的发展方向预判，要深度了解文创设计的创作文化核心，对每个环节融会贯通。负责人要站在一个相对高格局的位置，要对文创设计的呈现目标给出符合实际的修正，做出有效的指导性决策，要能够协调好不同组员之间的工作关系和沟通联络，能够树立较高的威信，依据项目有关的法律、法规、制度和标准进行严格要求，并在执行中相对灵活地进行人性化处理，能够迸发出团队成员共同创造的集体智慧力量和激励核心人员主动贡献的意愿，能真正担任起项目负责人的工作职责与要求，能够从文创的宣传推广角度出发清晰地阐述文创各项精髓亮点，以上即是一名文创团队负责人所应拥有和发挥的核心领导作用。

（三）确定项目设计师

项目的设计师是整个文创设计是否能够有效完成的重要人物，因此项目的设计师需要根据文创自身设计的项目要求、项目标准、项目数量和项目特点来仔细决定。如果某个项目的要求标准较高、覆盖文创种类繁多、项目庞大和时间周期短，那自然需要拥有较多的有相应经验的设计师来完成。如果某个项目本身体量比较小且复杂程度有限，可以选择相对较少的设计师组成构建，这样项目组内部的沟通协调也比较方便、顺畅。就项目组人员配置数量而言，并不是设计师越多越好，分配不当反而会导致人力资源的浪费，恰当的人员分配才能够更好地完成项目工作。对文创项目而言有时会涉及比较核心的环节和高技术支撑需求，这也需要有相关资质的文创技术人员加入，专门完成设计的技术环节部分，通常这些环节至关重要，可能影响文创设计的销售体验等一系列后续工作的展开，此类核心方面同样需要有经验的设计从业者进行把控，起到加强文创项目质量保障的作用，同时核心设计师的很多技术也关系到文创相关部分知识产权的应用与保护，相关工作需要格外的慎重与关注。此外还有一些比较基础的工作，可以由相对年轻、经验欠缺的团队人员担任和执行，本身对于初出茅庐的团队成员也是一个学习和积累经验的过程，工作时间和经历的累积也会让这些成员慢慢成长晋升为核心骨干力量，为团队的良性循环发展培养新生力量。

组建一支文创设计团队，就人员配置层面而言是需要进行长期合理规划的。打造一支高水平的创作团队并非一朝一夕能完成的事情，需要长周期的规划，在不断的实践环节中锤炼与打磨。一支经久不衰的创作团队需要科学的人员配置，团队人员的综合能力程度将决定团队的整体实力，进而决定团队创作成果所能达到的成绩与高度。

（四）确立项目各负责人的职责，细化分工

细化责任分工，坚持履行终身负责制度，是文创设计的前提基础。由于文创涉及的各个环节较多，细化责任分工能够更好地推进文创的每个环节，保证文创项目的顺利进展。例如项目负责人的主要工作是：深度把控文创项目核心要义、了解每个环节的人员分配并充分调动积极性、制定文创项目的工作流程、制定文创项目的相关制度、监督督促文创设计进展并能够指导评估文创各个环节、做好文创项目公关工作特别是与甲方之间的沟通、定时高质亮地展开文创项目的内部讨论会议，等等。主创设计人员的职责是：按时保质地完成设计的各细微环节，特别是对于设计风格、构图、色彩和主题的准确把握，等等。项目其他人员也要能够认真负责完成承担的每项工作。

二、做好文创项目准备

井然有序的准备工作是文创项目能够顺利展开和最终成功的关键。俗话讲，好的开端是成功的一半，在项目准备中要重点检查以下几个方面。

（一）文创项目的资源准备

文创项目的资源准备主要是指设计项目过程中会涉及的硬件资源和软件资源。其中硬件资源包括：设计工具、设计机器、设计软件（Photoshop，Illus-trato，InDsig，CAD，3Dmax 等）、设计地点、设计素材等方面的准备；软件资源包括：以往的成功案例资源、相关的文创设计法律政策要求、项目设计有关的大数据资料分析、项目收集的各项问卷调查表，等等。

（二）文创项目的技术准备

文创项目的技术准备主要是指设计项目过程中会涉及的技术问题。其中包括：设计技术的使用效率、计算机技术的支持（涉及一些以网络资源为依托的文创部分）、设计技术的薄弱环节处理，等等。

工欲善其事必先利其器，充足完备的资源准备至关重要，特别是获得到类似成功案例的参考价值，有时候可以节省很多实际摸索的时间。

（三）创建文创项目计划书

创建文创项目计划书是文创项目正式展开前最重要的一项准备工作。一个合理完整的项目计划书应能够锁定项目各个阶段的局部目标和最终目标，确定好各个阶段的时间节点、任务工作以及人员分配，迅速地帮助项目组成员明确各自的工作要求和工作重心，尽快进入工作状态。

就文创项目计划书而言，建立一个合理完善的项目计划书应该包括几个方面内容：首先是时间节点，其次是设计目标任务，最后是设计项目相关要求。根据实际的项目情况进行恰当的安排，一件优质的文创项目计划书同样也需要经过各项考验和反复编制，计划书越明确，后续的文创工作将会进行得越顺利。计划书的制定需要经过市场调研、文创品类调研、文创技术调研、文创客观情况调研和文创评估调研等步骤后再进行撰写，才能撰写出一本真正优质的文创项目计划书。

三、文创项目的管理

文创项目开展之后，需要对文创项目进行有效的管理工作，这是文创项目进行过程中必不可少的环节。该项工作任务可以由项目负责人承担，也可以由承担一个管理部门工作的人员进行实时管理，本质上是建立一项监管机制，进而能够对整个文创项目的高质高效完成起到促进作用。试想一个较大的文创项目如果没有管控机制，那文创项目的发展可能不会朝着成功的方向稳步推进。管理工作也可以由甲方人员与文创项目团队共同组织开展，主要的目的是促进文创项目进行。在进行文创项目的管理过程中，可以采取分阶段、分环节和分内容的管理手段，对文创项目的项目计划书、文创产品的设计、文创产品的风格创新、文创产品的质量、文创产品的品质和文创设计的评估等进行逐一管理和把控。

管理过程对甲方而言不仅可以更加深入明了地掌握文创项目的整个设计规划和设计流程，同时还能够加深对文创设计的情感和文化内核的把控，随时与项目团队交流设计诉求和设计方向要求，避免导致因项目团队和甲方缺乏管理和沟通造成的各项工作的误解。对设计团队而言，管理是一个自查自检、查缺补漏、自我提升的过程，该环节具有非常的必要性。

对文创项目的管理时间作出一个明确的规划，在适当节点查看文创设计的各项进度和阶段性设计成果。例如，每隔 2 天的早 9 点进行文创团队的工作进展汇报或提交工作日志，每隔 1 周向甲方提交工作进展状况和文创设计效果图样，等等。

四、文创项目的评估

文创项目的评估实质上是对文创项目的检查，其意义是可以有效保证文创设计项目高质量顺利地完成，同时还可以在一定程度上提高文创项目的成功率，减少文创项目在整个实施过程中出现的各类问题，便于评估后能够及时地作出反馈进行调整。

文创项目的评估需要建立在科学有效的评估机制之上，否则会对文创项目的整体实施带来一定的负面影响。科学的文创评估机制包括发自外部的评估：如专业同行专家评估、文创项目市场评估和代表性消费用户群体评估，还包括产生于内部的科学自评估体系等多方面组成，内外部共同建构起一个多元化、系统化和体系化的评估团队。

文创评估还需要划分有效的评估阶段，一般分为前期评估、中期评估、后期评估和体验反馈四个步骤。前期评估是在文创项目的开始之初，主要评估文创项目的内容包括：目标方向和理念的合理性、文创项目计划书的科学性、文创项目呈现品类的需求合理性和文创项目的预估价值。前期评估的主要目的是确定一个正确的文创项目发展目标，并在文创项目草案中选择出最合适的预设方案。中期评估是文创评估中最核心的部分，主要是对文创项目中各个部分的设计完成稿进行评估，主要包括：文创产品的定位、文创产品的风格、文创产品的主题、文创产品的种类和文创产品的载体等，通过评估对设计中的各项技术问题作出指导和支持，是创作正式定型生产前的最后一次细致评估，是对整个文创项目的设计部分环节的全面细致检查，在这个评估阶段中应尽可能多的调整、修正各项问题，避免在后期制作过程中带来不必要的阻碍。后期评估主要是对文创的试用阶段进行评估，这其中包括：全方面、多层次的进行线下文创设计的样机部分、线下平台建立部分和线上网络体验部分。此次评估是批量大生产和全面线上推广前的最后一次评估环境，其目的是进行前期工作的查缺补漏和初步体验效果后的全面补充。最后一个步骤是正式推广市场后全部文创产品的文创体验反馈，这个反馈也是非常重要的一个环节，通过实际的浏览和销售数据，以及借助大数据的分析，对文创产品的进一步升级发展作出方向调整，为后续的文创发展再升级提供最直接的有效信息反馈。

综上，文创评估是一个文创项目能够健康发展的必要手段，在文创项目中不可缺失，需要根据实际文创项目的进展情况实施，系统科学的文创评估环节能够促使文创项目本身向好发展。

第二节　进行各项调研

文创项目的调研活动是文创正式开展的首要环节，该环节是一项科学严谨的计划性活动。在调研过程中需要根据调研计划书，科学有序地进行每一项调研工作，才能保证调研工作的顺利展开，文创项目的调研一般包括六个步骤：第一，确定项目调研的方向和主题内容；第二，制定文创项目调研计划书；第三，确定文创项目调研的方式方法；第四，制定调研数据的问卷表格等数据采集准备工作；第五，开展文创项目实地调研，对同类成功文创项目的数据进行调研和观摩；第六，分析整理数据形成项目调研报告书。每个阶段都需要认真完成，调研过程一般采取以上所述顺序依次进行。每次调研活动都需要明确调研的主要目的和任务，把握好调研方法，为必须展开的调研问题进行科学的调研准备，要精准把控调研的内容，切忌泛泛而论，也要避免局限于细枝末节。以下对每个调研环节进行阐释。

一、确定项目调研方向和主题内容

项目的调研是一项繁琐复杂的过程，需要进行多频次、全方位的调研活动，根据不同类型调研可以分类为：

（一）根据调研活动时间分类

可分为前期调研、中期调研和后期调研。前期调研的核心主要是对文创项目设计中的各类问题寻找答案，发现设计元素亮点。一方面要充分了解文创项目村落的基本情况，主要包括村落发展史、村落民俗活动、村落建筑、村落生态环境和村落人文环境等各个方面的内容。另一方面要了解同类文创的国内外现状和基本情况，最后一方面是要了解国家对文创主题的相关政策和科学的大数据挖掘情况。中期调研主要是对现有的文创主题或文创元素进行验证和审核，中期调研也是一个注重过程性的调研活动，一般会进行多次、多元的调研活动。后期调研的主要目的是针对已经出现的问题或偏离发展的方向作出改进。

（二）根据调研地点分类

文创项目的实地考察和调研。就村落文创而言是去村落中实地地开展考察和探究，做好充分的项目设计准备工作。在项目村落调研是主要的调研内容，在实地调研中应该深入了解村落生活中，通过入住村落、体验村落生活的各项活动和民风民俗，获取较长时间的村落生活体验，能够真正地将村落文创设计进行精准的文化传达。体验收获的感触是非常重要的资源，这些是产生创新和设计灵感的关键点，同时这种身临其境的感受是最直观的感受，可以起到观看任何其他资料和资源无法达到的效果。

其他文创地点调研。这部分调研主要是一个学习和借鉴的过程，例如去类似推广较好的文创村落中进行实地调研，还包括去各大文创工作室进行现场调研和去各大专家工作室进行疑问解答等，这部分调研可以直观的获得文创项目设计能够借鉴的资料，避免了部分重复研究。

（三）根据内容主题调研

内容主题的调研是一项针对性较强的调研活动，项目团队需要对调研主题作出细致的分类和分工，包括：项目村落的文化、项目村落的经济、项目村落的政治、项目村落的环境、项目村落的特产、项目村落的资源和项目村落的游客等众多方面的调研活动，此项调研可以分工同时进行，在项目村落中成立临时工作站进行总结和汇报，进而能够有效地节省调研时间。

(四) 根据项目的性质调研

这部分的调研可划分为两种类型，包括：第一，探索性调研。主要是对调研的初步资料集合，这部分调研没有特别明确的目标和方法，以随机试探性的调查体验为主。第二，描述性调研。这是一种较为常见的调研方法，通常是对过程中的各项内容进行中的调研方式，一般描述性调研活动在营销层面上使用的频率较高，对营销战略进行各项适时调整修正，特别是对于一部分短期的营销活动，作出一系列的发展变化和预测分析，而对一些长期的营销战略可以起到结构性、饱和性和普及性的把控和调研作用。这部分的调研会影响到现有文创设计服务和产品的未来发展境况。

二、制定文创项目调研计划书

在文创项目主题确定后，通过参考主题调研的内容和目的，制定文创项目调研计划书，进而确定调研方向和方法。调研计划书主要包括：调研时间、调研地点、调研活动、调研材料和调研对象等各个方面的内容。

调研时间是非常重要的调研因素，调研时间直接关系到调研效果，调研时间的时长和频次也会影响调研计划效果，例如，我们对文创产品的售卖进行观察调研，调研的时间将贯穿不同季节、不同天气、不同时段甚至是在不定因素发生改变时，观察消费用户调整文创产品的需求点，特别是在某些突发状态下，文创产业也需要较多的应急产品，来应对可能出现各种突发事件。在不同时段的调研中，项目调研员还发现，时效性是可以影响文创销售的一个比较重要的因素。把握好恰当的时效性，对于文创的设计起到至关重要的指导作用，比较普遍的时效性效果一般是流行元素和节日的影响波动较大。另外恰当的时间进行合适的调研内容，特别是对于一部分被时间因素影响较大问卷调研会直接影响到调研的效果。例如我们在消费用户进驻村落时，进行的一部分体验问卷调研，一般的调研会选择在户外的随机发放，这部分调研事后看效果不佳，浪费了大量的人力物力，主要原因是大家的心情停留在村落美景之中，无暇顾及甚至躲避调研内容草草了事。

调研地点主要是指调研的主要场地，完成调研的所有活动的区域。一般是在文创的始发地进行一系列调研，还有在不同的场所进行的调研（如户外环境、室内场馆、工作室等）这部分属于线下调研地点。例如，调研组进驻一个村落饮茶场所，把调研活动地点更换在闲暇喝茶的时段，通过手机扫二维码的形式进入小程序进行调研，接受调研的消费用户还可以免费续杯或获赠礼物，相对而言，可以利用不同饮茶时段收集相对有效的问卷信息。还有一部分调研是通过线上的方式进行，此类调研不受地点的限制，这种形式也是现在常见的方式之一。可以对不同的朋友圈或群发送调研问卷。

调研活动，大致分为调研前的准备活动、调研中的采集活动、调研后的探讨和总结活动。调研活动是组成整个调研计划的细小单元网格。

调研材料主要是指调研过程中需要的材料和调研过程中所收获的材料，需要的材料可以帮助支撑调研活动顺利进行，获得的材料可以帮助后续的项目设计工作顺利开展。

调研资料特别是收获的调研材料将成为后续工作重要的参考资源，一定要尽量保证准确性高、质量良好，这就要求我们在收获资料的过程中，尽量采取多渠道、多元化的采集方法，这部分资料一般可分为一手资料和二手资料。

一手资料主要是指项目调研小组直接采集的原始资料。对于文创设计项目本身而言，一手资料也是最需要和常用的必备资料。通常这部分资料需要花费一定的人力、物力和时间去获得，一般一手资料是非常具有针对性的资料来源，例如村落的实地调研资料和实地访谈资料。一手资料的形式也比较多样，可以采用文字记录、拍照、手绘等方式。从性质上看一手资料的系统性不强，偶发性的素材可能较多，显得较为零散。

二手资料主要是指项目调研小组采集的原本已经被他人收集、整理后的现成资料，也可称之为次级资料。这部分资料相对而言更容易获得，系统性、概括性相对较高。但对于文创项目设计而言，针对性不强，准确性也需要进一步验证。二手资料可以作为文创项目的参考资料，需要进行科学的筛选和梳理，将资料中有价值的参考信息甄选出来。

调研对象主要是指需要调研的范围和范畴。由于调研的内容存在差异，调研需要确定一个范围，如此才能确保调研工作不会产生重复或者遗漏。就文创设计的调研工作来看，一般是根据其范围采取普遍调查和抽样调查。

普遍调查，也可称为全面调查，是指在一定的调查范围内对所有对象进行全面逐一地调查，这样的调查范围具有普遍性、全面性和准确性的特点。例如：全国人口普查、山东省经济收入普查等等，这种普查往往需要具备专业资质的普查机构或部门进行操作，一般需要经历较长的时间并且花费大量的人力和物力。对于文创设计而言，也可以采用如上的方式，但一般只是针对正式的、规模较大的文创项目才会采用，而且调查的过程一般也是交于相关的权威机构去执行，单纯依赖自身的设计调研团队根本无法独立完成，所以文创设计较少的采用的普遍调查的手段。

抽样调查，特指从本次调研目标的整体中以一定原则采选部分样本进行观察与解析，并通过采选部分的局部特质揣摩全局特质的一种调查活动，所有抽样调查具有一定的概率性。一般而言，简单随机抽样法、分层抽样法、多阶段抽样法、系统抽样法和整群抽样法是经常选用的细分方法。抽样的优势较多，比如工作量较普遍调查相比较少，调查的内容可以有针对性的丰富多样。由于部分调查可以提高效率并且减少项目开支，同时方法相对较多且灵活易于操作，所以对于大多数的文创项目，通常采用抽样调查的方法进行数据采集。由于不是全面的调查对象范围，难免在调查的数据上存在误差，所以设计文创调查时要充分考虑到这些因素，在调查前尽量指派由文创项目团队中有丰富经验的人员担任并辅以同行专家人员进行指导，不能仅凭调研人员的主观因素影响制定，否则可能会造成抽样结果的巨大偏离，从而影响后续的一系列项目工作，甚至导致文创项目的失败。

文创抽样法主要是采取随机抽样的方式，这是最简单的一种抽样方法，也是文创设计项目抽样中使用最多的抽样方法。该方式是从抽样的整体样本中，尽量同等概率地去选取样本。例如：在山东省泰安市 5 个不同小区，调查个人心中最具影响力的泰安市古村落，就设定从 5 个小区中的 100 户居民家庭中抽取 20 户家庭做样本进行调查。这种抽样方法通常用于文创的初始调研阶段较大，用于收集大量的调研数据。

系统抽样法，是从总体样本中，随意的位置开始，按照一定的间隔顺序进行的抽样方法。例如我们将连续生产中同一型号的文创产品进行出厂质量检验，按每间隔 30 分钟的文创产品，进行全部的检查。

分层抽样法，特指以某些指定的特质为分层原则，从不同层次中各自采选样本的方法，该分层讲究要划分为无关联关系、内部为类似特质的几个层，实际情况下每个层次被采选的概率是不同的。例如调研组成员欲研究一个文创特产的消费率，该产品的消费人群组成有不同的职业群体，调研人员先通过一定的资料获取到"职业"对购买此项文创特产有较明显的影响，因此调研人员将消费用户进行分类，然后再采用简单抽样或系统抽样的方法，分别在分类用户中抽取几个样本，最后将采集的样本合并组合为消费用户的样本。这种分层抽样的方法在文创中是尤为重要的方式，对于文创产品而言，针对性和特殊性比较强，文创一般定位的消费用户较为具体，采用分层抽样的方法会经常使用，而且能够通过调查的数据更加精准的消费用户群体定位。

整体抽样法，特指先将全局整体区分为若集合，集合划分原则应参照调查目的甚至是随机划分。例如依据地理因素划分集合是交通调查中较有说服力的区分原则。

多阶段抽样法，特指将整个抽样流程划分为两个及两个以上环节，多次选择样本的方法，由于存在不同环节及次序，这也是一种不等概论抽样，由于选择的样本来源于不同环节，各个环节的抽样样本将拥有差异化的结构，可以一定程度上加快速度。

三、确定文创项目调研的方式方法

调研的方式方法有很多，其目的都是为了便捷的收集数据，文创项目的方式方法通常采用较多的是问卷法、深度访谈法和直接观察法。

（一）问卷法

问卷法是调研中广泛使用的一种方法。所谓问卷是指统计和调查所用的、以设问的方式表述问题的一种表格，由调查团队根据调查目的进行问题设定，采用多种形式进行问卷发送。由于问卷法具有成本较低、标准化、易收集和可计量的优势，是文创项目经常使用的一种调研方法。一般问卷可分为结构型问卷（封闭式问卷）和非结构型问卷（开放式问卷）。

结构式问卷，通常是把问题的答案加以限定，只允许在限定范围内进行选择。例如：在你体会的村落文化活动中，你最喜欢的是哪项活动？a. 趣味民俗活动（赛马、斗鸡）b. 主题场所活动（书院、祭祀）c. 现代科技体验活动（VR 体验馆）d. 自主休闲体验活动（垂钓、饮茶、自驾观光）。与此类似的问卷形式可以比较直观的捕获需求兴趣点。

非结构式问卷，一般是对研究的问题情况还不是特别的确切或是问题范围比较开放的主题，这部分问卷采取这样的形式。例如，您对此次的村落文化体验有什么样的期待？根据问题进行一个开放式的回答。

（二）深度访谈法

深度访谈法作为一种定性访谈获取信息的方法，亦可称之为深层访谈法。深层访谈法具有个性化较强、主旨鲜明和结构灵活的特点。作为一名能熟练应用高阶访谈方法的访谈主持人，在深层访谈法运用过程中，要用尽浑身解数去全方位了解被访谈者的方方面面，并循序渐进地接近主题，最终发掘出被访谈者对于主题的客观认识、个人好恶甚至是信仰信念。

基于以上特点，深层访谈法相较于其他方法更加适用于不具象、不直观的繁杂问题。此类问题通常是"只可意会不可言传"，仅凭寥寥数语难以勾勒清楚，必须开展头脑风暴进行畅所欲言，对与之相关联的各个子主题均要加以涉猎，才能完美描绘出本次访谈主题的最终"画像"。

在文创项目调研阶段深度访谈法是非常重要的方法之一，也是保证文创项目能够高质量完成的重要前期工作。就文创项目的深度访谈来说，一般分为以下 5 个步骤：

1. 制定文创项目深度访谈任务书。

2. 展开文创项目的准备工作。包括确定被访问者的各项条件，确定人员配额，准备文创项目使用的各项问卷资料，准备访问后的礼品或礼金等。

3. 预约被访者。能否成功预约访谈者是决定深度访谈成败的关键环节，所以需要在执行预约过程中尽量人性化地处理问题。解决好以下三个影响因素：一是联络者：项目联络员要对被访问者进行项目的基本介绍，发送团队的介绍信和项目访问说明，商定访问时间、访问结束时间、访问地点及访问者应注意的事项；项目联络员要最大限度地征得被访问者的同意，为避免预约过程中出现各类突发状况导致无法进行访问，访谈小组成员需要将联络的情况即时反馈给整个项目组，并做好各项备选方案；通常对于文创项目访谈应急情况，项目组采用多约几人备用（具有相同背景的人选），保证一个灵活度；再将访问联系方式、时间、具体程序等信息发送给被访问者，如果被访问者有变动及时取得联系。二是访问过程：可以采用各种有效形式进行发问，为保证有效屏蔽主观因素的影响，访问员与被访者之间不能相互认识，没有任何情感往来，才能保证访谈的客观性。三是被访问者：被访问者要根据实际的文创项目要求进行配额，要全方位考虑做到年龄、职业、职务、性别和生活背景等因素的均匀分布排列方式。

4. 正式访问。访问人员要整理现场问卷和录音，访问人员通常采用一对一的形式与被访者进行现场访问，有时对于一些特殊情况也可采取多对多的形式进行。访谈结束后访问人员要对收集的各项资料进行整理，报送给项目组负责人，项目组负责人对收回的问卷、录音进行检查保存，发送给项目成员中有需求的人员，如果被访问人员有需求，也可及时将回收的问卷、记录、录音等寄给访问者。最终访问结束后，进行整理工作和数据分析工作，记录存档进行保留。

5. 访问后续工作。访问后续工作一般是对之前访问中不太明确的问题进行确定，对出现的新问题进行再度访问，对之前访问问题进行查缺补漏。

深度访谈法也是非常有技巧性的工作，通常需要让被访问者处于一个轻松愉快的状态下完成深度访谈活动。在整个过程中，文创项目组要选择适宜的访谈场所，注意在整个过程中的语言和行为举止，项目访谈要采用清晰、简洁、准确的语言表达，言谈亲和温婉、友善谦和，能够耐心的引导被访问者打开心扉，真实的表述自己的意愿和想法。

深度访谈在文创项目调研中也存在它的优势和不足，优势：第一，良好沟通性，由于是通过精心预设的各项问题和单独安排合适的时间进行有效的沟通，缓解由于调查的目的性带来的紧张感。在交流过程中轻松的气氛易于调动起被访问者的交流欲望。第二，访问的活动可以比较灵活机动的改变，这样在访问中容易获得最真实的访问效果。第三，由于访问者与被访问者处于比较近距离的沟通状态，一方面被访问者不容易被其他外来事物干扰，得出较为真实的想法，另一方面访问人员可以根据被访问者的语气态度进行现场判断，推断出被访问者是否是真实的意愿表达。不足：第一，深度访谈是一种人为因素比例较重的调研活动，所以调研人员自身的水平和素质会直接影响到访谈的效果，调研精准度需要依靠调研人员丰富的交流经验、良好的沟通能力和适当的谈话技巧，这部分因素因人而异、带有较强的随机性，甚至调研人员调研时的心态、心情波动都会影响到调研的成败。第二，由于深度访谈提问的问题和每个人的交流方式不同，采用现场直接记录的方式进行资料收集，难免造成遗漏和缺失，在访谈提问结束后，需要有经验的人员进行整理访谈内容和数据的整理和判断，而无法像问卷调查一样直接通过计算机辅助系统快速得出统计结果，在时效上相对有所不足，会花费大量的人力物力且得到的数据量也比较有限。

（三）直接观察法

直接观察法是指调查人员亲临现场直接地对所观察的对象、单位进行的一种调查项目，一般包括：实地观察、实地察看、实地测定、实地清点和实地计量等内容，在此过程中通过记录、收集和登记等方法获得资料。

直接观察一般分为公开观察法和隐蔽观察法。公开观察法是指调查人员在调查的地点在某些可以被调查者知道察觉的情况下进行的观察方法。这种方法相对使用较少，公开的观察难免会造成被观察对象的尴尬，瞬间应激的反应状态也可能造成错误的判断。

（四）隐蔽观察法

隐蔽观察法是指调查人员在调查的地点进行的不被受观察者察觉的单向观察活动。隐蔽观察法在文创项目观察法中是使用最多的一种，调查人员在这种状态下可以捕捉到受观察者最真实的情感和数据采集，从而对下一步的文创项目发展作出正确的判断。一般对于文创项目，采用隐蔽观察的方法需要进行以下几方面的调查资料采集：第一，观察消费用户。一方面，一般会采取定点观察的形式，对文创的几类商品的关注度、购买率和询问文创产品问题等几个方面入手，在观察期间"扮演"商家或顾客的形式，通过记录数据找到文创中的问题。另一方面，是随机的跟随受观察者进行观察的方式，通过跟随受观察者在整个场景中的行动轨迹，寻找到受观察者的喜好、兴趣和整个过程中长期停留地点、快速通过地点，从中挖掘更多更适合的文创项目活动和产品。第二，观察消费体验。消费体验是当今文创项目能够可持续发展的重要参考依据，文创项目除一部分人们常见的商品外，还有很大一部分是文创体验活动项目，在此观察过程中，最直接的是通过观察受观察者的语言、动作、情绪表情等，对文创项目活动的可操作性、熟练度、使用顺序等方面进行细致观察。

通过观察法不断寻找、挖掘、改良文创项目的各个环节和体验，进而有效地创新文创设计，才能真正让文创得到长足发展。

四、制定调研数据的问卷表格等数据采集准备工作

在进行各项数据调研之前，需要提前做好各项准备工作，尤其是制定调研需要的表格工具，才能顺利不受影响地开展数据采集，高效完成计划工作。可以采用计算机辅助系统、人工智能技术、手动记录等多种方式合并进行。

五、开展文创项目实地调研，对同类成功文创项目的数据进行调研和观摩

进行调研活动，是整个调查工作中花费时间较多的环节，在这个环节中调查人员应开展实地走访调查，重点做好数据收集记录，整个过程中调研人员可以通过分组合作的形式按时保证质量地完成全部调研活动。

调研活动进行当中要注意对重要数据的记录和收集，必要时可以对重要的数据进行不同时段的收集或二度收集，尽量提高数据的完整度和准确性。

文创项目的调研工作除了实地观察调研文创的原始地外，还应当大量收集和调研同类型的文创项目。这部分资料作为非常具有参考意义的数据，通过分析同类型或类似项目的整体研发实施过程，能够对待开展项目作出一个合理的预判和预测，避免在一些类似共性问题上产生不必要的浪费和损失。在对这些数据进行整理和收集的过程中，需要尤其注重的是对于网络资源的准确把控和有效提炼，互联网的信息量巨大也意味着干扰源多，有必要从中筛选出真正可用、适用的数据和元素。在对一部分工作室进行资料收集时，要注意把握衡量案例的实际性，有时看似相近的项目也难以避免实际性上存在巨大差异，要结

合现实情况进行各项资料的使用，不能照抄照搬，防止有时对一部分资料过度的"拿来主义"导致限制文创自主研发，因此对资料的收集需要秉持辩证的态度。

六、分析整理数据形成项目调研报告书

数据收集完成之后，项目组需要对每一项数据进行处理和分析。对资料的处理，要按照科学严谨的工作流程进行加工处理，在整理中对各项资料进行分类，合并，把必要的信息和关键的信息进行精准分析。这个过程可以通过有丰富经验的人员进行分析，也可以通过专业机构或计算机辅助等手段。目前最常使用的方法是，采取先进的数学建模统计，通过数据推出结论，再通过具有丰富经验的专业人员加以论证，该方法能够较为准确地保证调研数据的科学性和准确性。

文创市场调查完成之后，要整理数据和处理分析调研内容，最终形成调研报告书。文创项目的调研报告书一般由标题和正文两部分组成。标题应该规范精准地说明调研的内容，例如，关于山东省泰安市岱岳区道朗镇二奇楼村文创研发项目调查报告。正文部分一般分为前言、主体和结尾三个部分，前言部分要写明文创项目的调查背景、现实状况、调查原因、调查的时间地点经过和对象范围等基础情况，简明扼要地介绍文创项目的目的和作用；主体部分是调研报告的核心部分，需要写明调查研究的基本内容、调研方法和调研处理办法等内容，将获得的项目调查资料结果、观点做出分析并给出基本结论；结尾部分可以较为灵活地把握，一般需要将项目中的调查报告做出总结，将其中的问题和思考以及下一步的展望做出阐述。

调研报告书是对整个项目调查的总结和概括，是整个项目的重要依据和组成部分，可以对文创项目的发展方向和方针起到决定性作用，对项目负责人、文创设计人员、文创的运营人员等都是重要的参考依据。

第三节　学习分析文创项目数据

文创项目数据的学习和分析工作主要是指对项目调研书的学习，是在文创项目设计之前的最后一项准备工作。整个项目组成员需要将调研报告书进行全面的学习和分析，分角度、分内容、有秩序地进行学习和分析，一方面是学习

整个调研报告书的数据结果，通常需要负责调研的人员进行全面的介绍和解析。另一方面是对项目书中提供的数据进行分析，在文创项目中主要应分析以下几方面的内容：首先是对文创消费用户个体的分析，例如购买习惯、购买心理和购买因素等方面；其次是消费行为过程的分析，例如购买内容、购买行为和购买途径等方面。在完成学习和分析之后要模拟建立若干个代表性的"人物"，通过对这些代表"人物"的构建，设计研发文创产品和文创体验项目活动。

一、学习调研报告书

学习调研报告书的主要内容是：文创项目的组建、文创项目的管理和文创项目的评估。学习调研报告书最主要的目的是了解调研报告流程及其内容，对文创项目的实际情况以及文创项目的文化背景建立一个清晰全面的认识。

学习调研报告书能够帮助主创人员获得重要信息和设计元素。首先调研报告的针对性较强，主要针对需要解决的现实文创项目工作，可以最直接地提供各项情况和最直接地反映问题，针对性越强的调研报告可提供的价值意义越多。其次调研报告是最直接的客观性资料，调查报告的内容具有较高的真实性，是具有最原始的记录收集数据的集合，能够客观地反映出调查的真实情况，为实事求是地开展分析提供充足的支撑，能够帮助成员组找到解决问题的方法。最后调研报告具有特殊的时效性，它的时效性在于拥有反映调研当下最迫切、最尖锐和最具现实意义的功能，对文创设计项目具有特别重要的指导意义，既往的资料只能是简要的参考，对于文创项目应该着眼于现状或未来，因为文创本来就具有比较强的时代性。

二、分析调研报告书

分析调研报告书主要是从三个方面进行分析，一是消费用户个人的角度，二是消费用户消费文创或体验文创的角度，三是环境对消费用户和文创产品的影响。

（一）消费用户

消费用户作为文创产品的主导者和拥有者，通常存在差异性和特殊性，必须对其进行数据分析。同一文创产品由于消费用户的不同或受众个体的差异会呈现出不同的理解和反映，影响产生不同理解的因素可分为内在因素和外在因素，内在因素包括人的性格、人的心理、人的认知水平和理解能力等，外在因素包括外界环境、时代环境和社会环境等，可见这些因素具有相当的多元性和复杂性，所以在设计之初需要将这些因素结合调研报告书针对目标消费用户进行充分的考虑。

从文创项目的角度分析人在文创中的作用，主要可包括以下维度的内容：第一是人与社会，主要指人的社会阶层、社会群体、朋友圈和家庭等对文创项目的影响。第二是经济与人，由于经济收入显著影响消费水平，针对文创产品的选择、消费理念和消费习惯，文创消费用户一般都会根据自己的经济情况决定对文创产品的需求与意愿。第三是人文因素，人文因素是一种长久形成的诸多因素集合体，包括传统精神、传统文化、风俗习惯和宗教信仰等方面。

消费用户特征的不同可以对文创产品和文创体验产生巨大的影响。例如以职业划分的消费用户群体，不同的职业对不同的文创产品都有各自独特的见解。教师群体比较注重文创产品中文化价值的体现和意义，希望通过文创产品的使用过程收获一定的文化知识或带有一定的教育启示，因而在对文创产品的选择上通常注重细节，有时候一个别致的兴趣点就可能激发购买欲，同时对外观包装上简洁大方美观的风格往往是首选。高收入人群关注点往往需要体现一种高品质性和独特性，追求一种奢华体验。低收入人群则更加关注文创产品的使用价值。在对消费用户进行细致划分之后，最主要的目的还是抓住不同消费用户的需求点，让文创产品都能找到适配的人群。通过对消费用户的深入分析建立消费画像。

（二）消费体验

消费体验是对文创产品过程性的把握。在整个体验过程中，影响最大的因素是消费心理，消费心理是指消费者在物色、取舍、采购、体验、品味和管理与各自所属产品或服务时经历的内心波动。对消费心理的揣摩将贯穿整个文创环节并直接影响文创项目。一般对于文创项目而言，消费心理可分为多个环节，包括产生需要、形成动机、搜索商品信息、做好购买准备、选择商品、使用商品、对商品进行评价和反馈。在文创的项目研发过程中，注意对每个过程性环节的把控和引导尤为重要，因此构成一次文创产品的成功售卖和良好体验并不是一件容易的事情，其中关键的绝不仅仅是一个良好优质的文创设计，还可能是在很久之前的一句问候、一个广告语或一次体验，这些都已经埋下了消费的可能性。

消费体验表现为一种购买的过程，主要是在认识阶段—熟知阶段—评定阶段—信任阶段—行动阶段—体验阶段和消费心理的过程相互呼应。

（三）消费环境

消费环境主要包括三方面的因素。第一是社会环境因素，社会环境的影响是通过各种群体关系呈现出来的，比如一个社团，社团成员有相似的行为模式、价值观念和人生态度，并且在社团或群体中能够产生相互影响和相互作用，所以在文创产品的研发中应当利用环境因素的作用更好地推动文创的发展。第二是家庭环境因素，在家庭内部多种氛围的影响之下，将潜移默化地形成特有的消费观念和价值观，而且在文创产品中除了个人与单位的需求之外，购买满足家庭成员的需求与喜好也是文创的一个重要消费点，因此要考虑以家庭为单位的环境因素，这是影响文创项目的一个重要因素。第三是角色位置，人们在不同的环境中承载着迥异的角色，角色的变换差异将直接影响购买的可能，以团队出行为例，在团队中的核心人物通常要发挥领袖的作用，起着向导的作用，此时的权威角色会影响文创产品的购买方向，要根据团队的人物关系和角色位置进行产品的挑选，如若此人的所在场景与角色发生变化，作为自己或是一名父亲的角色，在购买和挑选时可能购买的品类和数量都会发生改变。

（四）购买动机

购买动机具有目标性的特点，主要是指对人们心理或物质层面的满足。产生某种购买的心理目标性活动非常复杂，通常在文创项目的购买动机中包括理智动机和感情动机。

理智动机主要可细分为以下六个方面：第一是适用。适用是理智动机中的基础动机，特指商品的最基本功能，在适用动机的驱使之下，消费者首先更在意的是对产品功能的把握，对其他例如美观、价格等因素的考虑则是相对排列靠后的。第二是安全。由于我国经济的高速发展，人民群众的生活水平日趋提高，对于健康安全的标准与要求也越来越严格，在此动机之下客户倾向于对高品质绿色健康的产品寄予更高的信赖。第三是美观。美观是人类自然而然的一种追求，根据统计同等质量的产品，美感度较高的那类产品首先被挑选的概率更高。特别是女性消费者往往会将美观性放在十分重要或首要位置，有时甚至起到决定性作用。第四是品牌。品牌会发挥很多的经济延伸价值，一个品牌被大众所认可，则该品牌的所有品类就都具将享受到品牌效应，会带动同品牌一系列的产品附加值。第五是便捷购买方式。便捷购买方式是推动文创消费的重要动机，也是打开消费途径的重要手段，特别是网络消费，借助于每年"11.11"和"6·18"网络促销活动，网络消费往往不断刷新大众对购买方式的认知与期望，其中消费群体在便捷购买的同时也享受到了各种补助与优势。

第六是优质售后。当消费群体对价格较高的文创产品产生购买欲时，会产生出更多的考虑因素，特别考虑到一部分文创产品是在景区或异地进行的购买，这时花费较高的价格买到一个充满不定售后因素的产品难免产生各种顾虑，为此提高产品售后服务品质和为产品配置售后保险也是非常重要的。

感情动机并不等同于不理智动机，它由各种身体因素和心理因素组成，没有一个绝对客观的参考标准，在文创项目中心理因素主要体现在以下几个方面。

第一是求异心理。此类心理模式在青年群体中较为明显和突出，其目的是寻求独一无二的特殊性，满足某种标新立异的期望，例如青年人热衷于选择比较新潮的服装和配饰，这类拥有独特物品所产生的极大内心需求满足。第二是求奇心理。新奇的事物总会吸引人们特别的关注，这是一种自然普遍的现象，迎合大众的求奇心理就是抓住这种自然规律和心理特征。第三是从众心理。人不是孤立存在的，而是生活在集体之中，有一部分人追逐一种舒适平稳的生活状态，试图时刻保持一种平衡感，不希望太过耀眼也不希望落后，这就形成了一种同步趋同的状态。例如对于一个家庭中的厨具产品而言，当一个品牌占据超过30%的拥有率时就会促进更多的购买率。第四是国货回潮心理。随着中国制造和中国品牌质量的逐渐增高，大家不再只是对国外产品寄予绝对好感，对民族好货也日趋青睐，这和中国的强大和民族的兴旺有直接的关系，是大众不断增强民族自信心的直接体现。第五是攀比炫耀心理。这种心理属于明显的不理智驱动，大多是收入较高的群体，为了表现和突出自身的阶层感，追求名贵、高端和奢侈的购买倾向，例如购买豪车、名表、奢侈品等用以满足其内心的炫耀心理，这种通常是比较冲动或不理智情况之下的随机选择，或者追求一种特殊的心理满足感。

项目主创人员建立自身基本的数据库和适当把握各类相关因素，是对调研报告书和数据学习的首要目标，熟悉基本的各项因素后可以建立具有代表性的消费模型。

三、建立代表性消费模型

建立消费模型，也就是建立用户画像、用户标签。其作用是建立一种连接方式把原始的用户行为数据和大数据应用之间创建一座桥梁，形成个性化的推荐、广告推荐、应用推荐等，作为众多的大数据应用的基础力量。

现代交互设计之父艾伦·库伯（Alan Cooper）很早提出了 Persona 的概念，Persona 是指真实用户的虚拟代表，它是建立在巨量规模的真实用户信息和数据信息之上的用户模型，目的是更好地挖掘产品需求点和交互设计。通过调查和问卷可以获取对用户的认知，取决于带有差异化的用户目标行为和多样的观点，可以将它们划分出不同类型，然后逐一从所有类型中提取典型特点，设定好适宜的姓名、肖像等人口统计学元素场景的配置，形成一幅完整可观的用户画像。以上是用户画像这一概念的最早起源和其本义。但随着历史进程的不断演进，用户画像逐渐超脱于其本义的限制，衍生出了更多领域、更多维度的定义与场景应用，但林林总总依旧不变的是对真实用户的虚拟表示这一精神内核。

在大数据技术高度发达的当代，用户画像具有十分重要的地位。我们可以把用户的习惯和行为转化为数据并进行差异化的概述，从而将具象化的用户全貌抽象化为计算机领域中通用的字符串或矩阵，这是商业广告的定向精准投放等互联网营销业务提供了更广阔的施展空间，这同样是大数据技术在智能推销与个性化推荐领域的成功应用。可以实事求是地讲，用户画像已经成为大数据技术及其业务应用的一种基础场景。用户画像的主要功用是给不同用户贴上易于区分的"标签"，这些标签通常是经过人工定义、具有高度指向性的用户特征概括，例如年龄、性别、爱好和籍贯等。将这些标签进行更深层的聚集，可以更进一步描绘出用户的全景信息，每个"标签"指代一类特定的测算维度，多个维护又互相关联，可以汇总成为该用户的完整描述。

用户画像这一概念，最早产生于为了防止在没有仔细调研用户的情况下贸然进行产品设计的授权，是为了促使设计团队注重目标用户动机和行为的甄别，进而合理地锚定产品设计的重心。设计团队通常天然存在一种"我即用户"的主观冲动，无法真正理解真实用户的需求，反而"以己度人"将自身的需求强加于设计本身，导致产品设计与目标群体产生较大偏差，即使设计对产品进行了很多功能完善与革新，但目标群体对此的反应却微乎其微，甚至会颇有微词。

在大数据技术范畴内用户画像的功用得到了长足发展。如果脱离了用户画像的技术与方法应用，目标群体的观点、倾向、习惯、好恶及行为将不能被转化用于数据挖掘和模型构建，用户各类痕迹的背后价值将被默默隐藏。用户画像将目标群体行为进行了具有一定辨识度的标签化分类，建立起对用户清晰且丰富的认知。此外，更多计算机领域的数据技术与算法已经嵌入了用户行为的高阶分析中，相关分析结果将进一步用于以定向推荐、定制搜索和定投广告的商业营销模式。

一幅精确绘制的用户画像对某个产品而言就是一张阐述如何抓住目标群体的"使用说明书"，这种高屋建瓴的指导作用对于特色文创产品（特别是基于互联网的数字文创）尤甚。因此有必要建立起一套标准、规范且高效的用户画像流程体系，在兼顾效率与效益的前提下获取新产品研发所需的背景调研与数据支撑，特别是详尽地完成同类产品的功能卖点解构和销售业绩分析，正向、逆向推导出目标群体的关注点及满意度，用于督导本家产品的创新研发，以便于建立针对竞争品的后发优势。

（一）建立用户画像流程

普遍意义上的用户画像流程本质是为舞台翩然起舞的表演者打上高亮"聚光灯"的过程，其目的即是辨识并聚焦买方市场上的潜在购买群体。初步勾画好意向中的预期标签是绘制用户画像的"热身运动"，那具体的每一个"热身动作"是基于产品设计能力与市场需求所决定的。下面介绍构建用户画像的整体流程和一些常用的标签体系。

1. 整体流程

对绘制用户画像的方法进行总结归纳，通常情况下建立用户画像可以分为目标分析、标签体系建构和画像建构三个环节。

第一，目标分析。进行目标分析的原因在于绘制用户画像的目的并不唯一，有时是为了通过定向投放产品增加销售业绩，有时是为了研发产品的特化细分型号用以提升特定群体的使用满意度。因此目标分析是绘制用户画像的万里之行第一步，也是标签体系中的奠基柱石。目标分析可进一步分类为业务目标分析和可用数据目标分析，两类分析将推导出两种结果，一种是明确绘制用户画像的目标，即建立评价用户画像应用效果的标准尺度，另一种是列出绘制用户画像所需的数据清单，这是因为空有目标是无法将蓝图付诸实践的，绘制用户画像目标的达成最终有赖于相关规模的数据分析之上。

第二，标签体系建构。完成用户画像的目标评价标准和所需数据枚举之后，还不能一股脑地就转入绘制模型过程，在着手绘制用户画像之前仍然还有一个关键环节，即构建一套公式化的标签体系。标签体系是建立在大量业务理论知识与实际数据共同支撑的基础之上的，因此组织一支由专业技术专家和大数据从业人员的团队，对标签体系的构建大有裨益。对既有标签体系进行一定程度地参考借鉴，特别是学习同行业同类型产品的标签体系，是建立新标签体系时常用的手法，因为走一段别人的路相较于完全趟一条新路明显带有节省时间、人力、物力的先天优势，有赖于既有标签体系具有可行性强、成熟度高、参考意义大的优势，新标签体系也易于实现百尺竿头更进一步。此外需要指出一点，标签体系绝不是一种静态稳定体系，而是一种随业务发展而滚动更新的动态平衡体系。例如电子商务行业的标签体系，在早期仅有消费者喜好这一维度，而能够反映地域分布的全球定位数据维度却没有进行收集使用的基础条件，但随着卫星导航定位技术的发展和移动智能终端的升级，全球定位数据已经做到"飞入寻常百姓家"一般的普及，同时线下营销也逐渐注重细分地域的差异化，因此与全球定位数据有关的标签也顺势加入进了标签体系。

第三，画像构建。基于构建完毕的标签体系，辅之以广泛收集的用户基础信息，我们将基本具备开展画像构建的条件。鉴于逐一绘制标签是一项耗时费力的工作，通常不能一蹴而就，此外还要进行持续的再扩展与再提升。在画像构建的具体实践中，数据标签维度冗余、整体目标偏移、局部目标相互掣肘、推程度滞后的情况难以避免，因此在画像构建过程中明确好分阶段的任务节点与要求是非常有必要的，建议在一个阶段专注于某一种或某一类标签的绘制，同时要加强数据统计学理论和自然语言处理技术的应用。

2. 标签体系

现存占据主要地位的标签体系均是具有分层结构的。首先，标签体系被分成几个大区块，每个大区块再进一步细分为层。在构建标签体系时，应先绘制位于最下一层的标签，进而再拓扑出上一层的关联标签，因此上一层的关联标签可能是下层标签的集合，其统计意义大于实用意义。底层或者下层标签是辅助开展定向推广和智能营销的主力，底层标签通常要按以下两个要求进行绘制：一是单个底层标签要有指代含义上的唯一性与排他性，完全规避标签间的重复与冲突，防止其影响算法处理的有效性。二是单个底层标签要有具体的现实指代物，便于相关人员理解把握该标签的语义与含义。此外还有一点值得注意，标签的统计粒度要适中，粒度过粗将掩盖区分度，粒度太细则可能导致整个标签体系因过于繁杂而完全不具备一点普适性。最后要合理设定各个标签的优先级，要结合绘制难度、业务需求和发展潜力等排列好先后次序，此类应用较多的优先级排序方法，主要参考绘制难易程度和各子标签间的关联程度进行划分。

第一，事实标签。这是通过初始数据可以最先进行构建的一类标签，即该类标签基本上是与用户画像数据库同步建立的，或在此基础上再经过简单的处理即可获得。因为此类标签的实用意义相当清晰，因此其构建难度相对较低。同时部分此类标签可作为后续更高层标签进行特征归纳的基础。构建事实标签的过程实质上是对数据深度整理、分析与挖掘的过程，随着数据统计程度的深入，标签数据完成了基本的加工与处理，其分布特性也将进一步揭示，为构建更高层标签奠定了基础。

第二，模型标签。模型标签可称之为标签体系的核心，其构建将占据用户画像整体工程中最大一部分工作量。模型标签是准确辨识用户的核心，其构建通常要借助于机器学习和自然语言技术。

第三，高级标签。高级标签是最末一类被构造的标签。此类标签是在对事实标签和模型标签进行再统计建模后得出的产物。高级标签在三类标签之中拥有最明显的结构性特点，此类标签更加贴近实际业务，其服务于实际应用的意味非常明显。高级标签无法脱离于事实标签和模型标签被单独构建，构建高级标签所涉及的模型通常可分为简单的数据统计模型与复杂的机器学习模型。

（二）构建用户画像

回执文创产品用户画像时，其标签可划分为三类，由于三类标签各自带有明显的差异性构件，其涉及的技术与方法有相当的区别度。

第一类是人口属性标签。稳定是这类标签的最显著特征，在其应用过程中很少涉及变动与更新，整体结构相当固定。人口属性标签具体可包括年龄、性别、教育程度、生活水平、收入水平、消费水平和从事行业等，这些标签本身即是人们短期内相当稳定的特征，当标签体系建立后通常在一段时间内可以保持不变，根据统计这些标签的平均有效期可以超过一个月。

目前大量产品都已经建立了引导用户录入基本信息的流程。这些基本信息通常属于人口属性标签的范畴，主要包括年龄、性别和收入等。由于填写基本信息无关乎与产品使用及功能表现，现实中大多数用户倾向于略过这一流程，实际用户信息填写率非常低，据统计普遍小于5%。基于这样的现实，用户样本只能选取到乐于填写基本信息的那部分用户群体，将该分部用户的个人信息代入模型中进行特征构建。而对于不填写基本信息的用户群体，只能依赖于人口属性的推测，通常是通过模型把填写基本信息的用户标签赋予有相似行为的用户，即把群体局部的标签进行了有选择性的复制与扩散，然后再进一步进行特征构建。例如，根据大量实践男性和女性在观影偏好上大相径庭，因此可以对未填写信息的用户观影列表进行统计，进而倒推出用户的性别。在此过程中用户的观影时长和观影方式均可以进行再分析，此类分析通常调用的是 Matlab 等仿真软件，使用其 LR、SVM 等模型进行充分的训练。因此对于人口属性标签，只要获取到局部群体的部分标签，就具备了构建标签扩散模型的可行性。

第二类是兴趣属性标签。此类标签与人口属性标签相反，其具有较高的变化可能与速率，这是一类注重实效性的标签，因此其标签体系在长周期上不能做到高度稳定。兴趣属性已经成为互联网领域中应用最为广泛的一类用户画像，广泛应用于线上广告、定向推送和智能营销等业务中，发挥着举足轻重的核心作用。兴趣属性画像来源于对海量用户的行为痕迹进行关键核心信息的统计、提炼和标签化，因此对用户群体的行为进行准确建模是构建用户兴趣画像的关键。兴趣画像建模要做到粒度适中，粒度过细将造成标签没有泛化能力和使用价值，粒度过粗将导致标签不能有效辨识用户，理想的用户兴趣画像应做到既高度概括又能精准定位特定用户群体，因此在构建兴趣标签体系时要着重关注体系的层次化构建，特别是要用多个不同粒度的标签去对标用户兴趣，既保证标签的准确性，也强调标签的泛化性。

第三类是地理属性标签。这类标签与人口属性标签相似，其中部分标签可在长周期的时间跨度上保持不变，如基于全球定位系统轨迹标签虽然可以实现实时更新常住地址坐标的能力，但常住地址坐标实际可以在很长的周期内保持不变，但这类标签所使用的数据挖掘方法与前两类标签是不同的。如上所述，地理画像一般可以分为两类，一类是常住地址画像，另一类是个人活动定位轨迹画像，常住地址易于构建且能保持不变，但个人活动定位轨迹画像需要实时更新。

（三）用户画像评估和使用

相对而言人口属性标签画像的有关指标是比较容易评估的，但兴趣属性标签这类画像因其"见异思迁"的特性总是在动态变化中的，因此难以进行人工评价。兴趣属性画像评估通常使用的方法是设置小流量的 A/B 测试进行验证，通过挑选部分特定标签的用户进行类似标签的定向推送，测试这部分用户对有关内容的进一步反馈。

1. 效果评估

确认用户画像助增了多少程度的业务外来是评估用户画像应用效果的关键指标。如在线上广告推广中，页面点击量、点击率和实际分成收入是衡量用户画像效果的指标，如在促销活动中，使用画像前后的相对销售增量是衡量用户画像效果的指标。任务未经评估而直接使用用户画像的行为都将承受极大的不确定性，其大规模投放的效果可能难以达到预期，因此有必要收集汇总可以参与分布式计算等线上流程的指标，预先测试用户画像的效用。具体而言效果评估应注重准确率、覆盖面和时效性。

2. 用户画像使用

一旦用户画像被构建和评估，它就可以用于商业，这通常需要一个可视化平台来查看和检索标签。在对可视化用户画像的过程中，饼图和条形图通常用于可视化标签的覆盖率、覆盖人数进行展示，使用户画像具备面向用户的友好性。此外对于用户画像的构建，还可以使用不同元素的标签组合进行深度分析，以生成更多维度的诊断报告。用户画像在商业营销上可以有广泛的应用，在 IT 广告和定制推荐领域，具体使用方法与其应用范围紧密结合。

第四节　文创的构思

文创的构思阶段是文创设计项目设计阶段的开始，构思阶段主要包括两个方面的内容，第一是厘清文创构思的关键性问题，第二是根据项目主题开始构思。

一、理厘文创构思的关键性问题

（一）确定文创产品的定位

文创产品的定位主要是指文创产品及其体验在文创消费群体中的位置，这个位置非常重要，关乎文创项目的研发设计，甚至是最终的成败。文创的定位是建立某个文创设计的方向和标准，如果没有清晰的定位，设计师在整个设计过程中非常可能陷入盲目境地，不能很好地把握住设计的要素。一方面将平添设计难度，没有设计目标和方向，可能与甲方需求不相符或与文创项目偏离，最终导致设计失败。另一方面对于设计师而言可能随意的擅自发挥，导致设计的文创产品缺乏系统性。文创设计的定位将引领贯穿整个设计，是文创设计的基础和前提，文创项目的定位初期也可能存在一个过程性的调整和动态性的修正，因为设计的构思在初期跳跃性和灵活性都比较大，处于一个构思大爆发的阶段，会把所有的可能性思维都抛掷迸发出来。定位和构思又需要完美地结合在一起，当构思处于各种变数之上，定位也会出现一个相对灵活的状态。在文创设计的总体方针中，特别对于传统村落的文创设计，要遵循中国的文化理念和审美习惯。中国在文化的理念上注重中庸和平衡，中庸其实不能浅显地理解为某种一般即可、不思进取的状态，中庸的真正含义是讲究一种合适的程度，这种合适本来就是非常难以达到的状态。在文创设计的定位中，设计者其实是在各种不定因素动态变化的情况之下寻找一个合适的定位点。

一般来说对于这种合适的定位需要着重从以下六个方面进行把握，第一是文创产品与消费用户群体的关系。这一关系是首要需要把握的关系，将会对文创本身的类型进行自然的分类。第二是文创产品与销售价格的关系。根据不同的销售时空因素，将价格控制在一个合理的区间范围之内，在一定程度上会起到一种积极向上的作用。第三是文创产品与时效性的关系。文创设计产品是时代的产物，受到各种环境的影响，在时效性中尤为值得注意的一个方面，不是将经典的文化历史进行简单的重复和复制，给文创设计穿上同时代的元素外衣，而是将文化内涵融会贯通、沁人心脾；此外文创更新速度比较快，要注意实时把握更新文创的理念和思维，促进文创产品的更新换代和完善。第四是文创产品与质量品质的关系。文创产品的质量一定要达到一个相对最优的状态，质量是影响复购率和文创未来的关键，把握绿色、环保、健康、可循环、可持续的品质是重中之重。第五是文创产品与实用的关系。文创产品的品类较多，具有不同的功能价值体现，对于实用性的把握是维持文创使用率的关键，一个在实用功能之上兼具其他附加功能的文创产品是比较受欢迎的，能够迎合绝大多数消费人群。第六是营创全方位文创服务。文创服务是文创能够实现高成交率的关键，相当于给消费用户吃上一颗定心丸、给文创产品购买一份保险。

（二）建立人与人之间的共情共鸣

文创产品依赖于文化，而文化的范畴相对比较广泛，在广阔的空间之中，需要寻找一个便于被消费用户识别的语言尤为重要，这就是能够引起共鸣的文化。文化往往具有特殊性，能够唤醒人们美好的回忆、承载一份浓厚的情感，进而产生一种共情，这种共情是人与文创产品之间需要建立的重要通道，需要不断地挖掘这部分文化共情点，以此作为文创展现的窗口。这个点可能是一句地方方言、一个标志性建筑、一个符号或一种颜色，等等。

（三）建立各个维度的共振共生

建立各个维度的共振共生，其中包括两个方面。一个是产品本身的共振共生，在设计时采用一些相近相似的结合，达到一种外形和内省之间的联系，例如一些文创产品的外观材质可更换为一些近似的造型和肌理，达到一种共生的状态，这也是文创设计的创新之处。另一方面是文创行业的共振共生，文创的发展是处于一个现实的社会环境之中，当今各行各业都在广泛跨界融合，在这样的背景下文创行业的发展也应该打开格局和视野，冲破现有的模式和范围，不断定义大数据流量时代的共生力量，以包容开放的大格局意识达到破壁共鸣、共振共生的良好局面。

以上是文创设计之初应该注意和思考的问题，文创设计本身应该具有一定的格局意识和大方向的指引，即使文创设计呈现的可能是一件小物，但设计者仍然要承载大思维，这是每位设计者在设计之初应该具备的思考和初心。

二、根据项目主题开始构思

文创设计构思中最常用的方法有联想法、草图法、模仿法和头脑风暴法等。每种方法都有其特点，要根据实际情况选择合适的构思手段。

1. 联想法。是指通过文创的某一特性与其他的特性和思维之间建立沟通，通过沟通形成恰当融合点的方法。通过一个设计元素或外表能联系和联想到另一事物，形成一个心理流动的过程。联想的种类很多，例如相似联想、对比联想、功能联想、目的联想、性质联想和方法联想等。在文创设计中联想法一般具有以下特点：一是递进性。包括在时间单位上产生递进性或是在空间单位上产生递进性。通过看到眼前的设计，可以展开递进性的对历史的回忆或对未来的展望。二是相似性。在设计中存在相似属性部分进行结合产生联想，例如外形形似、材质相似、寓意相似、肌理相似和质感相似，等等。三是对比性。针对设计中存在对比或对立属的性部分进行结合产生联想。例如阴阳对比、色彩对比、寓意对比和感官对比，等等。

联想法的实施方法有很多类型，在文创设计中通常使用以下三种：一是对比联想。对比联想是通过设计元素之间的相反特征进行联想，可以基于夸张的手法通过对相反特征的处理达到预期的目的或效果。二是强制联想。强制联想是一种相对比较普通的联想方式，通过将设计元素进行组合的方式达到意义或形态上的重新定义，这种元素直接的组合没有其他方式的连接，是一种强制组合的形式。三是相似联想。相似联想是文创设计中使用频率最多的联想方法，通过一个设计元素的联想产生激发出其余元素的联想，在这个过程中，要持续寻找相似元素之间的相互联系。

联想法的实施步骤可分为三步。第一步，将需要解决的问题与设计元素之间进行连接，建立初步的连接思维和手段，尽量多角度地激发出设计元素的创新性可能。第二步，详细罗列出需要解决的联想问题，利用联想各种手段，展开问题的联想过程。第三步，整理联想过程中出现的观点新颖、创意独特的元素方法，通过完善和总结形成完整的作品。

2. 草图法。是一种比较自由的方式，一般在设计构思时，会出现许多个创意灵感，为了尽快地捕捉这些创意点，采用草图的方式尽快记录下来。在构思过程中，有必要通过一些简要的草图来记录部分灵光乍现的内容，因而草图法是设计构思中必不可少的且广泛使用的方法之一。草图法形式多样，既可以通过手中的纸笔快速记录也可以通过手绘板进行绘制，这种方法在便捷性、灵活性和自由性等方面具有独特的优势。

草图法的实施步骤没有固定的先后顺序，它是一种瞬时的记录，一般都是快速进行记录或描绘，再进行完整化的处理。

3. 模仿创造法。又可称为观摩法或示范法。在文创项目中，模仿法使用频率最高的场景是在项目构思初期，这是一个积聚灵感的过程，可以大量地查看他人的设计作品、从中获取灵感来源，尽可能多地向示范榜样看齐并在局部完成超越，其核心是通过模仿观察找到自己设计的突破口。模仿创造法在很多案例中都可以使用，其最大的优势是通过直观的观察模仿尽快抓住设计的关键点，减少自身探索设计的弯路，达到节约时间的目的。模仿创造的方式有很多，在文创中通常使用象征性的模仿示范，将一些有代表性的设计作品、图片、影像和图书等作为模仿的对象。

模仿创造法的实施步骤可分为三步。第一步，选择合适的模仿对象。是指寻找和筛选出需要模仿的范本，尤为注意的是，模仿对象不能随意地确定，而是需要经过有经验的从业人员和同行专业认可后，再决定是否列为模仿范围之内。第二步，创设示范样本。根据实际的文创案例，有目的地创设一个或一组示范样本，为了提高示范样本的精准度，一般会选择数个案例同时进行参考，样本确定后，再将模仿的方式建立起来。第三步，整合模仿样本，进行再创造。是指将模仿的样本与自身的案例进行结合，整合样本案例中的精髓部分，有选择性地吸纳入自身，自然地融合转化为自己的设计创造点。在模仿法的使用中要注意适度，需要挖掘其中的众多重要因素和内涵部分，而不是一味地模仿外表，这个度一旦把握不好，不但限制了文创设计的创意灵感发挥，甚至还有可能影响到他人的知识产权。

4. 头脑风暴法。是一种独特的思维方法，通过把团队的灵感、想法和创意点汇聚起来集思广益，在一个较短时间内有效找到解决设计问题的突破口。在此过程中，团队成员需要以无批判、零评价的态度畅所欲言。

头脑风暴法一般具有四方面特征。一是自由畅想原则。自由畅想原则是指倡导一种标新立异的思维方式，头脑风暴的参加者要勇于打破传统规则和思维定式的枷锁，要改变思维上的惯性与惰性，要突破固有的思维模式和既有的知识架构，从多个维度、层级和方向去探索思维，最终得到独具匠心的想法和见解。有时头脑风暴法得出的结论也许会有些不着边际，但经过后期加工、提炼和修正后，通常可以发掘出意想不到的新设计方向。二是延迟判断。任何思路都有其不可磨灭的价值，因此在开展头脑风暴时要特别注意，必须秉持不对任何思维进行先入为主式地主观评价。任何新提出的思路无论其完备性、先进性和可实施性如何，都要进行及时、完整、准确地记录存档，毕竟团队成员的每一个思路都是必须予以尊重的脑力劳动成果，这种脑力劳动本身值得积极正面的肯定，而不是面临消极负面评价的拷问，防止创造性思维的主观能动性受到抑制。因此有必要将给出评估和判断结论的时刻推迟到头脑风暴法灵感提出阶段完成后，这样一方面将尽可能地照顾每一位发言者的积极性，鼓励他们大胆发表内心真实所想，另一方面则是将团队工作始终专注于预先产出更多的创意，聚焦于激发灵感和汇集思路这个工作本身，而不是过早地提前开展一些思维完善工作，因为后面阶段的工作不可避免地涉及部分讽刺、批评、否定性质的碰撞式交流，可能极大地消弭团队自由思考的主观能动性，阻碍创新思维的衍生。三是追求数量优先。头脑风暴法的特点就是可以在短时间内高效率地获取大量的想法，这要求每个设计师都要尽可能多地发表所思所想，同时还要不断激励他人提出新想法，并结合他人提出新想法的思路去探索更多解决方案。头脑风暴法的本质就是对新想法数量的累积，最终达到量变引起质变的效果。依据国外统计研究结果，同一时段内提出新设想的数量比如果是 2∶1，最终产生实用价值的比可能达到 10∶1，即新想法数量的积累可能产生 5 倍的收益，因此参与头脑风暴法的人员应首先注重在有限时间内尽可能多地发表新设想，而对于所发表想法的质量可以暂时搁置，待后面的设想处理阶段再进行打磨，毕竟如前所述，头脑风暴法新想法的数量与收益是正相关关系，即可以认为数量与质量也成正比。四是相互综合完善原则。及时、完整、准确地记录新想法是头脑风暴法的关键，任何一个新设想都不能被忽视，高质量的记录将为设计处理阶段提供巨大的支撑。全部新设想都发表后，团队成员方可进行共同商议，合并、归类、总结全部新想法并为此配置资源，一般可分为以下五个步骤：第一步是为所有提出的新想法进行标准化命名；第二步是将每一个新想法细化为由专业术语构成的详尽说明；第三步是在所有新想法中检索出重复度高或关联性强的设想，再进行相互的验证、补充与合并；第四步是对新想法完成合并后的再分层、再归类；第五步是通过严密的审查和评价程序，审慎分析新想法，最终筛选得到较有价值的设想。

头脑风暴法作为一种以发散思维为主的思维方式，具体到文创产品开发实践过程，必须按照一个完整、全面的流程展开。从活动准备、产生收集新想法、打磨提升到最后的完整呈现，每一步都有无法回避的注意事项，每一步都至关重要。头脑风暴法可具体分为以下四个阶段进行。

一是准备阶段。人类的大脑思维不是一蹴而就的，也不是直接就可进入高强度工作模式的，人的大脑活动是一个循序渐进的过程。正常状态下人的注意力并不是高度集中的，因此在进行头脑风暴之前，一个帮助活络头脑的准备阶段是非常有必要的。头脑风暴开始前，团队负责人可以尝试带领团队成员进行互动，例如玩可用于热身的小游戏、分享幽默的奇闻逸事、讨论社会上的热点事件等，通过团队成员之间直接或间接的互动衬托出头脑风暴的环境与气氛，同时让团队的身体得以最大限度的放松，为每个团队成员发散思维和畅所欲言创造有利的条件。一个成功的准确阶段可以称得上是头脑风暴的"风暴眼"，有着十分重要的策源作用。

二是明确主题阶段。特指选定要解决的问题。如果团队的选题含盖范围广泛或构成要素繁冗，就十分有必要限制单次头脑风暴的涉猎范围，将整个问题拆分为数个更加细分的子问题，每次头脑风暴只锚定其中一个子问题，通过多次头脑风暴完成一整个大问题的抽丝剥茧。团队负责人是头脑风暴介绍问题、组织讨论的领导核心，要有计划性、针对性地引导发散思维。应特别注意的是，介绍问题环节应言简意赅，不要给问题设置太详细的边界，而要给设计师预留出足够广阔的思考裕度。设计师要充分用足这种思考裕度，不断扩展思维的广度、拉长思维的深度，通过团队成员间的思想碰撞多角度思考问题、多层次发表意见，要加强分析问题技巧的使用，讨论问题多采取启发式的手法。

三是畅所欲言阶段。畅所欲言就是团队成员自由表达各自发散思维的阶段。该阶段的良好形态应是设计师团队各成员充分应用动作思维、形象思维、抽象思维等多样思维方式，分别阐述输出观点、情绪与激励等，最终汇聚形成团队的思维集合。为了避免团队受到个体思维的片面桎梏，推动个体充分、深入的独立思考，在该阶段成员之间的相互交流是不被提倡的，成员个体可以当众尽可能多地发表看法，但不能尝试影响、说服他人的认知，团队负责人要做好该阶段的整体组织和管控。

四是方案完善确定阶段。经历畅想阶段后团队可以收获大量的个人思考，但这些想法通常没有经过审核、过滤、修正和优化，仍拥有较为广阔的提升空间，因此有必要对方案进行进一步的完善提升。在方案完成确定阶段，团队成员可以被允许依据上一阶段团队整体收集的成果，再额外进行一轮次思维方案的补充，以达到最大限度丰富思维的效果，然后再进入本阶段的正题—评价与筛选。为提升筛选效率和质量，对所有设想进行分层分类是较常应用的操作，此外最终决定应由团队成员集体讨论决定，选定综合考量优秀、值得继续打磨的方案进行后续的分析和强化，反复如此最终得到最佳方案。

第五节　文创设计的表现

一、文创设计的立体表现

文创设计的表现可主要呈现为三个阶段和三个要素。三大阶段主要包括：文创设计的草图阶段、文创设计的解剖图阶段和文创设计的效果图阶段。这三个阶段不是孤立存在的，而是根据文创设计的进展步骤划分的三个阶段性成果图片展示，每一个文创设计产品都会有这三个阶段性成果图片。根据文创设计的种类，成果展示可呈现不同方式的手法，例如线下的文创实体产品根据其种类的划分会有特殊的展示方法，而一部分线上的文创设计，根据载体的不同展示效果也存在一定的差异性。三大要素主要是在文创设计草图、文创设计解剖图和文创设计效果图中三个主要元素的表现，分别为造型或图形、色彩、文字的表现。这是每个图所必备的三个方面，在文创设计表现中需要将这三个要素平衡有机地统一起来。当下较为流行的趋势是应用一种尽可能多元的表现方法，才能确保一个高质量的呈现表达，这类表现方法已经从最初的二维向常见的三维（甚至是四维、五维）转变，未来可能会出现更多维度和视角的表达。文创产品设计的表现图是产品造型基于色彩、结构、比例、材质等元素的综合表现。

（一）文创设计的草图阶段

文创设计的草图是文创设计的雏形阶段和初始阶段，主要展示文创设计的初步形态和构思，故而文创草图阶段也可以称为是文创设计的概念性阶段。文创草图在文创设计中一般分为概念草图、雏形草图和结构草图三个类型。

文创产品概念草图是指文创设计初期，对设计者在构思文创设计时的思维过程记录。文创设计产品的未来发展方向与设计灵感之间组成的文创产品雏形，往往比较简单，没有具体的细节表现，肌理、造型、功能等方面也处于简化的图形表达。概念草图的意义在于凸显文创设计创新点、绘制基本轮廓造型和记录设计思维过程，是设计者在构思文创设计时的第一个图形表达，一般可能是由天马行空的若干零散的小图组成，这部分草图通常不会公开，所以往往绘制和呈现的位置也比较随意，表现方式比较单一，在图形上一般都是单线与单色勾勒，不做色彩处理。没有文字注解。

文创产品雏形草图。文创产品雏形草图是文创产品概念草图的进一步具体化，是设计者整合概念草图的思维过程，意在将文创产品的造型、肌理、功能比较清晰地展现出来。雏形草图的意义在于整合概念草图，以备下一步方案的进行和筛选，所以雏形草图往往不止一个，会出现几个较为完整雏形草图。这部分草图一般需要呈现给文创团队，所以相对于概念草图有局部的变化和细节的展现。雏形草图在图形上可借助马克笔、水彩和色粉等工具进行表达，再加之文字的注解，它是概念草图的进一步的细化表达，主要是对文创产品的外部结构的表现。

文创产品的结构草图是对文创产品的结构、功能等内部细节连接的绘制图，通常通过手绘的方式进行简单的结构造型表达，在比例、透视的精确程度上没有太严格的要求，可以为接下来绘制机械构图创设一个简单的基础，达到帮助更好地理解产品内部结构的目的。

（二）文创设计的效果图阶段

文创的效果图，主要是利用图片、影像等载体，通过手绘或计算机绘制的方式，将产品所要达到的预期效果进行展示。文创设计效果图一般分为手绘效果图和数字效果图两种类型。

手绘效果图，是由设计者通过各种绘制材料如纸张等，较为完整地表现文创的预期效果，手绘效果图需要设计者具备扎实的绘画表现功底和综合素质，才能将绘制的效果图清晰地展示出来。手绘效果图是文创表现中一个重要的环节，它的优势也比较明显，手绘效果图绘制过程中表达了文创产品设计效果的艺术表达性的同时，还锻炼和提高了设计者的设计元素素材积累，提高了对文创产品的理解度和敏感度，是一种便捷有效的表达方式。手绘创作的过程也是一个形象思维的过程，是设计的专业性诉说窗口，本身徒手绘制的作品带有设计者的独特气质，在表现过程中更加突出表达设计者对文创产品设计的独有情感，这些都是电脑绘制效果图所无法达到的。当然手绘效果图也存在它的劣势，比如制作的效率相对较低，误差度相对较高。

数字效果图是指设计者通过计算机辅助软件或技术来模拟绘制的虚拟图片。数字效果图通常使用的软件有 Photoshop、AI、3Dmax 等设计软件。数字效果图是文创产品设计中最常用的方式，设计者可以通过电脑技术创设更为真实的呈现效果，此外电脑效果的绘制精确度高、操作方便，有益于文创设计的呈现。但是数字效果图属于大批量的制作，人文色彩感受度比较弱。

文创设计产品之所以使用效果图的方式进行表达，得益于效果图的众多优势。首先是直观性。效果图可以将设计者的初心做出最为形象的表达，并通过一种最为直截了当的方式将设计内涵传递给消费群体，推动在用户群体中建立起对设计理念与目的的认知和认同。其次是普遍性。目前效果图已经流通于我国设计产业的硬通货，更形象地说就是整个行业的货币，基于效果图可以便利地进行设计意图的传达、交流与沟通，从而形成一种深入人心的观念，即意欲在未取得实物之前预先理解一种设计，可以通过虚拟创制的效果图直观地了解到整个文创设计。最后是可操作性。由于广泛使用计算机软件，进行效果图绘制的方式能够在短时间内较为容易地获得。只需要在专业的软件培训机构进行专业的软件学习，通常就能够获得不错的效果，所以掌握使用制作文创效果图方法的人员数量相对较多，没有太多的学历层次限制等要求，同时具备制图操作能力的人员也比较多，已经达到可以择优选用的程度。但是这样的现状也形成了一批只会制作效果图的操作人员，而且误以为学会操作软件就等于学会设计。如果想真正完整地将设计思路进行深化设计，最终达到把设计转化成效果图的程度，还是需要扎实的美术功底和设计理论学习。

效果透视的角度，主要呈现外在透视效果。外在透视效果主要体现在外部透视效果和文化创意产品的平面设计中。在产品设计中使用透视是在二维平面上创建三维空间的一种表达方法，将其应用于产品设计时，创意产业企业需要在有限的时间内不断深化和提高，但对透视精度并无较高的要求。因此在快速作业中不需要严格的透视映射，但必须能够体现透视的概念。要了解和熟悉透视变化规律，并对透视角度和产品展示方向进行有针对性的选择。

一般来说文创也具有基本的透视规律。

第一，近大远小，是指由于透视的关系，反映到人们眼中的物体大小，当同样大小的物体，距离人眼的距离不同时，感觉物体的体积会不同，如果距离人眼近时，视角变大，感觉到的物体就会变大，反之距离人眼较远，视角变小，感觉到的物体也会变小。

第二，近实远虚，是指透视觉透视形成的近处物像时远处虚的现象。近实远虚在产品手绘中表现为线的深浅冷暖变化、明暗对比强弱和产品透视图视频线的高低等。其中视平线是指透视图中等高呈现在眼前的一条水平横线，可以根据产品主要的形态特征和主操察面的距离来决定，以三个观察面为最佳。

透视在文创产品绘制中可以起到重要作用，经常应用的透视大致可以分为焦点透视和散点透视两类。其中焦点透视又可进一步细分为一点透视、两点透视和三点透视。三点透视普遍使用在突出与人类躯体尺寸有较大差距的场景中，如建筑物、大型文创设计场景等设计。在文创设计表现中一点透视和二点透视使用的相对较多。一点透视又称平行透视，特指在透视架构中仅有一个透视消失点，正立面按照比例绘制，没有呈现透视变化，可以应用于展示部分主体功能面和特征面均位于正立面的物品，如家用电器、试验仪表灯。两点透视是指当物品的一个立面和整体画面构成某个角度，也可称之为成角透视，特征是透视线会趋紧消失于物品视平线两侧的面，两点透视适用于绝大多数物品。

视角通常可分为物体的摆放角度和观察者的观察角度两类。观察角度是观察物品时所形成的角度，即视线与物品所处平面所形成的夹角，视角的选择应满足两个基本原则。一是需要将设计产品的主要特征和主要细节进行最大程度的呈现，这要求产品的尺寸与比例要有精准的测定，这是由观察者视线与地平线的相对位置和平行线收敛速度所共同确定的。二是通常情况下体积较大的物品的观察视线会相对较低，而体积较小的物品的观察视线相对较高，这是与观察者实际所处场景相映衬的，目的是使观察者眼中的主要画面最终被物品的功能面和主特征面牢牢填满，达标吸引目标群体的兴趣的目的。同时效果图的大小尺寸也是需要审慎把握的，作为一名刚从事产品设计的"新手"，由于技巧和经验上的欠缺，通常非常拘束和谨慎，倾向于通过手腕的力量驱动手来完成整个制图过程，造成效果图过小，要经过持续的实践将画图习惯矫正为以手臂来驱动。

构图是指合理运用设计原则在主画面上有序完成多种艺术元素的排列布置构图要求设计者要熟悉产品的主要特征和细节，充分利用有限的平面和空间，生动形象地构建出一种能有效展示产品的空间平面架构。发掘并抓住物品本身具备的形式美是设计艺术品的关键，惟其如此才能满足目标群体的内在美学需要，构图就是一种从最基本的层面上提升作品质量的高效手法。在方案报告或竞赛中，全面、快速的设计表达可以提高作品的气质，使设计方案更容易通过正式的讨论和评审，要达到这种良好的设计展示效果，要求设计产品的布局和构图都要经过反复仔细的考量。此外，适当的点、线、标签、指示等图标将使产品效果展示得更加完整和生动。

二、效果图的表现技巧

（一）传统实体作品的表现

这里的实体文创产品效果图作品主要是指，为文创产品实物绘制效果，例如工艺品、文创包装、文创玩偶，等等。其表现形式主要是采取清晰明了的表现。

（二）数字文创作品的表现

数字文创产品的效果图作品主要是指一些实物的文创体验，通常不需要制作出成品实物，而是创设虚拟空间，其载体是各种移动终端，所以在表现形式上与一般文创产品略有不同。其内容主要包括内容软件、数字游戏、数字表演、数字学习、立体影像、影视动漫、互动娱乐、网络服务等，为局域网、云端计算和多网融合等新技术、新业态提供应用内容，利用信息通信技术实现数字化和集成化，进而将数字图像、文字图像、语音等信息产品和服务提供给用户。这主要表明虚拟现实是产品可视化的一个领域，它不同于传统的物质文化载体和艺术创造性载体，主要是通过技术创新和团队或个人的产业化运作，在数字内容开发、视觉设计、策划和创意服务等方面开展工作。

无论是何种形式的文创表现，都应该以为文创提供最真实、最直观的表现为目的，以为大众提供易于阅读和识别的服务为宗旨。

三、文创产品的机械制图

文创产品机械制图是按照文创设计产品的结构，以机械制图为标准，精确绘制文创产品的细节和各部分之间如何进行连接的标准制图。

文创产品机械制图的主要目的是找出造型结构与功能的内在联系，具体是对产品的内部结构之间的组合连接进行再细化，将每一部分的结构通过透视解剖的方式呈现在草图之中，以便于更好地理解分析产品结构。文创解剖图一般会详细地展示一件或系列文创产品的各个细节和相互之间的紧密联系，文创产品解剖图一般通过计算机辅助系统进行单线精确制图，使用严格的图纸幅面、比例、字体、图线尺寸标注等，没有多余的线条和夸张的效果展现。文字的注解精练，图中不做过多解释，代之以清晰明了的线条、概括性的符号、简洁的质感表现，呈现文创设计产品的解剖图。

在文创机械制图中，通常会使用机械制图进行三视图的展示，三视图主要包括：主视图、俯视图和侧视图。机械制图是最终创造性表达设计师意图的一个阶段，上下连接着设计与生产两端。机械制图是将二维设计转化为实际物品的必由之路，他将精确的数值、色彩和位置关系提供给工程结构设计和外观造型加工，因此是一个不可或缺的设计表达步骤。机械制图也是产品设计可视化语言的主要载体，成为沟通产品设计师和结构工程师之间的桥梁与纽带。

四、文创产品建模效果图

文创产品效果图应能清晰、准确地表达产品的形状、颜色、结构、材质和功能。在绘制文创产品效果图时，通常经过初步评价筛选出几种草图方案和变形方案，制定出若干个具备一定可行性的方案，并不断进行改进以符合更加严苛的设计要求。在这一点上，设计师必须懂得严格合理地考虑不同系统的约束条件，如比例和尺寸等。在当今的产品设计中计算机辅助设计建模工具已成为最为常见的生产力工具，以二维绘图软件和数字绘图板为代表，它们与传统手绘相比在效率和效益两方面均具有无与伦比的优点，特别是它们可以更加准确地表达设计的实际预期结果，为后续的讨论改进与规模化生产打下基础。

计算机建模是将二维平面表达转化为三维立体表达的过程，计算机建模可以让文创产品建模更加贴近真实地反映设计师的设计思想。计算机建模是一个持续调整改进的过程，这是由于尺寸、比例等参数在草图设计阶段仍然不是一个具体、准确的概念，草图设计中出现一些与最终实际产品不符的情况是较为常见的，这就需要后续不断地发现差异、制定措施和实施改进，持续提升设计产品的整体合理性。细节处理在计算机建模中发挥着非常重要的作用，这是因为产品细节的丰富程度与产品设计的真实性呈现正相关关系，具体可表现在边缘、裂纹和装饰纹样等方面的处理。

文创产品的渲染也是非常重要的，设计行业中甚至有"三分设计、七分渲染"的说法，诚然这个说法并不能作为对设计与渲染关系的全面定量描述，但是却是对二者关系和重要性的一个客观合理的定性阐述。产品渲染可以制作出令人心悦诚服的系统性效果，更加迎合商业领域的期望，使产品设计更加形象具体并贴近实际，甚至可以达到让客户望梅止渴的效果。

文创产品的渲染主要可分为三要素，一是通过光影体现产品的细节，二是通过材质体现产品的质感，三是通过色彩体现产品的层次。文创产品渲染也是一个策划、实施、检查和改进的循环往复过程，深入理解并合理运用三要素是实现优秀渲染效果的关键，后续再通过处理效果图进一步提升效果图渲染的瑕疵。为了使文创产品渲染三要素的效果更加突出，一定要应用平面软件对修饰行为进行再改进，通常操作的主流软件是 Photoshop，对产品的细节、质感和层次进行修补。

第六节　文创设计的视觉艺术风格表现

设计风格是设计过程中尤为重要的设计要素。在文创设计中，设计风格很难有一个准确的定义，这是因为风格的表现往往被表现的种类所限制，而风格的展现会根据表达的主题和信息进行视觉元素的传达。一般情况下文创设计是在一个主要风格的主导之下夹杂多种不同次要风格的表现手法，另在少数特殊情况下文创设计是对多种不同风格进行均衡地杂糅，总之设计风格不是"罢黜百家"一般地独用一种风格，而是风格与风格之间的"百家争鸣"。风格的确定是由需要解决的设计元素所决定的，例如需要表达的是一些文创设计中的中国文化元素，那一般采用具有中国风元素的风格，如果需要表达一些时尚爆炸元素，那一般采用波普艺术风格。

在艺术设计风格的使用中，需要注意的是，不要被某一视觉艺术风格限制，不要特别追求某一艺术风格。一切风格的表现需要从设计本身和元素出发，风格是服务于设计，二者不可颠倒。

从视觉传达设计的发展角度，回望从早期平面艺术表现风格到现当代的时期常用的设计风格，总结以文创角度的多种艺术设计表现风格，大致分为两部分：一部分是平面空间的表现风格，大部分的传统文创设计都会使用；另一部分是立体空间的表现风格，多用于现当代的时尚文创设计单品中使用。

平面空间的表现风格主要包括简约风格、装饰艺术风格、构成主义风格和新造型主义风格等。

一、不同艺术风格

（一）简约风格

简约风格源起于德国包豪斯第三任校长米斯·凡德罗，他提出了著名的"Less Is More"（少即是多）的观点，在满足基本的功能需求之上做到最大限度的简洁。这种风格以其简约而不简单的实际内涵特色，从提出至今一直在设计领域经久不衰，一直是审美领域的品位象征之一。

简约风格用其独特的魅力吸引着众多的消费用户，一般来说简约的理念会贯穿整个设计的方方面面，无论是从外形、用色、功能和细节的把握都体现了简约的特质，简约风格在设计的很多领域都有涉及，最初是体现在建筑设计当中。在文创设计中，简约风格也是使用较多的一类风格，越是简约的文创设计品，对各个方面的要求就越高，因为任何细小的瑕疵都可能明显地暴露出来，现代的简约文创产品，功能上满足现在人们的高品质需求，使用上符合人体工程学原理，材质上选用天然健康的材料，外观上追求简洁明的极简美学原理。文创设计表现中简约特色往往控制在设计元素、色彩、原材料这几个方面，首先设计元素的提炼中，一般体现民族文化内涵和东方元素魅力，例如，众多的非物质文化遗产中的元素提取、东方人追求意境的审美表达、中国人独有的精神文化内涵；色彩方面，一般选取较为柔和的色调，没有特别强烈的对比，纯度较低，用色数量也比较少，不会同时使用多种色彩进行表现；原材料上，则是天然的材质，例如木材、植物纤维、动物纤维、纸张等天然环保材质。从整体风格中做减法处理，对质感的把握提出高要求，所以一般呈现出来的文创设计产品内敛含蓄、经典大方、持久耐看、以简胜繁，特别是针对一些中高端的文创消费用户非常受用，在使用此类风格的文创设计产品时，一方面体会着简洁舒适，另一方面展现文化内涵，是当今社会生活中展现精致与有品位生活的重要文创风格窗口。

（二）艺术装饰风格

艺术装饰风格（ArtDeco）是西方设计史中独特的风格，它最初用于建筑中较多，而后在视觉设计中也崭露头角，它以富丽和奇特的现代感而著称，事实上这不是一种独立存在的风格而是多种艺术装饰的综合，涵盖的范围也比较广泛，涉及绘画、家具、平面设计、工艺设计和珠宝设计等等，对视觉设计和工业设计影响较大，这种风格以广泛的大众影响力提高了消费用户的关注度，其核心内涵是将传统的精华与时代的时尚进行结合，既有现代元素的简约不凡性，又有古典精华的精致性，以一种折中的状态，迎合当代人的审美追求，在文创设计中的表现方式是传统文化和人文内涵以新的姿态适度结合现代品位的审美观，为了更加极致地达成这样的风格类型，设计者需要不断挖掘传统中的本质，追溯历史中的文化根源处理平衡日益更迭的现代文明审美素养。

（三）构成主义风格

构成主义风格是西方现代设计史中重要的流派，又称立体主义，以追求解构、碎裂、解析后重新组合的形式，营创一种支离破碎的画面感，这部分分割的碎片形态构成新的画面，在呈现方式上，呈现出一种立体的形式。这种风格有鲜明的理念性，将分割的几何形态根据设计的需求进行排列组合，把原本三维立体的画面组合更改为平面的、二维的画面感。这种重构的画面，整合原画面中例如明暗、光线、空间的表现感等各项元素，利用简洁的直线、轮廓、体块感进行交错与堆积形成新的设计氛围。这种设计感通常会由于几何形态的高度概括性而产生出趣味性的特征，引人注意。

（四）新造型主义风格

新造型主义风格又称为荷兰风格派，于20世纪初在荷兰创立，最主要的代表人物是蒙德里安。新造型主义风格的最初阶段，不像其他风格具有鲜明完整的结构和标志性的成立宣言，这种风格是在第一次世界大战的历史背景下，荷兰本土的设计师和艺术家在立体主义、未来主义等现代设计理念的影响之下，产生了具有荷兰本土文化艺术的道路，形成了独特的荷兰派。这种风格最初来源于绘画中元素的表达，这与设计的发展趋势不谋而合，传达了设计内涵和设计精神。

文创设计的主要特点是不进行具象元素的使用，而是选择高度概括的几何形象和少量的单纯色彩进行绘画艺术的表达，展现这一风格的独特表现是"抽象和简化"。设计中关注提炼和简化物象本身，采用简单形体、线条和平面处理形成独有的艺术风格。在色彩的运用中，精简色彩倾向，甚至只使用三原色和黑白灰，这种足够明确的艺术风格，建立了高度的秩序性和简洁性，致力塑造出一种纯粹的精神性表达。

（五）扁平化风格

　　扁平化用于设计中的范围比较广泛，在文创设计中主要表现在平面设计，例如文创设计的外观、文创设计的包装、文创设计的吉祥物设计中，还有部分呈现在线上的文创设计服务中，例如主题文创类的线上展示、线上游戏、UI设计等，扁平风格的特点是在造型上尽量简化高度概括为直线或是简洁的线条感进行表现，没有繁琐的装饰型线条补充，在色彩运用上，采用大色块的形式，对色彩进行处理时不采用过度的立体化处理，尽量选取简单的阴影部分简化处理，色彩的饱和度一般比较高，各部分分界线处理比较明显。由于线条和色彩的高度概括性特征，在绘制过程相对简单，一般采用软件 AI 就可以完成绘制，在通过在图片处理软件中对一部分肌理和色彩的调整绘制出扁平画风格。整体扁平化插画呈现一种简洁、放松、干净、系统的感受，在文创设计中，通常在一些时尚元素设计产品、青年人关注的设计产品、儿童益智类产品中、品牌形象设计中运用比较多。

　　扁平化是图形设计的一个重要特征，它将真实物体引入二维空间，并找到合适的横、纵坐标将其准确地在其中定位，达到一种全面、稳定、生动的平面效果。平面化在两个方面有显著表征，一类是绘图环节的平面化，另一类是塑形环节的平面化。例如，我国流传的特色民间剪纸也采用平面形式，其创作题材来源于以动物和人物为主体、以植物和景观为载体的场景，使其创造出强烈的生命气息。剪纸的形式是用简单的形状绘制图像的基本特征，具有简洁、直观的特点，其大量使用的对称、平衡等表现手法赋予剪纸独特的韵律美，尤以其对点、线条、平面的处理非常顺滑，体现了简单自然的美感。

　　平面装饰风格没有受到构图的任何束缚，它不追求视觉真实性和感官自然性，它突破了现实主义绘画中不可能的时空概念的局限性。骨画构图大多以线条组合的形象出现，形成了框架线和框架型。不同的框架线和框架型对应着不同的情感表达，框架线和框架型有时呈显性，发挥边框效果，有时则成隐性，把本身的形状嵌入到其他图形中，但总归在画面中能起到支撑和填充作用。

　　在文化创意产品的设计中，元素提取的平面化风格非常普遍，它在继承传统的基础上，对每一个设计主题进行创新和深入探索，并提炼出不同寻常的文化内核。简单、特殊的图形和开放的思维是良好图形创造力的重要组成部分，通过观察这种认知事物的方法，我们能够更加深化对周围事物的理解，因此养成仔细观察和总结事物的习惯是非常有必要的。

（六）插画风格

插画风格在近几年的文创设计中比较流行，得益于它独特的优势，第一，插画风格的种类有很多，可以在多个角度匹配文创设计；第二，插画风格的展现效果良好，符合当下人们的审美需求，可以带动文创设计的诉求点；第三，插画风格表现手法多元，可以根据一些直观形象的现实形象，改写为具有真实感和感染力的文创设计；第四，插画风格使用范围广泛，可以在包装、景观、活动场地、甚至虚拟场景中都可以使用。它作为一种文字外的生动映衬，是烘托氛围、情绪和环境的载体，能够进一步突出作者的主观立场。由于插画是绘画者内心认知的自然流露，因此它拥有差异化的作品样态和美学评价标准。用于文创产品的插画既能够成为特色文化主题和情境描述的介质，也能够成为反映受众心理情绪的介质，插画品味的调性多种多样。

本书所述的插画在广义上可以包括所有类型的插画。插画不仅是对文本内容的图形化描述，更是发表观念、烘托氛围、表达情绪或刻画情境的充分非必要手段。由于插图形式多样同时还具有强烈的作者主体意识，因此其审美规范也具有多样性特征。文化创作产品中的插画既可以用来定制特色文化主题和情境，也可以抒发作者的价值认知。

商业插画风文创设计是文创设计中使用频率最高的一种类型，服务于大部分的文创设计，特别是对村落文创设计中的应用尤为重要，插画可以将现实中的设计素材进行归类后再创作，应用于各种空间之中，根据插画自身的划分类型顺延至文创设计中来。

卡通漫画风文创设计是动画电影中拟人化的动物形象和幽默化的人物形象。由于其造型生动迷人，在商业设计领域中得到广泛应用。夸张、变形是卡通漫画风格的本质，在进行专业卡通形象的创建时必须基于特定的性格和形态，可以手动绘制或使用现代工具进行创建。卡通也有多种不同的风格，既可以表达与现实生活截然相反的情景，也可以反映基于虚拟构思中天马行空的形象。

（七）朋克风格

朋克（PUNK）风格，原是由 1970 年展开的一次针对摇滚音乐的朋克运动和力量，朋克的文化精神是表现一种对原有事物的破坏和重组重建，在表达上注重对思想观念的开放性和对主流文化的尖锐立场，反映一种边缘性的较为小众的思想立场，在文创设计中，对朋克风格的把握，主要是从其朋克精神的适度把握的角度，一方面需要有打破传统思维的创新精神，另一方面要把握好边缘性尺度，在文创作品中往往反映一种具有未来主义的带有乌托邦气质的科技产品的设计理念。这种设计的风格使用相对较少。

1. 赛博朋克风格

该风格产生于 20 世纪中叶兴盛的科幻运动，体现了一种对科技高度发达与个体极度渺小的担忧。典型的赛博朋克风格所塑造的角色是一群性格孤傲、不甚合群的独行者，他们身处的环境不断向充斥着反乌托邦主义的社会演化，他们则游走于社会染缸里泛起漩涡的边缘地带，他们的日常生活与科学技术的迅速发展、计算机信息的普及和人工智能的觉醒交织在一起，其内核是对资本主义的批判。

2. 蒸汽朋克风格

该风格诞生于美国科幻小说家威廉·吉布森的作品《差分机》。经典的蒸汽朋克风格一般是落后与先进并存的矛盾结合体，其背景通常是设定在与 19 世纪平行的架空时代，人们的衣着打扮如常，以钢铁、机械、蒸汽机为代表的工业革命产物大行其道，但内核却是远超于时代的能源、材料、交通、军事等新技术，无处不体现着一种在怀旧与浪漫的气氛中对乌托邦的强烈向往，充满了对科学技术的崇拜。

（八）现代主义风格

有人称现代主义风格为包豪斯风格，这种叫法太绝对，包豪斯应该代表的是一种思维观念，一种思潮，并非一种完整意义的风格。现代主义风格是一种将艺术与技术相互结合的风格，对于设计，主要体现在三个基本的设计观点，首先是艺术本身与科学技术的相互融合，其次是改变以物为主的原则，强调以人为本，物服务于人。最后一切设计需要遵循自然与客观的原则进行设计。这样的理念使得现代设计，从感性转为理性、科学，从理想主义转为现实主义。在这种原则的带动之下，中国也受到了很多的影响，有很多的设计都体现出现代主义的特色，例如建筑和工业产品，现代主义风格也经历了一段时期，其主要的贡献是在大工业革命背景之下，一种强调标准化的设计方式和建立在科学基础之上的，适合大机器生产模式的美学风格。

该风格发端于 20 世纪初期德国魏玛的包豪斯设计学院，最早应用于建筑行业。包豪斯风格偏重于突出结构自身的形式美感与简约，讲究避免过度修饰，而是选用尽量少的装饰元素和简单的线条，达到展示和增强产品本身功能性的目的。该风格去除了所有繁复的形式，推崇自然与客观的设计原则，主张从现实主义、功能主义出发达到技术与艺术的统一。

（九）波普风格

波普风格是指，塑造视觉冲击力强烈，造型特点夸张，色彩比对明显的表达方式，最主要表现的形式对图形的设计。波普设计强调灵活性和随意性，波普设计风格不是简单意义上的大众化风格，更体现多种形式和风格的混合，追求一种大众化、通俗化、简易化、直接化的表达，强调一种新奇感和独树一帜的特色。

波普风格诞生于二战后英国年轻一代消费理念的自我觉醒，它是一种高度符合青年群体的社会与文化价值观的风格，它一反传统主义和正统当代主义清教徒一般的审美，它的设计并不遵循社会经济学理论和人体工程学原理，它强调的是象征快速进行流通的大众文化，因而被广泛应用于批量生产、周期较短的快消品中。它的色彩处理非常浓烈，构图极尽夸张之能，为的就是突出外表装饰和结构形式的新奇性，与年轻人以自我为中心、标新立异的诉求高度吻合，但转而牺牲了产品的功能合理性。

（十）孟菲斯风格

孟菲斯风格是以索特萨斯为主导的设计在意大利结成的孟菲斯集团，风格提倡装饰性，使用一些手工艺的方式设计产品进行制作。对于简化的单调的现代风格提出质疑，并从波普艺术、非洲和拉美州的传统艺术中找寻灵感，这种起源于 20 世纪 80 年初期的风格，对包装设计、现代工艺设计都产生了广泛的影响，这种设计至今都影响着一些设计。索特萨斯认为"设计就是设计一种生活方式，因而设计没有确定性，只有可能性，没有永恒，只有瞬间"。其核心特征是显示设计的双重译码：既属于大众，又属于历史；是传世之作，又是随心所欲。

在文创设计中，孟菲斯风格特征主要突出表现在色彩的运用，色彩使用对比强烈，高明度的组合方式，图形中运用大量的几何元素，圆形、三角形、正方形采用频率最多，在组合上没有过多地注重秩序性，一般都是随机的排列搭配，与传统的设计中强调顺序性、系统性有所不同，在表现设计元素中，除了几何图形的使用，还有各种粗细线条的相互组合。在现代的文创产品设计包装中许多的零食类、快消品类的设计中还能够进常看到孟菲斯风格的影子。

20 世纪 80 年代，在意大利米兰一群志趣相投的设计师组建了名叫"孟菲斯"的松散团体，他们共同反对传统的现代主义进而逐渐形成了自己的设计风格。孟菲斯风格在颜色搭配上不循传统的配色规则，通常选用高明度的色彩组合，在构图上注重曲与直的和谐，热衷于应用曲线、曲面与直线、平面的随机排列搭配，演绎与极具个性化特色的风格，该风格的最大特点是对无限可能性的一种展示。

（十一）哥特风格

哥特原是很早之前在德国被灭亡的部落，也被意为"野蛮"的含义，通常代表一种神秘、高耸、阴森、夸张、奇特、重装饰的特征。哥特风格影响了艺术、建筑、图画、声乐、写作、策划等很多方面。哥特风格的展示方式往往是富有张力、参差错落、空灵怪诞和繁琐点缀的，主要表现为大量使用竖向扩张的线。它蕴含在光线、颜色及其搭配比例中的独特美感是该风格最吸引人之处，即借助对光的哲学思索、对数字和颜色的符号化认识，传达灵魂可以独立于实体世界而存在的主观意识，并借以抒发对特定宗教信仰的崇敬之情。

在平面设计中，表现最多的是对于字体的设计，其主要特点表现为复古、细长、华丽、带有阴森的和神秘的色彩，这些独具特色的形式使用与文创中多使用于一些特殊神秘色彩的产品中，例如一些趣味性较强的文创设计中，特别是在一些制造虚拟文创空间中起着很重要的作用。

该风格起源于公元 3—5 世纪活跃于西欧的哥特民族，其在文学、音乐、建筑和文学等方面特色鲜明。哥特式艺术以对光的形而上沉思著称，通过对色彩、光线和比例的调和，以高耸的构型、频繁使用纵向延伸的线条为其主要特征，是夸张的、不对称的、奇特的、轻盈的、复杂的和多装饰的，是一种特殊的美学体验。哥特风格体现了神秘、诡异、阴森、哀婉的精神内核，被广泛地运用在房屋、塑像、美术、写作、声乐、服饰和字形等多个文艺场景范畴。

（十二）LOW-POLY 风格

该风格起源于 20 世纪 90 年代计算机性能尚不发达的时代，游戏设计者们为了保证游戏最基本的流畅体验，不得已大量采用高锯齿或大像素进行游戏元素的渲染。LOW-POLY 风格的特点是忽视细节，采用多而小的三角形进行构图，再用纯色填充的手法对三角形上色，确保相邻三角形色彩相近但不相同，靠色彩深浅和阴影对比形成立体效果。LOW-POLY 风格大量应用柔光渲染和锐角切割，构建起一种光影交错的平衡艺术感。

（十三）欧普风格

欧普风格得名于 1965 年美国纽约现代艺术馆举办的一场画展。它将几何图形精心设计出有规律的排列分布，采用黑白对比或亮感十足的色彩，刺激视觉神经产生错觉。欧普风格因其作品的运动感和闪烁感受到了关注，广泛应用于时装、建筑、家居等行业。

（十四）极繁风格

该风格脱胎于17—18世纪风行于欧洲的巴洛克和洛可可风格，最早以华丽绚烂的宫廷风著称。过度、复杂和热闹是它的主要特征。其图形以大面积的印花元素为主，色彩多用高饱和度的撞色、对比色，通过拼接和重复填满整个构图，没有任何留白，同时每个元素均能展现自身最大的特色。

（十五）超现实主义风格

超现实主义起源于第一次世界大战后的法国，是一种对传统资本主义文化的批判与反思。超现实主义设计强调画面场景化与空间层次关系的协调，作品更多地关注细节和对象。超现实主义作品并不是实际物体的严格诠释，也拘泥于某一个场景或主题的文字插图，相反，它利用的是微妙的元素来创造实际上不存在或者人的眼睛不能看到的现实幻觉。

（十六）原创风格

原创是指设计师或艺术家根据主题要求绘制的图形，包括书法、剪纸、素描或其他创作形式。尽管部分作品可能着墨不多、细节不精，甚至有些是灵光乍现的妙手偶得，缺少足够的构思与计划，但是能够充分表达设计主题和作者的思想情感。同时它还具有一种摄影或计算机绘图所无法实现的艺术和视觉魅力。

装饰性原创是指满足装饰艺术要求与符合形式美原则的原创图形。装饰性图形对形象的展示不是简单的描述，而是通过变形归纳和装饰处理的手法进行改进，使图形既能充分阐释主题，又能将美的感觉传递给观众。在设计装饰图形时，应注意形状和颜色的搭配要简洁大方、对比明显，达到使作品视觉冲击力最大化的目的。

二、文创设计表现手法

（一）概念与符号

纵观从概念产生的第一时间到作品最终形成的过程，我们可以认为所有的设计均起源于概念的雏形。图形、形状、尺寸、纹理、颜色和语言形式等设计师所要进行的一系列设计，最初都要发端于一个定义清晰的概念，后续将这个概念剖析分解为特征与内涵，选定适配的形式与形象并进行加工改造，最终使之成为被赋予概念的形象载体。

（二）图形的提取与演变

形通常指代物体呈现的外观形状与结构。在中国画的理论中，"形似"指的是再现自然图像的一个表征因子，"神似"指的是精神因素基于图像进行了饱满表达。它的形式不是简单的复制与粘贴，而是对符号的再创造，这种再创造是在理解、提炼和运用具有现代审美观念和丰富特征的原始形式元素的基础上进行的，或者将已有的造型方法和材料符号的表现形式运用到现代设计中，达到个体个性与设计理念的高度统一。

（三）"意"的沿用和延伸

中国艺术自古就注重"意"的表达，"意"是植根于内心深处的表达习惯，视觉元素的表达，也遵循一样的延伸，通过提炼、创新的基本形式，探索和发掘深藏其中的"意"。人对美好事物的追求是天性使然，无论其时代、地域与出身。因此"意"不仅是群体所达成的共识，更是值得被宣传和发扬的精神内涵，而且这种精神内涵要持续的深化与更新，使设计更加具有文化性和社会性，以此作为发展设计的另一个路径。文创设计要善于使用"意"及其外延，达到更好继承和发扬产品文化内涵的目的，例如为了表达对仓廪充足、财富充盈的美好愿望，传统文化中讲究要在米缸外壁上贴上"满"字，虽然时过境迁，米缸在当今大多数家庭中已难寻踪迹，但设计者可以沿用并扩展这个寓意，将贴上"满"字的米缸形象设计为生活中较常见的存钱罐，这种设计将生动活泼且充满趣味。

（四）"势"的体会与传承

图形在潜移默化中会传递一种气韵、气氛或呈现出的态势，可以称之为"势"，"势"可以表达整个文创设计的精神。传统艺术中最能体现"势"的特点的是中国书法。中国书法的灵感来源于观察自然界中一切事物的姿态，并慧心巧思进行解构而得来，经过几千年的发展和演变，中国书法在不同时代孕育了多种不同个性和风格：大篆凝重有力、落笔藏锋，小篆圆劲均匀、结构严谨，楷书秀丽工整、形体方正，行书书写快捷、活泼欢畅。书法注重结构，但更加在意笔"势"，结构只是书法下笔的根据，而最能区分书法风格的就是笔"势"。"势"是对经验的继承与实践的延续，是知行合一后的发展与进化。一种新的创作形式必须摆脱传统的意象表征，在深层的精神境界中探索各种"势"的风格。

（五）置换

在文化创意产品的设计中，当一个"非生命体"的某部分被一个"有生命体"的部分所取代，形成一个不寻常的置换图形，会产生意想不到的效果，置换图形的概念从传统概念中脱颖而出。置换图形就是将形式间意义的一致性与外部形式的奇异性相结合，表现不同形式之间的内在联系，进而产生特殊效果。这种不同寻常的构图方法能够赋予观众更深刻的意义，并对观众的视觉感受和内心感受产生强烈的影响。

第七节　文创设计的模型制作

文创设计的生产制作是创意文化设计的最后一环，其中最关键的环节是制作文创产品的样板和模型。针对不同类型的文创产品需要采用不同的材质进行制作和测试。文创产品的模型制作可以分为两类：一是二维文创产品的模型制作，主要指基于纸张等平面媒介的文创设计产品和宣传品，二是三维文创产品的模型制作，主要指基于工艺品、旅游纪念品和智能文创品等需要现实空间展示的文创设计产品，造型较为独特、精细的文创产品还可以通过 3D 打印技术制作模型。

一、文创设计模型制作的过程

模型能够最直观的进行实际效果的展示，是在机器大生产前的一次实战性检验，也是连通设计和生产之间的重要纽带和桥梁。模型的重要作用是检验文创设计产品受欢迎程度的重要方式，从中寻找和改进设计中的不足。同时也可以通过模型在有关机构进行初步的质检。

模型的制作大致可分为两大类，一种是二维的文创展示，包括：海报、招贴、绘画、产品设计图、宣传样刊、明信片、照片等多以纸媒为传播媒介的文创产品。另一种是三维的文创展示。例如，工艺产品、手工编制品、包装、文化服饰、生活日用品、旅游纪念品等需要展现实物特性的文创产品。

（一）二维模型制作过程及标准

在制作二维模型时，需要按照之前的设计图进行再次核对和审核，确定需要制作的数量、载体材质，例如纸张的具体类型：铜版纸、牛皮纸、新闻纸还是特种纸张，纸张的克重等，印刷的规格尺寸、印刷的工艺、需要的时间周期等进行进一步确定。然后按照由小到大，由简到繁的过程进行制作。

1. 初稿，初稿是设计师进行的框架设计，其中包括整体设计的框架结构、整体色调、局部配色等大致的效果图。部分细节的内容例如文字的说明，并没有详细展示，只是划定一个范围，通常使用色块或简单的直线进行表述，初稿的设定可以在大方向上调整设计的风格和表现形式，这是不可逾越的环节，初稿的设计还可以方便地进行整体模式上的调整。初稿往往不是只有一种形式，采用3~5种风格和效果进行设计，初稿一般不用来制作实物。

2. 中稿，中稿则是将设计的产品按照实际的尺寸和效果进行制作和展示，里面的内容、图片和文字等已经基本确定，特别是主要的标题文字和框架已经接近于成品效果，再进行一个成品效果实验稿的打印。在这个中稿的印制过程中，还可以改变载体的类型，例如使用不同的纸张进行同一效果的印制，或者使用同一纸张进行不同效果的印制，这个过程仍然是一个不断改进和探索的过程，在印制完成后，再与专业的评估团队或同行专家进行沟通和调整，在改进之后对接甲方，进行沟通说明和进一步的调整。

3. 末稿，末稿是最接近于定稿模型的版本，其中的文字、图片、风格、比例和色调等细小的部分经过中稿的改进后更加完善。在末稿中要对细小的环节进行再次核对和审查，为最后的定稿做准备，末稿的风格和类型已经基本确定，风格上的把握也将逐步确定，全部方案也减少到2个左右，一个作为主推方案，另外一个作为备选方案。

4. 定稿，定稿是将设计的模板进行打样的最终版本，也是接近于成品效果的样本。设计者通过对设计电子稿件进行最后的调整和确定，将需要最终制作成成品的定稿进行初步的打印。可以采取同类纸张、类似纸张或普通纸张进行实物打印，实际尺寸较小时，可以等比例的进行打印，实际尺寸较大时，可以进行等比例的缩小进行打印，最终目的是通过样本让设计者比较直观、多元、多角度地感受到最终文创产品的真实感。最后还要再进行细微的调节，为样本的制作做好最终的准备。

（二）传统文创模型的制作标准

设计模型是指为了大批量生产作出的效仿样本。一般来说，样本的质量和标准度要非常精确和稳定，这样才能保证在大量生产以后不会出现较大的误差。样本的质量必须在尺寸、工艺和技术等维度上进行准确的表达，通过样本的制作真实反映出设计的意图，这样才能保证通过科学规范的生产线制作出高品质的文创产品，才能保证在后期大批量的生产过程中，不会出现各种问题造成不必要的损失，为稳定的生产奠定一个良好的基础。在样本的制作过程中，即使出现了一些设计工艺或生产技术的问题，还可以有效止损，作出相应的调整。设计模型是不可以省略的关键环节，这个环节以纸张为媒介的二维平面的设计样本出现的问题相对较少，但是对于一些比较复杂工艺的三维文创产品而言，出现问题较多，所以设计模型更是不可逾越的环节。

对于设计模型的标准主要注意以下几个方面：一是选择能够良好还原文创产品的生产或印刷条件的工厂。这一步的选择关系到未来大批量生产的质量，如果制作的条件无法还原达到规定的标准，设计模型的制作则没有任何价值，要保证在多次制作中不会出现质量偏差生产场所需要慎重选择。二是最大限度处理设计模型中的偏差。设计稿件是一个理想的状态，在没有夹杂生产工艺技术时依然处于一个半成品阶段，在制作过程中加入实际工艺的同时需尽量还原设计预期的理想状态，达到设计模型的传递意义。

二、文创设计模型制作的种类

模型是指对某个流程、物体、概念甚至体系经过研究后得到的一种表述形式，简而言之就是要从实验、图样和范例中获得产品样本。模具开模费用非常高，此外还涉及较多的时间、人力和物料成本。所以大多采用模型，由于暂不考虑大规模生产的问题，制作模型所需的成本相对较低、制作时间相对很短。因此通常情况下可以先进行单个或少量模型的试制，针对模型开展评估和检验后再决定是否进行模具的开发。

（一）模型制作的作用

模型制作是对文创设计呈现最直白的方式，是解读设计创作过程的重要途径，在计算机辅助软件的支持下，设计的视觉效果图已经可以比较真实地还原文创设计产品的视觉效果，但是与真实的实物之间还存在一定差距，特别是在多角度感触文创产品的真实度上需要模型发挥重要的作用。一般在模型制作初期，利用模型去展示文创产品的初步形态和效果，通过模型的创建来推敲文创产品的细节，不断完善设计草案，都可以发挥比较重要的作用。在模型制作的中期，用于向甲方用户直观地展现文创产品的呈现效果起着不可或缺的作用。在模型制作的后期，用于文创产品的综合效果和整体方案评估环节，模型都是文创设计最合适的效果体现。每个时期的模型都能直观记录设计的思路和改进的流程，某个环节出现问题都可以追根溯源，对于整个文创的方案设计和研发新类型的文创产品都非常重要。总体来说，模型在文创产品设计中的主要作用有三点。

1. 探索、完善、检验文创设计方案。一般处于模型的初期阶段，其目的是通过设计模型的创建，帮助设计者本人对文创产品的外部造型、内部穿插结构和尺寸大小等多个维度方向进行全面的探究和分析，一般用于设计者和同行之间的探讨，不用于外部展示，所以模型大都相对简单粗糙，有若干大致造型，在此过程中不断筛选和缩小文创产品的造型方向，从而对文创产品的完整度作出实时的评估，不断探寻最佳的文创结构状态。对于文创产品的色彩的把握处于一个实验探索状态，一般不会过多地考虑文创的设色细节。

2. 展示、交流、探讨文创设计方案。一般处于模型的中期阶段，设计造型与形态结构已经基本确定，色彩的细节部分已经进行了填充和完善，为了更好地与委托方进行文创产品的展示和交流，进而比较真实地感受到产品的效果，通过直观展示文创模型的方式让更多的非专业人员多角度、多触感地体会到文创产品，有必要进行文创模型设计。在此过程中，可以与委托方沟通文创的优势特色，帮助其建立对文创产品的理解深度，同时还可以通过与委托方之间的沟通对文创设计本身进行下一步的调整和改进。

3. 评估验证文创效果，降低文创误差。一般处于模型的后期阶段，此阶段的文创设计已经基本接近于成品，对文创产品的最终细节进行打磨，降低误差范围，为质检打下基础。最终的模型越接近于完整、完善，在整个生产过程中存在的浪费率将越低，特别是一些对于生产原材较昂贵的产品更是如此。对模型进行评估验证仍然是文创设计中非常重要的环节之一，需要在评估验证过程中进行最后的调整和改进。

(二) 文创模型的分类

1. 按功能分类。根据文创产品功能的先后顺序，将文创产品的模型分为草膜和效果模型两种类型。

草模。草模是文创设计最初制作的模型，相对比较简易。文创设计的草模与设计草图一样，是最初粗略记录文创设计的概念方向和思考元素，是设计师通过立体视觉角度探索文创产品设计雏形的过程，也可以称为文创设计概念草图的"立体化"。设计者可以通过最初的草模全面整体地感知到文创设计的最初形态，帮助设计者在设计之初奠定好对文创产品深入探索的基础。草模的制作使用的材料往往是随手可得的材料，具有方便加工、易于塑造、经济性高、便于处理和重复利用的特点。

效果模型。效果模型是用来展示文创产品的表现型模型，效果模型在设计过程中可以多次出现，一般会在设计中期为委托用户展示文创产品的效果，通过效果模型传达设计理念、展现文创产品的真实形态，这一时期通常利用容易塑造的材料进行展示。后期效果模型的制作一般会使用与文创产品最终呈现的效果材料一致，目的是更加真实地表现出文创设计产品的实际效果。这种后期的效果模型在制作中往往比较复杂，采用等比例制作，文创产品结构之间的连接几乎接近于实物，可以称之为"麻雀虽小五脏俱全"，一般用于展示文创产品或进行展示交流。

2. 按材料分类。根据文创产品的特性，在模型制作中，会选择不同类型的模型进行制造，不同的模型所产生的效果和质感不同，一般会选择与文创产品类型一样或相似的模型进行制作。一般来说，常见的模型有纸类模型、蜡类模型、石膏模型、木材模型和综合材料模型等。

纸类模型。纸类模型是最常见的一种模型，具有造价比较低廉、种类繁多、容易获取和较高的可塑性等特征。纸类模型在文创设计模型选择中使用频率较高，特别是在一些文创产品的包装模型制作中，不同质感的纸张会给模型本身产生不同的效果体验。

蜡类模型。蜡模制作又可称为出蜡法，一般常用于文创模型制作的铸造方式。在文创设计中通过蜡本身的特质进行模型的塑造，一般会进行"焙烧—浇注—凝固—干燥"的工艺制作步骤，制作的模型具有尺寸精度高、模具光洁度高的特点。蜡类模型在文创设计中往往用于一些较为高端的定制产品中，意在着重凸显独特性特点。

石膏模型。石膏在文创设计中可充分展现其独特的特点，石膏材质有良好的塑形特点，由石膏粉加工塑造而成，表面比较光滑，容易进行细致的雕刻和处理，相对于其他材质具有稳定性强、更易于保存的优点。在文创产品设计中，对于一些造型简单的几何形外观和造型比较复杂的产品外观都能够适用，所以在文创设计中，石膏模型也常常进行模型形态的创建和使用。

木材模型。木材相对于其他模型材料相比，价格相对较高，在文创的模型制作中，使用的频率不是特别频繁。由于木材的种类比较多，不同的木材拥有各异的色泽和生长年轮，可以给人带来迥异的感受。一般在文创模型制作中，有需要木材呈现特殊质感的文创产品才会使用木材作为模型的制作材料，或者一部分比较昂贵的文创设计产品会选择使用木材作为其建模的材料。

综合材料模型。综合材料模型是指在制作过程中，不限制使用模型的种类，可以采用多种材料的模型进行组合模型创，目的是更好地展现出文创产品的真实型和存在感。这种多种综合材料的模型制作方式在文创模型的创建中也经常使用，而且综合材料的制作往往能够比较灵活地进行模型把握，制作过程也更为便捷。

（三）3D 打印模型

3D 打印技术是当下非常流行的模型制作方法。既为人们的日常生活和工作赋予了简易性和便捷性，又特地为设计从业人员增添了产品升级的创新性与可行性，为人们的生活产生了更大的可能性。3D 打印技术本质上是一种快速塑形技术，它的技术特点是直接塑成相对复杂的外形，而不依赖于模具的填充和机械的斧正，这种简截了当的生产方式很大程度上缩短了产品的生产周期，同时也有效限制了生产成本。3D 打印的常用耗材来源较为广泛，可以是金、银、铝、钛、钢及其合金等金属，也可以是以 ABS 和聚乳酸为主的塑料，还有有机玻璃、陶瓷、食品甚至是生物细胞等。

3D 打印技术的日渐成熟促使很多行业的模型制作都在使用该技术，应用范围也越来越广泛例如工业设计、建筑设计、产品设计和航空航天等等。文创设计对于 3D 技术的使用也在日益增长，例如产品的外观模型和包装模型，特别是一些外部造型比较复杂的文创工艺产品都是通过 3D 打印技术实现。3D 打印技术的最大优势在于它可以解决高难度、复杂和差异化的设计需求，这些都是传统生产方式无法完成的工作，特别是 3D 技术的便捷性魅力帮助设计从业人员将更多时间专注于策划环节，而不是受到生产实现环节的过多牵扯，所以 3D 打印受到了设计从业人员的广泛欢迎，其使用和推广的进程都显得动力十足。在开发差异化、规模化产品方面，3D 设计方法及其打印技术的合力颠覆了整个行业生态，这是凭借 3D 打印技术强悍的轮廓构建能力，因此它在文创开发这个颇为注重产品外形的细分领域拥有得天独厚的优势，如 2018 年的深圳文博会 3D 打印文创产品，成为该世博会的最大亮点。3D 打印技术在目前相对成熟，而且是对传统生产建模方式的一种补充和升级，相信未来 3D 技术一定会有更多的具有高效价值的产出。

第五章 村落地域数字文创设计

随着 21 世纪中国经济的快速发展，知识媒体时代悄然来临。智能技术已经逐步渗透到各个行业，深刻影响了大众的生活习惯和心理诉求。传统媒介在人工智能技术的加持下对新兴业态的迸发施加了巨大影响力，以媒体、通信为代表的一些行业朝着数字化、智能化的方向不断深刻变革。本书所述的文创产品领域，也在这股新风的推动下，夹带着地域文化这一细分主题持续朝着更宽广的未来市场空间前行。文化创意产品兼具新颖思考、深刻内核和高端价值的多元特性，拥有无限可能性。随着大量智能技术的日臻完善和规模化应用，文创产品的观赏性和功能性已由目标群体的首要关注点退居为基础要求，而与受众的交互体验功能骤然跃升为主要需求，特别是锚定地域文化和相关情绪表达的文创产品正逐渐成长为市场的弄潮儿。由此可见，文创行业开展基于地域特色和交互体验的产品策划是非常急迫和必要的。

第一节 数字文创的背景

一、数字文创的时代背景

随着中国经济社会发展水平和以智能媒体为代表的科技能力的日新月异，着力增强我国在文创领域的市场话语权和份额具有现实的经济和社会效益。我国深厚的历史文化为知识媒体科技提供了肥沃的创新土壤，相关科技的革新则持续反哺中国特色社会主义文化不断升华。目前中国文化创意产业发展已演进至千帆竞发、百舸争流的阶段，它已在多个行业领域的众多场景中扮演重要角色，促进了国家、民族、地域、群体文化的凝练，为大众的精神生活提供了更多优质的主题。

对中国源远流长历史文化的探索应当从大格局、广视角出发，不能桎梏割裂于传统本身，而是要把以中国特色社会主义文化为代表的中国现代文化和地域特色文化厚植于传统文化底蕴中，实现古为今用、推陈出新的和谐衔接。目前文化创意产业已成为推动我国发展的新一极，中央密集出台了系列政策，并在各地相继落地实施。

网络技术的快速发展为智能媒体时代下大众日常生活增添了新动能。文创产品策划的关键路径是为大众的现代生活赋予以传统文化为代表的良性文化的要素，而打造兼具中国传统文化底蕴和现代诉求双元属性的文创产品，是文创产业号准社会脉搏的关键一招。文创产品在智能媒体科技的叠加下将系统拥有表达能力、策划能力和实践能力。在体验经济时代，人们逐渐改变了对消费的心理定位与体验，这不仅让文创产品充满活力，同时它还激发起文化创意产品在知识媒体时代的新价值。

二、数字文创的设计背景

国内文创产品创作呈明显的上升趋势，文创设计收获了前所未有的关注度。文创产品在各个领域不断涌出众多的产品和相关设计，传统文创产品从数量到质量都有了巨大的增长，数字文创也成为一种符合当下时代流行趋势的产物并逐渐占据人们的视野，以其自身的独特优势，抢占了一部分市场，特别是被年轻群体所接受推崇。但是我们也要清醒认识到，在急速多元文创发展的过程中也表现出很多的问题，相对卓越和高品质的文创设计产品数量比较匮乏，绝大多数的文创设计只是简单的复制和粗糙的加工，并没有真正体现文创设计的精髓之处，特别是对文创文化价值的体现、地域文化的提炼，尤其是数字文创中交叉学科之间的有机融合并没有非常突出的设计作品。当下主要存在以下问题。

1. 机械地更换传播载体。数字文化创意产业呈现多元化发展，涉及的领域也比较繁杂，主要集中在：旅游景区的文创产品、大型活动类的文创产品、企业品牌类文创产品、大型展馆类文创产品以及单位和学校类文创产品，等等。在此各个领域发展范畴之上纷纷与科技和智媒相互联系、想法得当，但是并未进行有机地融合和处理，大多只是将互联网和智媒科技单纯地替代传统的传播途径，简单地更换文创产品的载体，没有从根本上解决文化与科技的融合。

2. 独特性与针对性较弱。目前绝大多数的数字文创设计缺失对于文化内涵的提炼，特别是对地域文化的挖掘不够，缺乏对数字文创的独特性设计，特别是一部分景区的文创创意产品，缺少独特性，有部分的文创产品类同性、普遍性高，让消费用户感觉千篇一律，缺少对地域文化的针对性挖掘和突破，使得文创产品对消费用户的吸引力减弱，不能激发对于数字文创产品的好奇心。

3. 数字文创的"门槛"较高。数字文创的推广传播和使用建立在一定的现代移动智能终端和科技平台之上，对于大多数中青年群体而言能够尽快地接受并熟练使用，但对于其他群体特别是老年人群体却不太"友好"，目前绝大多数的数字文创面向的群体较为单一，操作使用方式也较为繁杂。

4. 数字文创产品缺少人工智能。数字文创产品是最近几年迅速发展的一种文创新形式，它的发展需要依托各种技术的支持，与传统文创设计相比，涉及更多学科之间的交叉使用。例如，设计学、统计学、人工智能、移动智能终端平台建设和大数据等方面，这也是数字文创没有高品质展现的一个重要阻碍点，很多数字文创的真正推广，单纯地凭借设计本身已经很难实现。数字文创需要朝着更加人工智能的方向发展，目前的数字文创产品设计还差距很多。

5. 中国的文创产业起步较晚，在文化产业方面存在不系统、不完善的方面，对于设计者而言往往对文化创意产品缺乏文化层面的深入理解，把大部分的经历放置于对文创产品的功能性探索和猎奇性创意角度发掘，造成许多的数字文化创意产品"昙花一现"，无法将文化层面的内涵精华传达到位，造成文创产品缺失文化底蕴的支撑而迅速被新的流行元素取而代之。这种快速更替的文创产品并没有在本质上产生与人们情感之间的交互和交融，也就没有达到文创产品本该达到的价值需求。在数字文创发展的初期阶段，以设计为出发点，进行文创文化的理解和数字科技的交融关系仍然是文创产品长期需要研所和研究的问题，需要在不断的积累和探究中打造出带有中国特色的数字文创服务和产品。

国外文化创意产业发展得相对较早，基本形成了各自的文化创意产业体系，并且文化创意产业已然成为带动经济增长的重要力量，在国外文化创意产业的带动下，增加了新颖的文化增长点，也逐渐改变人们的生活方式。各个国家都在通过增加文化创意产业的相关政策与科技融合的共生力量创造改变新的数字文创机会。目前已经有一些发达国家形成了自己独特的文化产业发展方向，将文化与本国的政策相融合。一部分发达国家建立文化产业保护政策，不断营造利于文化产业发展的政策氛围，以促进新型数字文创的高速发展。数字文创是在当下文创发展的高速时期发展壮大的，也是在传统文创产业基础之上的新业态形式，数字文创的发展离不开科技、大数据、多元智能终端的相互融合，这些方面都是我们需要不断与发达国家之间相互交流和学习的地方。国外的数字文创发展比较成熟的产业相对较多，例如英国的"云剧场"，由英国国家大剧院推行的"国家剧院现场"项目，通过智能平台的高清直播等多种线上传播方式，将英国的各种戏剧进行展播，这种数字化、影像化的新形式成为一种新的文创发展推动力量。这种类似的剧场还包括莎士比亚环球剧场、法国博物馆建立的"登云入网"、巴西的图书盲盒推动产业发展计划等，各种形式的数字文创发展形式。

现今数字文创的发展已经极大地改变了人们对于文化精神、文化产品和文化消费的方式，特别是在疫情时期，对在疫情防控常态化时期构建数字文旅新业态、重塑数字文旅产业链、刺激文旅消费回补和潜力释放具有非常重大的意义，为有效实现文旅线上线下的互动互补提供了契机。

三、数字文创研究方法

（一）文献研究法

数字文创的文献研究主要通过对地域性、文化创意产品设计、文化创意产业、交互样态、受众感受和文化特色等资料收集并整理成为体系，其中还应该增加数字文创相关的专著、期刊、论文等学术类文献及网络资料，以此为依据深入探究本书涉及的有关领域。将体系化地图形和文案信息归纳和分层，为本书的概念探索和拓展立下完备保障。

（二）对比分析法

对比分析法的应用范围极为广泛，可用于对不同国家、民族、地区、群体文化创意产品的内涵进行解构，对不同作者文化创意产品的阐释进行解构，对不同文化创意产品策划题材、种类进行解构，对区域文化创意产品互动感受的差异化形态进行解构，以此为依据推动深入开展研究。

（三）实地调查法

实际走访调研数字文创题材的策源地，考察当代数字文创题材下文化创意产品策划情况，然后采用问卷调查，明确目标群体对于文创创意产品的潜在预期，最后考察分析具有地域特色的国内外交互式文化创意产品，总结其创作流程及宣发的经验与特点。

（四）学科交叉法

在知识媒体时代，跨学科研究与高速发展的时代趋势可以同频共振。本书利用地理范畴的地域特征、设计学科的产品设计等不同领域的知识，收集了大量相关学科的理论知识，尝试将不同学科的理论应用于互动区域文化创意产品的设计，同时也为本书的研究提供了更多的思路和展望。

四、数字文创构建思路

（一）问题提出

基于过往的数字文创设计实践，分析改进方向与趋势，提出数字时代文旅融合下数字文创升级、互动体验创新趋势和数字文创设计理念滞后性三方面问题，明确数字文创交互式文创内涵。

（二）理论分析

对信息交互概念、执行原则与策划范式开展解构，对人工智能技术关键环节对交互体验的作用和效果进行详尽解析，为下一步的探究确立原则与知识储备。

（三）案例和实证分析

参考交互式阐述原则，交互式文创的策划可分成"价值-实施过程-完成"三个维度，分析各维度下策划关键环节，综合采选调查问卷法、实地访查法等形式明晰交互式文创在受众心中的意义、立场和期望，最终采用实验法进一步发掘与交互式文创相匹配的交互形态、介质和情境等要点。

（四）模型构建

从环节和流程、投入和产出、前馈和后馈、受众与心境四个层面，对干预传统地域特色文创的有关元素进行逻辑上的解构，将实际探索论断归纳成"受众、举止、载体、情境"四个维度下的策划要点，组成多层次架构。

（五）理论输出

组成涵盖"发挥性能—提升感受—缔造样式—配合手段"的策划层次架构，提炼各层次的策划要素，进而提出交互式文创的设计策略。

五、地域元素在文创中的意义

数字文创中，地域元素的注入具有很大的意义。从文化意义入手，在数字文创中体现地域性元素特征是文创产品文化多特性和差异性的重要表现，通过设计的手段从中挖掘深层次的地域性文化和地域特色，更加便于文化以多种姿态进行大范围的保留和发扬。文创产品的良好质量不只是体现在昭示特色、缅怀往事、适合使用或怡情悦性，还应体现在保护和发扬传统文化上，将鲜明地域特色的底蕴淋漓尽致地呈现于受众面前。当前受众的精神文化需求随着物质生活水平的提高而水涨船高，相应抬高了受众对文创产品的兴致与预期，越来越多的人认为旅游一方面是为了饱览引人入胜的景观、感悟人类历史进程和品味民俗风情，另一方面也应将购买钟爱的文创产品的选择权和可行性提供给大众，用于增加旅途的全程体验。文创产品既可以个人收藏，也可以馈赠家人和朋友，分享新鲜的文化特色与感受，让当地的文化特色伴随着人类猎奇的天性实现长效传播。

从设计意义上入手，村落文创产品是对一个地区物质和文化层面"物华天宝、人杰地灵"式的突出体现，要求兼具实用性和观赏性，要利用烙印在文创产品中的地域文化特质去迎合受众在感性、理性思维上的二元化预期。由此可见系列化的文创产品有成为地域物质和精神文化宝库的潜质，最大程度填补受众在文化和情绪层面的缺憾。这需要设计从业人员多措并举为文创产品赋予更突出、更能打动人心的价值。

从人工智能交互意义上入手，随着智能媒体时代持续创新的发展，互动体验被广泛应用于文化创意产品的设计中。在传播价值、美学价值和使用价值之上嵌入互动体验价值，让受众与文化创意产品建立沟通互动，让智能媒体技术与文化创意产业互学互鉴，使文化创意产品设计实现智能化、人格化、艺术化多元高度统一的交互方式。

文化创意产品的设计是中国文化创意产业发展水平的重要体现，文化创意产业的发展又与我国市场经济的体制完善与蓬勃发展亦步亦趋。了解和保护我国丰富多彩的地域文化、继承并传播其中的鲜明特色具有重要的物质与精神价值。

探讨数字文创中地域性元素在设计中的交互体验，主要从五个方面进行分析：感官互动增强现场感，情感互动激发归属感，信息互动嵌入技术感，情境互动实现存在感，心灵互动带来幸福感。这些交互式体验促进了交互性意义的融合，强调了交互性体验对地域文化和创意设计的重要性。

第二节　智媒时代下数字地域性文创设计

一、智媒时代

在智能媒体时代轰然降临的契机下，移动互联网、逻辑运算、人工智能、信息检索等技术得到了长足发展。智能技术与时俱进地得到充分应用，多种技术协同发展将成为强强联合的潮流。智能媒体的变迁在不同程度上微妙左右着大众的生活习惯和情绪诉求，智能媒体在大众日常生活中扮演的戏份越来越足。科学知识、技术、数据和信息在知识媒体时代中散布的路径是雄厚的、虚拟的、无限的、多变的，在如此外在环境下信息领域在科技的加持下获得了迅猛发展。日常生活开始逐渐被知识媒体占据更多空间，全人类正飞速进入知识媒体时代。数字技术的发展势不可挡，智能媒体时代的降临也让大众的思维与行为形态随之变迁。

（一）智媒时代的概念

随着计算机领域运算学、信息学、密码学和图形学等理论的深化实践，人类已经迈进到智能媒体时代。人工智能与传统媒体和新技术的融合带来了新的业态。媒体呈现出以虚拟化为主要表现形式的泛智能化趋势，对各行各业都带去了不可忽视的新动能。党的十九大报告显示，随着人工智能、物联网、移动通信等技术的推广和智能信息媒体的发展壮大，中国正式迈入智能媒体时代的大门。大众在智能媒体时代中的诉求已经由满足生存需要的物质需求向满足自我实现的精神需求渐进蜕变。这种改变反映在购物支出上，就是人们的兴趣开始分化，逐渐产生出更多特性化、差异化的需求，伴随居民消费能力的水涨船高，这种现象正在全国范围内不断深化。

目前，国内外还没有对"知识媒体时代"进行明确的界定与释义，这客观上促进了一些学者纷纷主动表明立场。彭兰于2016年媒体高峰论坛上指出，在知识媒体时代"我们面临的未来将是一个万物皆媒、人机共生的时代。人工智能将以某种方式自我觉醒、自动进化。我们可以将智能媒体视为人工智能和媒体的结合。这两者的有机结合是不可避免的，因为人工智能技术必须在特定领域去落地推广，必须有基础的应用场景。近年来，通信领域发生了巨大变化，但这一变化也对全流程、全信息化提出了要求"。然而，智能媒体时代不仅适用于媒体行业，对各个行业也有不同的影响。如果"媒"专指"媒体"，难免失之狭窄。他强调智能媒体中媒体的系统化，认为"智能媒体"以"科技"为中心。技术不仅是一个单纯的人造物，而且是一个复杂且完整的技术知识、基本原理、工具和产品系统，它突破了自身的局限性。他的观点表明某种特定样态的媒体不足以对智能媒体的理念一概而论，在媒体科技不断创新扩展外延的情况下，要清醒意识到智能媒体的定义仍处于动态发展的阶段。

目前，智能媒体的显著区别于传统媒体的独特之处是其在可用性和可进化性上的无限可能性。智能媒体在可访问性方面的优势突出存在于人与计算机的协作和泛媒体化的便捷性，即媒体具有全部媒体范畴内促进社会体系与个人体系协同发展的能力，而智能媒体的自我革新则体现在仿真人脑所获得的深度学习能力上。然而目前的深度学习方兴未艾，没有人可预知它的未来发展程度。

（二）智媒时代的特点

1. 万物皆媒

伊尼斯（Harold Adams Innis）在《传播的偏向》一书中指出，分布于时域和地域上的罅隙是媒体必须战胜的挑战。媒体受制于本身的特定传播样式，在信息传播过程中会或多或少地偏折在时域和地域维度上，这种偏折倾向在新兴媒体更加明显，并对传统媒体产生了鲜明对比。在某些情境和条件下，此类偏折将更加剧烈，由此能够断定媒体能够在时空中衍生出带有指向性的信息流。以上观点契合了"万物皆媒"的理念，也应和了麦克卢汉（Marshall McLuhan）的立场。他于1964年在《理解媒介》一书中率先发表了一个未经审慎论证的论点，即媒体的实质是与社会大众产生径直联系并由人工创造的实体。基于以上观点，彭兰教授进一步发表了近似的观点，她指出基于"万物皆媒"的论断，随着以人工智能为代表的计算机科学飞速发展，媒体生态在大众控制下将朝着智能化媒体发生不可逆的跃进。

2. 人机协同

"媒介即人的延伸"是麦克卢汉提出的经典概念。结合当前各式各样的模拟手段已介入大众视、听、嗅、味、触等感官的现实，在令人眼花缭乱的延伸与集成处理下，广域互联网络已发展为可以向大众供应体系化技术服务的平台。在人与技术互相成就的现实中，赛博格（机械化有机体）早已超脱于科幻小说体系中的一个分支类型。站在现实角度审视，当代大众与小说中所描述的赛博格在实质上已经十分接近。人机协作的合作关系不仅关系到人本身，而且关系到社会运行的方方面面。例如，目前新闻从业者基于智能媒体的实践，包括数据采选、前期加工、后期处理与信息散布，都不同程度依赖于智能媒体的协助。记者可以从基础工作向深度加工转变，增强机械生产的人格化和形象化。大众已经达成了人与物可以互学互鉴的共识，人工智能与人类思维深度绑定的人机同体样态已经不存在技术和思想上的障碍，并将共同创造一种新的媒体形式。

3. 自我进化

所有人类带有自我意识的行动都可以归因于在外界条件刺激下神经元细胞所做出的信息整理、处置和回应行为。基于大脑神经对外部信息输入的动作机制，人类在计算机科学领域建立了人工智能的神经特质和神经网络架构。再用仿真算法的逻辑，将接收到的实际信息流换算为实数矢量集合或矩阵，理性判断逻辑思维，最终创立了深度神经网络模型与算法。上述模型与算法能够辅助模拟类人的感官（眼睛、耳朵、皮肤、口、鼻）、情绪（心理）和逻辑（大脑），对智能媒体大有裨益。近年来，基于深度学习和自我进化的人工智能在语音识别、机器翻译、围棋和视频游戏等方面取得了长足进步。高度仿真人类智能的实体形态在智能媒体的积极实践中得以建构，能够自我优化的媒体类产品也应运而生并规模化应用，人类完成自我实现的能力得以充分加强。

基于以上事实，计算机已经具备自我思维的能力。这也得益于近年来以大数据为代表的信息检索技术进入民用领域，解决了长期困扰深度学习技术发展的信息卡口。目前以超算为代表的大型计算机已经拥有强大的运算性能，以手机为代表面向用户的智能终端的规模化实践为深度学习供给了丰裕的训练样本，人工智能的实际效用提升也顺理成章地步入了快车道。阿尔法围棋（AlphaGo）于 2016—2017 年间先后击败了围棋世界冠军李世石和柯洁，这成为人工智能发展史上里程碑。与 1997 年深蓝国际象棋（DeepBlue）与国际象棋世界冠军卡斯帕罗夫的失败对弈形成了鲜明对比，围棋较国际象棋运动本身更加多样化和复杂化，但 AlphaGo 却成功克服比当年 DeepBlue 更为艰巨的挑战，这反映出人工智能技术的进步已经在某些领域实现了超越人类的学习能力。当然我们也要承认，在更具启发性或感性的思维层面，人工智能仍然无法媲美人的大脑。但随着深度神经网络算法的优化和海量训练样本的稳定输入，智能媒体必将拥有更加接近人类的思维能力。

（三）智媒时代的传媒变革

大数据和人工智能的崛起对整个信息通信行业的生态产生了巨大影响，推动了信息传播关口从传统媒体向社交平台的转移。智能媒体时代的到来，将为智能媒体开辟新的模式和生态。

1. 智媒时代新闻生产的智能化

原本专业新闻的制作是在编辑室进行的，新闻的收集、编辑和发行都是单向的线性过程。然而，这项技术的应用使新闻的制作过程得到了改进，新闻制作智能化的特点愈加明显。传统的新闻制作需要记者进行现场采访和拍摄，并将文字和摄影资料带到编辑室进行编辑。新媒体时代产生的许多信息很难手动处理，智能化新闻的获取更多地依赖于大数据技术、传感器技术和算法技术等，丰富了信息获取的手段，扩展了材料的范围，激活了取材的生动性。传感器新闻的出现是信息收集方式的重大变化，在多个"线程"上引入各种新的智能内容将提高生产率。在信息收集能力方面，实现了从"人"到"物"的多层次渗透，在信息处理能力方面，建立了"全媒体渗透+挖掘能力提升+新文本模式"的新模式，提高了信息集成能力、审计判断能力和协调分配能力。自动化信息生产方式使社会信息总量呈指数级增长。信息机器人的出现简化了信息的生成过程，实现了用机器代替人力资源，节约了大量的人力和物力资源。机器人写作可以大大加快新闻制作的速率和总量。在 2016 年里约奥运会上，《今日头条》Xiaomingbot 可在大约 2 秒内完成了一份手稿。新闻传播界普遍认为，未来自动化新闻的比重将不断上升，因此越来越多的传统媒体业开始实行自动化新闻的尝试。新华"快笔小信"、腾讯金融"DreamWriter"、第一财经"DT 稿王"、智搜的"Giiso 写作机器人"都已经成为目前自动化写作领域的先进代表。

目前机器人写作普遍遵循"人工智能"和"自动数据填充"的模式，缺乏新闻敏感性、情感表达、深度分析和选题能力。但是机器人写作的强大数据处理能力和手稿制作能力给媒体领域带来了巨大变化。在新闻内容传播过程中，传统媒体只在媒体上发布新闻，没有考虑受众的偏好。今天我们已经看到传播和接收主体的地位发生了巨大变化。今日头条新闻依靠其强大的算法能力，为用户准确推送信息，制作"你关心的，才是头条"等标语，准确记录用户的阅读习惯和新闻关注，实现千变万化的内容分发。新华社的聊天机器人和苹果的 SiRi，允许用户通过发送指令以获取有趣的新闻，使得用户可以获得个性化的内容服务。

2. 智媒时代传媒生态的变革

纵观传媒史，每一次重大的技术突破都能推动传媒业的蓬勃发展。无论是印刷术的发明，还是无线广播和有线电视的应用，媒体产业都发生了巨大的变化。

腾讯集团高级执行副总裁刘胜义表示"智能将重塑人与媒体、人与信息之间的关系，带来新的组织形式、生产方式和产品形式，颠覆和重建媒体生态"。互联网的未来必将是以人工智能为中心的产业转型。无论是国内以"BAT"三巨头为代表的互联网巨头，还是苹果、谷歌、微软、脸书等企业，都将人工智能作为重点发展领域，开发相应的服务与产品，在市场上占据先发地位。百度的"百度大脑"、腾讯的"DreamWriter"、苹果的 SiRi、微软的 Adam 等大公司的先行产品已开始根据自身特点开发新的商业形态，与之相比传统的报纸、广播电视和其他媒体行业发展相对缓慢。在新技术的推动下，知识媒体领域迅速发展。智能媒体的发展导致了传统产业结构的变化。从 2013 年传统媒体、互联网和移动互联网的"三驾马车"到 2017 年的"一超多极"局面，移动互联网的市场份额接近一半，传统媒体的整体规模则削减至只有五分之一，其中报纸和书籍等印刷媒体的市场份额不足6%。传统媒体的内容制作和传播模式亟待改革，传统媒体特别是央视、新华社和人民日报，已经开始智能化改革。央视持续推进"5G+4K+AI"节目制作播出改革，2018年11月7日，新华社与搜狗在第五届世界互联网大会上合作发布"AI合成主播"，实现了新闻领域音视频的实时合成和人工智能真实图像的创新。人民日报新媒体中心与百度、科大讯飞、快手、荣智联、凡闻科技等公司合作开发了"人民日报创作大脑"，具有智能写作、智能媒体引擎、语音转录、数据立方体和视频搜索五大功能，这大大提高了创作者内容的制作和分发效率。

人工智能基于算法推荐和大数据的精确推动已经有了大量商业实践，推动了商业模式的转型和升级。在深入探索的基础上使定向广告成为可能，通过个性化传播大大提高了广告效果。人工智能推动了PGC新闻的智能化生产，通过新闻制作和受众细分的自动化，智能媒体可以同时考虑用户的"头"和"尾"，通过数据分析捕捉用户的消费行为，准确描述用户的肖像，为消费者提供有针对性的更多产品推荐。

3. 智媒时代设计者的多元化发展

人工智能进入了传媒产业领域，不仅对文创产业产生了重大影响，对于文创设计从业者也是一次重大考验。人工智能不仅带来了信息生产流程的创新、产品形态的衍生和商业模式的升级，还将媒体产业与互联网和人工智能技术深度融合，形成了协同创新发展的新商业模式，重塑了媒体外部环境和组织结构，转变媒体专业人员的职业发展模式。从深层次看，媒体从业者的转型就是媒体从业者角色的转型。在传统媒体时代，信息传播过程中的"守门人"角色通常由个人或组织承担，随着人工智能技术的发展，信息传播过程中的"守门人"成为"AI智能系统"，这对媒体从业者的职业合法性提出了巨大挑战。

"全能型"设计者的目标诞生于全媒体时代，表明能够适应复合智能文创工作要求的专业人员被广泛需要，并具备计划、信息采集、设计、多媒体运营以及出镜等方面的技能。从技术上讲，智能文创设计的制作和传播越来越专业化，只有非凡的知识和远见不足以支持设计者取得卓越成就，只有先进的技术支持才能为良好传播提供有价值的内容。随着虚拟现实和增强现实技术的进一步发展，抖音、快手等新媒体一跃而起，促使媒体从业者不断完善自身业务技能。

在智能媒体时代，人工智能在一定程度上减轻了设计者的信息收集、筛选、制作和发布负担，但也对文创数据价值和数据内容的真实性提出了更高的要求。虽然智能机器可以极大地提高生产效率，但在内容上仍缺乏逻辑和深度，也缺乏必要的创造性思维和人文情趣。文创设计应检查遗漏和填补空白，增加内容的厚度、宽度和深度，并采用传统信息收集方法补充大数据无法收集的信息。在媒体内容的制作过程中，机器可以承担很大部分机械重复的工作，设计从业者需要提供更多的灵感和创造力，收集和分析大量数据，但设计从业者必须根据这些数据做出宏观决策。在智能媒体时代，设计从业者要想真正成为人工智能时代的强人，就需要更多创造性的心理工作。

二、智媒时代下文创发展的环境

我国于 2017 年发布了《新一代人工智能发展规划》，其中明确"应引导公众舆论，更好地处置人工智能发展可能带来的社会、道德和法制等问题"。从国家战略的角度出发，以人工智能为依托的新媒体环境具有潜在的信息传播风险，要审慎评估智能媒体的典型特质，尽量规避其在信息传播层面的消极影响，通过反客为主式预防构建坚强保障，做好新时期社会主义核心价值观的凝聚与升华。

（一）巩固实际根基：铸成智能媒体的关键意义

价值观植根于社会实践，共同利益是达成价值共识的现实基础，因此保全全社会的共同利益是价值共识的基本条件，附和了"人们为之奋斗的全部都与自身利益关联"这一由马克思提出的论断。目前智能传播机制的潜在风险已造成大众对达成社会共同价值认知的隐性关注，这是因为媒体的智慧化程度、主题上的仿真化程度和大众价值观的疏离程度三者呈现明显的正相关关系。要切实发挥社会活动的实体作用，规范智能媒体信息传播管控，正确引导大众辨识基于虚拟阐述的当下社会困境，合理探索公共利益诉求的最大公约数，构建引领性的思想导向，自觉为社会共同利益传递积极的社会价值观。

首先，在历史的任何一个阶段，民生问题都是可触及大众心神的严重关切，民生问题的肆意蔓延将严重动摇社会主义核心价值观扎根的现实条件，因此持续满足人民日益增长的美好生活需要始终是我们的初心与使命。目前我国深化改革的各种行动正处于爬坡过坎的关键时期，各种矛盾和社会问题的富集，使得一些人利用这个机会翻云覆雨，不当地占用大众舆论。妥善处置引起社会广泛反响的民生热点关切，最大程度发挥社会主义核心价值观的指导作用和公信力，是规避上述风险的良方。

其次，要落实共同富裕这一社会主义本质要求，必须确保社会变革和增量进步的效益覆盖到所有人。国家意识形态细化为社会价值规范的环节实质是社会共同价值的聚集，要夯实价值共识的实践基础，要顺畅公平与效率的关系，建立完善利益协调保障机制，切实遵照共同发展原则，有力维护社会和谐稳定。

（二）优化媒体环境：明确智能传播的合规体系

智能媒体要最大程度起到在传播积极价值中的主导作用，推动营造清朗有序的媒体环境，确立智能媒体运营的秩序与规制。

首先，要全速推行法律法规对人工智能的管制，督促智能媒体合法运行。从智能算法的运行逻辑来看，通过创建个人数据文件，传统社会的个人空间对国家和机构来说是透明的，大众有如置身于一个没有隐私的"楚门的世界"，并在信息流中进行监控和培训。目前，社会上出现了利用智能媒体从事不正当或不道德行为牟利的情况。例如一些数据平台利用算法蓄意揣测受众的可能要求，并恶意诱导受众消费的"大数据杀熟"行为。为填充追求媒体利益与维护公民权利之间的裂痕，智能媒体的行为框架亟待整肃，涉及约束人工智能的法规已有众望所归之势，技术与资本的恶意、过度干预日常生活的行为有望得到遏制。因此要培育智能媒体运行的良性土壤，寻找不足和提升方向，为实现社会共同价值营销风清气正的媒体生态。

其次，要确立基本规范管制选用智能媒体传播的行为。智能媒体发布的信息夹杂了话音、文案、图画、颜色、影像等标识，其通信技术具有情境复现、定向推送、交互通信和时空交汇等特点。建立主题与数据配送的环节中，既有的法律无法对智能媒体的信息全流程开展规范和强制执行，道德作为隐性规则的评价标准，可以帮助法律来改进和健全对实体的监督机制。要将社会主义核心价值观的内容实质和理论整合到智能媒体领域，树立适宜的技术规约、行业标准和自律准则，最终培育智能媒体领域的公序良俗，形成对传播主体的柔性整体环境，加强对智能媒体信息流转的规管和指导。

最后，要加强不当舆论的动态预防与辨识。

人工智能应当在通讯、数据处理、精准辨识等方面同步动作，形成准确预判网络舆情的酝酿、爆发和详尽走向的共同合力。在大规模网络舆情早期侦测方面，官方媒体要担当起公布权威信息的指定出口，智能媒体要简约、迅捷、准确、持续传播回应和辟谣讯息。此外，我们要从根本上限制不良信息的流出和扩散，利用信息检索和数据追踪，依法合规堵截各类涉嫌违规账号与平台及其不当言论，为价值共识的一致性塑造良好的网络氛围。

（三）树立主题标杆：弘扬智媒传播的主流价值

社会主义核心价值观是中华民族现代特质的集大成者，它的客观存在不移媒体环境的变换为转移。社会主义核心价值观对智能媒体的赋权是要在变化中求不变，用不变来应对改变，同时也是意识形态本身演化的一种底层含义与秩序。

一是在宣传多种社会思潮时，要牢固树立社会主义核心价值观的统领地位，让多样化的社会思想有内核支撑。大众在传统媒体价值观教育环节中通常只是熟识主体和正向价值观，而这一做法是以多数受众思维能力不强、心理不稳固为前提。现实社会存在的一系列利益对抗和大众心理存在的价值迷茫尚不能通过人为构建的理想价值体系去诠释，显示了此类人为构建价值体系在坚固性和稳定性上的缺憾。利用社会主义意识形态对多元社会思想进行调节与引导，必须借助于以社会主义为核心价值的智能媒体。现代媒体的多元文化主义的产生和发展，离不开社会主义意识形态的本质，迫切需要以掷地有声的音量凝聚社会主义价值共识。

二是在社会主义主流思想引导下，合理开放讨论知识媒体舆论。数字空间下信息发布基本秩序要求公共部门进行妥善规劝开导，需要通过提高富含社会主导价值观公共信息的可用性以兼顾个性化信息。在信息公开的流程中，我们可以构建一个合理的智能媒体舆情讨论空间。建立合理的讨论空间，使受众能够在事实的基础上进行公开和包容的辩证分析，推动多种社会价值观的积极互动，从各类观点、视野和价值交织形成的迷雾中抽身，建立受众间互敬互让的基本理解，让共同价值的认知孕育于沟通交流之中。

为了增强受众围绕主题创作的能力，受众在数字互联网时代被抬升到一个前所未有的高度，网络传播权威性被以去中心化为特征的传播变革所消弭，主题创作已非新闻从业者独享，特别是在抖音、快手等智能应用日益风靡的当代，社会化传播模式的主导思维已经悄然扭转为一切为了受众、从受众中来、到受众中去的"受众路线"，该路线下主题创作的投入与产出均归属于受众。

因此，在文创发展的媒介中，为形成多元智能终端的消费习惯，还需协助一些有关主题创作和传播专业素质和技能方面的讲座和实操，使智媒受众在刻画客观现实和信息创作方面多一份从容，在选择文创产品和浏览阅读中理性的把握对文创产品的认识，不被其他的不良信息所影响，诚然，网络的信息量复杂多变，文创服务和消费在这样的环境中发展是机遇同样也是挑战，每一个文创使用用户都具备甄别素养也并不现实，需要在整体的国民素养中不断提升，相信随着不断的推广和普及，文创用户会逐渐提升审美素养，通过对文创良品的选择自然地进行优质文创产品的再生产。

第三节 文创设计中的地域性

地域性是文创设计中非常突出的特征形式，代表了一个区域内比较显著的文化性、风俗性、审美性和宗教信仰等诸多方面，兼具了特定地域的整体环境和人文风貌。文创设计中对于区域性的把握要素就是地域中显著的文化特征。

一、地域性的含义

《不列颠简明百科全书》中记载了关于"地域"的释义，地域的含义被诠释为："参照一定的准则，应用该准则及其向心力能够显著与邻接及更远地域加以区分。"该书也指出地域的特征可以采用很多形式进行定义。一般来说，在社会科学角度中较为突出的特征表现为文化价值、语言文字、民族信仰、地理风貌、气候特征、城市区域特征和当地比较普遍的民风民俗等方面。区域本身就是由于具有不同特征而进行的区分和划分，所以每个地域都有它比较突出的文化魅力，这也是文创设计最需要的承载点。根据区域中社会角度的实际特征，我们将区域的文化构建和文化特征进行具有地域或区域的视觉归纳和提取，例如将区域内历史古籍中的人物进行塑造，将气候环境进行视觉表达，将特色的建筑景观进行视觉传达，在整个区域环境中重视社会人文角度和自然科学角度的双重归纳。

地域性特征在文创设计中表现主要从其地方的特征中凝练，一部分是对地域中物质生活的提取，另一部分是对精神价值的显现。文创中地域特征性的把握需要结合地域文化的方方面面，尤为重要的是要结合当地的旅游文化和消费文化。旅游文化是文创设计发展的重要窗口，也是数字文创发展中比较关键的输出通道，是地域文化卖点最直白也是最直接的经济增长点。地域性文创的集合点还表现在对整体区域文化的提取和把握。总之，地域文化是一个区域范围内类似元素的总和，在文创设计中非常关键。

二、地域性的特点

区域独特点主要表现为区域的独特性和不可替代性。独特性主要表现为由不同的区域元素导致的差异化维度，如历史逸闻、民俗风情、膳食构成、方言俚语、宗教信仰和建筑景观等，这些差异会影响到地域人们的一系列审美和习惯，也是区域特色的魅力点，根据这些特色文化之间的差异，使得人们在区域环境中达到一种独特的文化价值感。在文创设计中，这部分文化价值关系到文创设计的成败。

地域性的不可复制性主要体现在：各地区特色文化受到本区域内人类社会及其文化现场的不断演化所引导，逐渐朝着特定的方向发生不可扭转的塑形变化。每个人都承认历史具有不可复制性，地域文化亦如是，它由某些缺一不可的历史因素孕育而成，因此其呈现出橘生北则为枳的偏移。地域性中的不可复制性表现为：各个地域的人文历史以及其持续的发展过程中都会对每个地域的文化特色产生不可逆的作用。我们都熟知，历史有着不可以复制的特点，同样的，地域文化在一定的历史因素下被催生，因此地域文化也天然带有不可复制性。

不可复制性的另一种表现是不可模拟性，例如我们在一个区域环境中对文化和环境的感受，这种感受叠加了众多区域因素的影响，不是在任意一个区域中能够全面感受到的，即使数字文创能够虚拟地创造出文化环境带来的真实感，但是数字文创的虚拟文化空间仍然需要完善，这应该是一个比较漫长的过程，需要不断地进行综合因素的把握。

第四节　文创设计中的交互体验

数字文创设计中最重要的体现是交互体验。所谓交互体验，是一种有机的互动关系，通常表现为人与机器之间的交互关系。这种关系可分为两个层次，第一层是交互层次，是一种比较简单的人与机器之间的有机互动；第二层是体验，主要强调人与机器互动后产生的心理波动。我们可以简单地将交互体验的划分界定为表层的各种感官体验和内里的情感体验。随着时代和科技的发展，交互的形式和载体也在日益更新，为了更好地达到文创产品交互体验，设计者需要对传统的载体和媒介进行深入地揣摩，除此之外还要对较为前沿的交互载体有敏锐的洞察能力，实时捕捉新的文创设计灵感。内容还包括文创设计信息交互的表现方式，一件比较成功的数字文创设计产品应该具有一个全方面、多元化的体验感受，不仅具备外在的感官体验，还具有内在的情感交融，还应具备时代认可度，才能在文创产品的使用过程中真正感受到数字文创的交互体验。真正的交互魅力的最高层次是一种人机之间的"情感"体验，是一种极高的心理层次需求，所以在以下的内容中也阐述了数字文创中高情感需求的体验内容。

一、感官交互体验——增强参与感

随着生活水平的提升，越来越多的产品开始重视人与物之间的有机结合，重视交互情感化的用户体验，这要求设计者从多个方向进行相应的考量和设计，不仅仅要满足产品的基本实用功能、审美体验和价格优势，还应该把设计的方向向交互式迈进，注重设计产品的整体交互感受。许多的产品都在不断升级优化，从单一的属性向多元交互过渡，文创产品更是如此，目前已经有许多的专业团队和专家学者进行了关于交互设计的研发和创新思路的拓展，对基于人类感官体验设计思维也有了一定的见解。感官交互体验在设计中，特别是数字文创设计中的位置越来越重要。

钱钟书对于多感官的理解表现为一种人类感官之间的互动交流，例如在感受事物或环境中我们可以通过听觉、触觉、视觉、味觉、嗅觉等人们知觉器官去感受物体或环境带给人们的不同感受，由于是多种通道之间的相互影响，这种感受非常真实，通常可以通过五官对事物进行全方位的感受。由于五官之间的相互影响、互不分离，我们对于事物的感受是相通相连且不分界限的。例如，看到红色，感受到的不仅仅是颜色本身，还能感觉到红色的温暖，内心的澎湃热情，甚至是中国的团结这种通过红色带来的更深刻的感受；听到低沉的声音，内心产生了安逸、厚重的感受，甚至能够联系到记忆深处的低落感；闻到饭菜的味道，刺激大脑产生饥饿感和心中家乡美食的回忆，又或者是闻到徐徐微风带来的花香、青草的芬芳，会把人们带到心中向往的空间场景中去；可见这些多种感官之间的交互作用都是相互作用、相互影响，进而产生一种"通感"性。

目前数字文创的设计要点是首要考虑用户的体验需求，以人为本地进行文创设计的生产和创新，使得文创设计在多感官的状态下呈现在用户面前。因此设计者进行文创设计时需要考虑到文创设计的各种因素，除了不可替代的使用因素、审美因素等传统因素外还需要融入各种科技手段、智能媒介、交叉学科融合以及感官系统体验和心理态度体验等，这就促使了数字文创在发展中对交互性体验的要求日益提高。

日本平面设计权威原研哉在《设计中的设计》中曾提到，信息在人脑中的重组流程发端于借助感官获取的外部世界信息，关键在于通过外部世界信息激活深埋于脑海中的既有素材。数字文创设计中用户交互体验方式就是通过对人们各种感官的触发全面地还原一种真实性的体验，通过这样的模拟方式来唤醒人们对于数字文创的良性体验。

　　数字文创中交互设计的完成不是设计领域能够独立完成的工作，而是需要交叉学科和多个领域协同完成的设计。所以数字文创的发展需要一定的时间，也具有一定的难度，这其中所涉及的角度包括：认知心理学角度、大脑的神经处理系统、感知系统、认知系统等人体的各种机能组织。通过对数字文创中接收的各种信息，运用大脑进行感知信息的分析处理，再加之感受器官的叠加理解，将所获得的内部感觉和外部感受全部整合在一起形成统一的感受。通过如上所述的叠加方式来调动数字文创的真实感受，使得体验用户构建起与数字文创的相互联系和多元的信息获得通道。这种叠加的方式对于传统文创而言是很难达到的，只有通过数字文创的创新形式才能达到较为良好的效果，从而延展文创设计传播信息的加深度，使得文创设计真正发挥设计者最初的理想效果。

　　（一）视觉感受

　　视觉在人们获取外界信息中占有重要的作用，人们所获得大部分信息都通过视觉来完成，所以视觉感受在文创设计中是需要考虑的首要因素，无论在传统文创设计中还是数字文创设计中都有举足轻重的位置。对于数字文创来说，视觉的感受方式和通道更加多样，如何将数字文创载体与设计元素进行视觉良性处理是在文创设计中需要处理的视觉感受要点。在当下众多的数字文创体验中，智能载体在不断地更新换代，设计表现也随之变化。数字文创中，比较常见的是通过智能终端呈现出数字文创产品的体验和购买。例如在数字文创中有一款通过游戏的方式对知识进行阅读和获取，比较普通的视觉阅读是通过文字进行传达，而通过游戏的方式可以激发用户的求胜欲望，同时配合多种画面之间的切换以及不同的色调变化达到了融学于趣的目的，并能够加深对于知识的有益识记，这些都是通过视觉加持获得的信息高效传达。

　　（二）听觉感知

　　语言是仅次于视觉获取信息量的另一信息来源。传统的文创设计中设计者对于语言的把握相对较少，但是语言听觉系统作为人与机器、人与人之间沟通的重要方式，听觉感知是非常重要的。数字文创中语音之间的交互主要体现在人与机器之间的互动，而且这种人机之间的智能语言沟通目前比较常见和普及，例如在各个行业中涌现出来的语音沟通产品，包括智能音响、智能语言家电、车载语音助手、公共空间中的智能语言互动以及儿童智能语音玩具等，几乎覆盖了生活和工作的各种场景，满足了人们对于听觉感受的需求。

在文创设计产品中，声音的传达更是不可替代的方面，它能够烘托出不同的氛围感。不同的声音刺激给人们带来不同的感受，例如在文创虚拟场馆中通常利用各种声音来达到不同的效果，当出现警示音、提示音时传达给人们感受是紧张的，当轻松、悠扬的声音出现时能够明显地感觉到人们身体上的方松，就像在电影院中观看电影，不同的故事情景通过不同的音效把人们带入主题。当然这种听觉的感受除了感染力的作用，还能够起到有效反馈的作用，在数字文创产品交互使用过程中，通过语音给予的各项反馈能够提示当下操作的正确与否，或是满足人们个性化的精神需求。例如言仓的《万物声》语音笔记的策划灵感来源于黑格尔的名言"声音是意念的回响"，该语音笔记的内页下边缘不起眼地印着内含的语音代码和文本，足足可以奏鸣出几百种之多的不同声音，该产品的妙处不单单是点映，更是可以在笔记记录中置入语音的链接，在写作中体验作曲的乐趣，在家中即可听到雨滴声、风啸声、潮起声和夜市声，是一场声音的聚会，也是一次对灵魂的荡涤。

（三）触觉感知

人们最初的感觉来自触感，在其他感官还未达到成熟状态之前，都是通过触摸来感受世界，所以触觉的激发也是文创设计中需要不断突破的要素。通过触觉来体会物体带来的不同质感认知，最常见的就是通过传感感受冷与暖、坚硬与柔软还有不同肌理感的体验。这种触感的激发最终会转化为内心的体验，虽然我们对于触感激发的内心感受存在不同的联想，就像"一千个人就是一千个哈姆利特"的感受，但是不可否认的是，无论什么样的感受，触感所带来的交互关系都是其他感知所无法替代的。无论是在传统文创设计中还是在数字文创设计中，引入触感体验，无疑会让受众拉近与文创产品之间的距离，进而建立优质的交互体验。例如《解药日历》中巧妙运用手轮组对日历的开启方式完成了一次重新定义，为机械操作附加了新奇的感受，手摇这个动作迎合了部分受众缓解内心焦躁的功能要求。

（四）嗅觉感知和味觉感知

马丁·林斯特龙（Martin Linstrom）在研究中曾记述：气味是人类75%情绪波动的诱因。此外，50%的人可以让一张照片在脑海中清晰保留记忆长达三个月，但65%的人能在同样时长内维持对气味的记忆。这说明可以对情感施加具有强化记忆作用的刺激，例如对于亲近的人经常使用的香水味道，再次闻到气味时就会触发人的情绪和情感，丰富了在体验过程中的记忆和感受力。

通过人类感官之间的互通性，可以触发一种感官或触发少部分感官来带动其他感官之间的相互配合和相互反应，所以有一些感觉带来的感受可以形容为还未尝到就感觉到美味，通过气味就感觉到甘甜。所以在文创设计中味觉也是值得考虑在内的因素，在文创设计中调动味觉的感知，会联动触发视觉、嗅觉、触觉等多元的感受，在通过各种联动触发内心的感触，达到对文创设计的兴趣或是购买欲望。

意大利资深设计专家阿尔贝托·阿莱西（Alberto Alessi）曾说"真正的设计要具有直击人内心的能力，它要抒发情绪、呼唤回忆并带来雀跃。完美的设计是一行感恩生活的赞美诗，它会令人沉浸于一种深邃的冥想状态。"。好的数字文创设计会不断激发五感的带入感，同时给人一种似曾相识的疏离感，调动起人的好奇心理。借由视觉、听觉、触觉、味觉和嗅觉的协调参与下，形成了对原始认识的新认识，激发了对事物的反思和精神的繁荣。

二、情感交互体验——激发认同感

（一）情感需求

在心理学中，情感是一种内化于心的态度，对于客观事物的反应趋于稳定性状态，所以文创产品中情感性的注入也非常重要。情感可以影响到人们对于文创产品的认识、理解和兴趣，在数字文创产品的交互设计中，设计者需要通过突出设计元素或情感符号表达数字文创设计中的情感诉求，在建立起情感桥梁的基础上，再对数字文创中需要呈现的内容进行传达，这样不但可以激发起用户对于数字文创内容的兴趣，还可以在使用体验的过程中触发感官。与数字文创产品之间一旦建立好这种相互"依赖"的稳定情感关系，数字文创与用户之间的互动体验也就更为流畅，通过用户与文创间顺畅的双向互动与体验，使得数字文创产品的情感功能与数字文创相互影响、共同促进。

设计匹配受众诉求需求的真正数字文创产品就必须要满足用户的情感交互体验，让人们在使用的过程中感受到数字文创带来的愉悦、便捷、舒适和价值满足。具有创新意识，利用好技术支持，在设计中不断突破技术壁垒，能够在数字文创的发展中不断的更新换代，达成数字文创与人们生活中的互动，更好地契合用户的使用习惯、注入情感互动、发现需求点、融入地域文化特征，才能将数字文创设计的发展推向更高的层次，这也是当下数字文创发展必须选择的道路。

（二）人性化设计

随着时代的发展和科学技术的进步，重视精神享受的群体数量日渐增长。

策划交互的导向朝着人本主义大踏步迈进，内心体会、情感阅历和情绪沟通成为新的侧重点，以满足人们的需求是设计的本质和目的。内部沟通让用户在产品中产生黏性，这是用户自我实现的体现。

人性化设计的实质就是以人为本，其中包含情绪沟通与正向交互。在众多设计案例当中，不乏一些人性化设计，比如百度地图上智能推荐适合自己的出行线路、定制导航语音偏好、公交行驶坐标实时跟踪、提示周边网红餐饮。在全民抗疫背景下的疫情地图出炉，让大家时刻了解周边疫情走势。抖音、快手这些短视频软件也成了个性化推荐的范本，让受众萌生了强烈的产品忠诚度。受众的特定心理需要可以引发其对商品的特殊信任，独特性对目标群体具有强烈的吸引力。每个人的喜好取向都有独一无二的一面，这样就会使每一个个体对于产品的要求也各不相同。文化创意产品的设计目标必须满足受众的差异化要求，尽量符合的倾向。由于每一个人的思维都是单独运转的，所以对同一种产品的认识也不尽相同。这一区别既表现为现代人追求独特的主观需要，又刺激文化创意产品竞争。

人性化文化创造是一种活动策划产品，它与大部分人的思维观点相吻合。产品与创意的巧妙组合应以不产生不适效果为底线。文创产品的设计要兼顾外形装饰、颜色、材质、美学、交互性、便利性、适用性和环境友好性等人性化要素。通过科技手段在文化创意产品中融入文化内涵，让文化创意产品更加引人关注，让更多的受众了解非物质文化，阐发出保护与传承传统文化的兴致与情怀。

文化和创意产品不仅是商品，还要求具备足以影响文化发展的额外属性，产品主要满足受众的心理诉求。文化体验是由实体商品与劳动服务共同构成，对消费者具有相当程度的影响力。文创设计最终将无限趋紧于以人为本的产品策划，互动体验使文化创意产品展示方式更加丰富，文化意象在顾客心目中得以生成，产品附加值得到提升，创新性得到强化，传统文化由此焕发生机。

（三）地域情感

蕴含于每个地区中的文化和情感都是独一无二的。文化和创意产品的策划不是简单地符合产品的性能条件，还要满足包括审美和识记等特殊需求。体现文化价值是文化创意产业的基本功用，文化和创意产业必须可鼓励、带动用户提高其精神素质、知识和文化，以满足客户的文化和情感需求。

1. 激发文化意识

文化创意产品的设计在当今的文化语境中得到了极大的支持，使人们感受到文化的魅力，品味到文化效果的积极作用，给受众留下难以磨灭的记忆，提高受众对习俗、惯例的认识和探索的兴致。受众对文创产品的功能评价从实用性转向情绪性，全新的评判体系得以塑造。

2. 继承和发展文化传统

博大精深的中华文化是我们国家的精神血脉。文化的传承和发展需要采用一套发自内心、潜移默化的方法。近几年文化创意产品已成为热门话题，同时伴随着互联网领域技术的发展，多种文化借着这股东风进行了大规模流传。文创产品因其鲜明的地理特征而拥有较强的独占特色，在文化交流传播中扮演了积极角色，也为新兴业态创造了新的经营模式和经济收益。不同的文创产品将差异化的地域文化体验带给受众，让他们领略某个区域的民俗、民风和民情，在一定程度上将传统文化进行传承和发扬。

3. 培养艺术情趣

除了自身的实用功能，文化创意产品还有其不可等闲视之的鉴赏意义。文化创意产品能够锻炼受众的移情能力，积极开拓审美视野。在快速变化的时代，文化创意产品能够与时俱进，不断演化出引人瞩目的新产品，满足消费者对传统艺术文化的审美需要，持续巩固和提高消费者的审美能力。

4. 扩大文化的影响力

利用综合资源信息平台，不断塑造适宜的人文气氛与环境，文化创意产品可以有效提高人们对文化的认知与认同，进而产生维护文化多样性的行动自觉，鼓励更多人投身于保护和传承区域文化的艰巨任务。

三、信息交互体验——强调科技感

以计算机领域为代表的科学技术在信息时代的大潮下日新月异，大量产品在科技化发展趋势中不断迭代的趋势愈演愈烈，文化创意产品也概莫能外。文化创意产业在产业结构的调整和现代化中发挥着不可替代的作用。文化创意产品与科技相结合的未来发展趋势将形成全新的体验和服务流程。文创设计将跳出产品策划的藩篱，向着包括平面外形、实体架构、服务感受、工程技术、知识产权在内的全方位文创体系跃进，通过应用更多科学技术手段达到提高体验感的效果。在智能媒体时代，产品开发和服务更多依赖于通过技术分析的消费者实践。科学和技术的嵌入使设计更适合有针对性地面向差异化消费群体，互动体验将进一步激发消费者的购物热情和探索文化内涵的欲望。

（一）VR 和 AR 技术

虚拟现实技术（Virtual Reality，VR）和增强现实技术（Augmented Reality，AR）的发展逐渐受到公众的热捧。虚拟现实技术是一种基于图形仿真和伺服的技术，该技术将接收的讯息解码为电子信号，再利用显示装备输出为可以被人感受的幻象。目前虚拟现实已广泛应用于医学、工业设计、文娱、游戏、培训、科研、军工等领域，且其应用范围和场景仍在不断拓展中。增强现实技术的发展是在虚拟现实技术的发展中分化而出，是基于实际场景的一种能力扩展，赋予了人民获得了更多信息的能力，它已经成为人与虚拟世界之间的桥梁和纽带。目前，增强现实技术正在工程、通讯、宇航、医疗通信等领域发挥着积极作用。增强现实技术的发展已呈现出超越虚拟现实技术的趋势，并将在更多领域落地生根，并最终发展为主要的智能综合平台体系，起到连接沟通信息世界与真实世界的接口作用。

增强现实技术的成熟有赖于计算机实时计算和多传感器集成的完善，它发挥着为物理环境增添虚拟信息的功能。这项技术通过将虚拟信息嵌入到真实场景中，起到了再现和模拟一个人的五感甚至情感的作用，让人们产生遨游于一个更加完美的环境体验，该技术的关键是保持虚拟信息与实体环境的同步滚动更新。

增强现实技术的进步可以推动旅游业的发展，特别是在后疫情时期，人们的活动范围和频率受到了不同程度的约束，更加向往汲取多元文化土壤中的精神养分，受众的此类迫切要求将在增强现实技术强大的场景复现能力加持下，被前所未有地匹配。可以预见在不远的将来，受众将完全掌握在单一情境中无缝衔接多种环境的能力。

（二）H5 网络技术

随着文化旅游的蓬勃发展，旅游文化宣传以多种形式得到推广。传统的宣传手段包括在旅游区派发传单、小册子和导游信息，但这些方式不断暴露出传播范围小、制作成本高、宣传效率低、内容时效性差、保留率不高等劣势，不能与现代生活节奏下的讯息高速流转模式匹配。目前受众拥有更加便捷取得信息的途径，这是借由以互联网为代表的信息通信技术的发展赋予的。在波涛汹涌的变革下，旧时纸媒所扮演的角色将越来越低微，而互联网则将愈加发挥出传统纸媒曾经所起到的巨大作用。

H5 作为互联网上的交互式信息载体，不仅可以发挥传统媒体的功能，而且具有更新速度快、信息获取方便的优势，仅凭一部移动终端，就能实现无视时间和空间左右的信息交互，最具效率的宣发手段已然可以从遥远的海外进行投送，现场实地招揽大量受众赴国内游览。与其他应用程序不同的是，H5 具有更高的兼容性，它可以在其他软件中自由打开，而无须下载特定的应用程序，它比广告推送拥有更多的互操作性同时占用更少的内存，其内容带有创新性、科技感和娱乐性，通过声音效果、照片和感官反馈，提高了用户的实际体验。并且 H5 的生产成本很便宜，只要连接互联网就可完成全部宣传流程，获得更大的回报的同时节省了印刷、时间方面的开支。

个性化是 H5 技术的另一个亮点。受众可以独立选择观看内容、更改信息传输设置和创建专属文本，宣发环节将个人偏好倾向添加进专属订单中，实现受众接收与反馈的闭环，系统可以及时回收来自受众的意见与建议，与原产品实现良好的沟通与交流。

（三）MR 混合现实

混合现实技术（Mixed Reality，MR）是虚拟现实与现实相结合的新技术。用户眼中所见到的就像一个梦，但是却可以实际用手触摸到，这是一种全新的视觉环境，是一个可以实时交互甚至共存的数字对象和物理对象。人们身处其中可能会忽略真实世界和虚拟世界的区别，有时甚至无法分辨哪个是真实世界。

文化和创意产品可以通过虚拟形态存在，甚至是完全数字化进行设计、生产、发售、反馈和改进的全流程。通过混合现实技术，消费者可以将数字产品更加真实地带回家中，体验到更加逼真的还原虚拟文物、尝试虚拟实训和创设虚拟课堂等沉浸式体验所蕴含的喜悦。

混合现实技术的发展关键就是要把虚拟情境与信息流嵌入真实世界的多个应用情境之中，而这些应用情境可能会隐含着对真实世界的某种介入。凭着这种建立在实际生活场景采选、解析基础上的事实介入，在全域数据处理和研判的支持下，可被理解成类似真实世界的人与影子，只不过影子就是建立在数字技术基础上的虚拟场景而已。这种虚拟场景和实体是实时互动的，现实场景的变化会体现在虚拟场景。

基于混合现实技术的智慧旅游是旅游业发展的重要一步，智慧旅游在游览区通过强化现实技术使人们在物理空间中看到数字信息，通过数字技术展示知识信息的物理世界，并以多媒体形式产生沉浸式效果，为展览场所文化旅游融入多个景点的舞台空间。游客可以从数据中获取远程沙盒数据，学习和体验重要场景，还可以在视图区域中添加更多可见信息，从而得到沉浸式旅游文化现场体验效果。

四、亲身参与下的情境交互体验

（一）物境交互

物境交互就是物体自身意象最为显著的外在互动，它是使用者所见、所触、所感和所闻最为根本的互动与直接的境界。例如产品的轮廓、色泽、质地、重量和气息等，基于以上特征可以获得感官快乐。文创产品是否具备以上功能让受众喜不自胜，是评判产品策划能否起到决定性作用的依据，所以文创设计就是建立在鉴赏能力之上。

《惜韶华书签》是大量应用敦煌文化元素的文创产品。该产品以敦煌为创作题材，精巧的外观、灿烂的色泽和厚重的金属触感平添了文艺的深邃，由所见到所感，实现了从意象到感觉的进化，受众的情绪接收得到极大丰富。基于物境交互的文创产品有如一处引人入胜的风景、一朵香气四溢的花朵、一汪碧绿的湖泊和一片湛蓝的天空，这种自我特征起到了给人带来安慰、平衡人心理的作用。

惜韶华书签

(二) 情境交互

情境互动是一种互动行为，需要人们通过特定的方法进行实践。人们需要了解文化创意产品的使用标准和操作方法，以促进消费者对文创产品的进一步理解。这可以解释为一种行为设计，用户与文化创意的关系不再仅仅是所有权和占有权，而是建立起情感交流和期待的互动关系。

《故宫立体便签》充分融合了灿烂辉煌的故宫文化和便签功能，它不仅具有记录和提醒功能，还彰显了纸雕艺术的独特美感。消费者在使用过程中必须遵循设计的初衷。随着便签的不断使用，一栋纸建筑的外观也逐渐揭示出来，纸张的撕裂和拉伸让消费者感到全新的使用体验。纸张从头到尾一页一页减少的过程，相当于受众亲身完成一件艺术品的创作，这种创作的参与感和满足感与直接购买截然不同，这样的艺术品保留了用户的感情，用户在体验过程中获得心理愉悦和强烈的体验感。

故宫立体便签

（三）意境交互

意境交互是指通过使用产品为受众完成汲取情感意识、心理满足、情绪放松、创作灵感和自我反思等方面的互动行为。借助于感悟、思索、联想等思维习惯，受众可以品味到文化创意产品创作者的根本寄义。一些文化创意产品可以平复受众的心理焦虑，舒缓不适的精神，活跃僵硬的行为，放松紧张的心态，甚至最终形成个人的信仰。

《逐浪之歌八音盒》创作者的初心是烘托一种独特的情愫。它迎合受众内心对纵横七海的渴望，在波浪中寻找和平与安宁，当心中波涛汹涌时，一只八音盒成了使人保持宁静状态的慰藉。八音盒中的小船永远不会偏转或触碰岩石，它反复穿梭在柔软的浪花里，单纯地寄予了对减轻焦虑、释放大脑、净化心灵的美好寄托。

逐浪之歌八音盒

五、心流交互体验——引领幸福感

"心流"是让人忽略时间存在、专注于某件事、最终实现无私承诺的一种状态。一旦个人完成了这件事，他会得到极大的满足感，这会不断激发持续探索的动力。米哈里·契克森米哈赖在《心流：最优体验心理学》中表示，"心流"只有在挑战的难度与个人能力相匹配时才能发生，这种平衡使人快乐、充实、快乐和受控。锚定这一点认识，我们就能持续激励受众的重视和投入，所以要反复斟酌如何在创意产品策划中可靠触发受众的心流体验。

（一）条件因素

明确的目标。目标是达到一个由自己决定的点。人们在做决定之前，必须澄清个人的想法并找到正确的方向。如果目标设定得太高但能力达不到，就会成为无法实现的梦想，导致失去前进的力量。如果设定的目标太低，就不会有挑战，导致失去了实现目标的欲望，个人会感到意兴阑珊。一个合理的目标应该比个人能做到的极限要难 5% 到 10%，这将有助于进入"心流"状态，提高效率并产生倍增效应。文化创意设计必须准确地锚定目标群体。例如主观认识和情绪要求在不同年限组别有着显著差异，最初接触产品的受众更关切所见、所听、所闻、所触等表层感官体验，有一定产品使用经验的受众更在意新颖、互动化的差异化活动，产品的资深受众则追求高质量、高效率的产品内蕴抒发。所以不同的目标群体被设计成不同的优先级，使消费者更容易获得"心流"体验。

迅速且精准的反馈。执行完毕后要向受众及时提供准确的反馈信息。如得不到及时的反馈，受众可能会感到困惑和焦虑。明确的指导能够明显顺畅受众的执行全流程，要针对受众的执行习惯与特质做出相应改进，受众满意度的达标有赖于预先排除执行环节中受众可能遭遇的困境。清晰的指导提高了用户操作的顺畅性，应根据用户操作习惯进行相应的设计。用户在操作过程中没有感觉到任何障碍，将极大地提高满意度。在受众体验环节中的及时激励与回馈能够刺激自我驱动，而恰当的精神奖励将创造巨大的成就感，"心流"体验将顺理成章地不断被期待。

水平和困难的协调。站在游戏策划的角度，难度是设置玩家体验时间持续的关键指标。极易通关的游戏难以激发玩家反复挑战的欲望，反而会造成对游戏的索然无味。当挑战过难、玩家很少通关时，就会陷入低落或抓狂的情绪，甚至造成对游戏的放弃。游戏体验只有在玩家水平与游戏困难程度相匹配的情况下才能达到最优状态。经过反复的实践，技能的锤炼到了一定的水平，挑战也相应增加，使玩家始终停留在"心流"体验区，达到不能自拔的状态。要使创意设计持续流行，就必须重视这一点，不断更新创意设计，调动消费者的焦点，如盲盒这类聚焦于新奇和无限可能性的产品，消费者更愿意投入精力和财力去探索新系列产品。

（二）体验因素

行为和意识的融合。指思维所要求的行为与外部表现的行为一致，行为受内心思想控制，一个良好的接口会让受众径直忽略执行流程，在不知不觉中专心致志地陷于思索中。单击进入、侧滑回退、上下拖拽等动作都是自然而然完成的，不必占用用户的思想意识，这就是"心流"情形。文创策划的目标是让受众于润物细无声之中获得文化所传达的信息，用户体验文化内涵的行为是自发和主动的，他们更加关注文化的影响，并从中获得满足感和动力。

充分保持专注状态。处于"心流"中的受众的注意力是最充足的。神经科学的专业结论承认：人脑的思维效率与其亢奋程度并没有明确的正相关关系，即二者的全局最优点并不重合；并且脑前额叶在"心流"时通常处于"待机"状态，该区域在人体中扮演重要角色，负责策划、调控、管理心理活动和高级认识，功能性相对独立。脑前额叶的不活跃状态客观上降低了人脑杂乱思维的产生，呈现出一种凝神静气的利他主义状态。好的文创产品让受众超脱于纷繁复杂，而保持一段时间的专心去感受满足、快乐与惬意。

隐藏的操纵感。当外界条件脱离自身的掌控范围时，人会被动地感受到进入无助绝境，继而陷入焦躁、抑郁、离散和恐惧等负面情绪中。操纵感是在人清晰辨识外界条件的前提下迸发，即便面临重重困境也仍有解决问题的客观能力，事情在主观控制中可以游刃有余地采取适当措施。减压玩具就是一种具备主控感的事物，对它的使用可以不用太担心后果，并感到身心的放松，比如一个充满弹性的球、一只看似充满了水的杯子等，都可以成为情绪的载体，达到内心的平静。

（三）结果因素

自我意识的丢失。沉浸式体验实际上是无视周边的影响因子，全身心参与到当前的活动中，而不为额外原因左右。例如废寝忘食就是人高度专注的状态之一，在该状态下，人因忙于某事务甚至会忽视身体的饥渴与疲倦，并且当人从这一状态中逐步恢复后，会得到更多的成就感。大多数时候，当人暂时停止内心主观活动后，完成自我突破、自我实现的概率更高，同时内心持续示意自己原本做不到的事其实并不是无懈可击，因此完成后会产生更强烈的自我认同感。

时间感受的失真。"心流"体验不会感觉到时间的消失，意识主要集中于享受中，这种感觉非常饱满。人们即使为热爱的活动消耗再多的时间、脑力和体力，也依然元气满满，并会唏嘘时光飞逝，每一秒都很充实，不为过往悔恨，不为未来心忧，达到心理层面的松弛。

出于本能的参与。受众的内在要求无法通过被动接受的方法达到。当被强行灌输一个本不出自于己的观点时，人们通常首先会感到某种程度的不适，这可以解释为何人们本能地抗拒被塞传单的这一突兀举动，因为人下意识感到自己又处于一种被强行灌输的位置，只有借助主动、恰当的启发，才能激发参与的能动性，更大程度上迎合目标群体的需要。因此，要让用户感受到"心流"体验的影响，就必须注重如何吸引用户的积极参与，以确保产品本身具有长期的吸引力和持久性。

第五节　智媒时代下交互体验在地域性文创设计中的创新应用

一、地域性文创在旅游文化中的创新应用

以文化为追求的旅游形式近几年来在我国各地呈现出一股愈演愈烈的势

头，但由旅游目的地组织开发的原创文创产品并未随之崛起，原因可归为这些创意产品欠缺独有的区域特色和个性设计，大部分文创产品千篇一律，几乎可以在全国各地都有售卖，而不是某个景区独占的创意作品。在旅游文化中，一个好的地域文创产品必须根植于当地的文化底蕴和民俗风情，也要承担弘扬文化的主体责任。基于区域创造的文创产品也必须加入体验经济时代中的产品互动，包括情感和技术互动，将人文历史与现代科学技术相结合，使用数字互动、场景复现和在线离线的方式，激发人们对旅游的向往，从而促进当地旅游文化更广泛、更有效传播。

二、地域性文创在历史文化中的创新应用

地域文化创意产品的核心价值和意义在于传播历史文化，以历史文化为创作素材，以文化认同为精神载体，是实现人文领域既有成果革新、优化并做强的可用方法。地域文化创意产品模式应具有时代特征和文化属性，并应挖掘出良好的人文领域素材。

一是结合传统纹样素材及当代设计格调，策划出关键纹样及文艺要点，并加以凝练、归纳及分类。把地域文创产品同当代美学价值特质进行叠加，既能推动历史文化主题流传，又能强化观感效果，符合当代人对美学、心理及实践的要求。二是借助数字化插画进行创造性的地域文化设计，以插图的形式给出视觉感知和审美需求的直观呈现，将数字绘画融入设计中，运用技术手段表达思想，准确表达图像关键点和直观感知设计思想，更好地促进历史文化的传播。

三、村落文创在品牌文化中的创新应用

文化创意产品的品牌文化策划大多聚焦在品牌文化、产品创新设计和品牌理念上。地域文化创意产品的形象设计与滚动变化的精神要求密切相关。参照大众的精神诉求，精准凝练地域文化创意设计品牌的策划、优化和人文思考，再形象化为关键的策划素材，最终结合既有的地域文化创意产品，将品牌策划应用到网页设计、用户界面设计等实际应用中。

一是要强化地域文化创意产品的品牌观念。品牌观念是一个企业最底层的思维，也是企业标准制度和观感体系策划的指导和依据。品牌观念是指导企业重要战略和活动的关键，它的组成元素为品牌定义、规划目标、典型特征等，地域创意文化企业的目的、活动和宗旨即是企业的品牌理念。二是品牌创意设计。目前不同类型的文化创作产品也出现了同样的问题，即文化创新的缺失和

文化创作结构缺乏独特的地域特色。在开发地域文化创意产品时，必须考虑和深挖地方特色，发掘其中的文化要素。地域文化在文化创意产品中的下沉与应用为地区文化创意产品增添新特色。三是深化品牌文化精神内容的研究。近年来，地域文化创作产品的独特性不足，忽视了文化和精神方面，已变得普遍化，当代文化创意产品必须具有审美、文化和实践功能。

第六章　泰安传统村落数字交互式文创设计研发策略

在人工智能时代，人机交互具有越来越强的感知情境和情感的能力，它与自然受众接口的进步给交互策划带来了新的任务和机会。同时在人工智能和数字化大行其道的环境下，数字文创实践也愈加展现出"交互式"的倾向。因此本书将情感交互技术与交互式文创相串联，用以解决当前策划领域面临的文化创意匮乏的难题，同时也要注意到既有对情感交互的探索主要存在于计算机领域，而策划领域对情感交互的研究还不够深入。从设计研究的角度出发，本书将着重探讨情感交互技术对交互体验的影响，并且探讨情感交互策划的原则和措施。

案例最初论证了文创的基础定义，针对发现的问题和潮流，阐明了交互式文创的概念，此外解析了以情感计算为基础的情感交互定义、实施方法和策划要素。本书将分析人工智能及有关分支技术对交互体验的作用和呈现形式，为进一步探索给予理念支持。然后根据交互叙述理念，将文创的交互式策划分为"价值—实施—完成"三个维度，通过对国内外案例的分析得出了各维度策划的要素。通过采用问卷调查和访谈的方法，获得了观众对情感交互式文创的认知、态度和需求，并对情感互动形式、载体、场景等因素进行了实验分析。由于情感交互具有一定的前瞻性，本书从理论上分析影响情感交互的环节和流程、投入和产出、前馈和后馈、受众与心境等因素。再将实证探索的论断细化为"受众、举止、载体、情境"的策划流程，最终形成了"发挥性能—提升感受—缔造样式—配合手段"的策划层次架构，总结了每个层次的策划元素，提出了情感交互文创的互动策划措施。

对文化创意体验中有关情感互动的要素的研究具有普适性，这一原则和概念的延伸可以被视为"情感交互设计"。实证探索归纳的策划措施对展览场所文创产品的研发起到一定的借鉴作用。互动交互文创理念及其设计策略为展览场所文创创新提供了新思路，并对展览场所的设计实践具有指导作用。

第一节　泰安文创设计发展的背景

一、人工智能时代展览场所交互体验升级

在数字文创领域引进先进理念和创新技术用以维护文物、传播文化，让公众更好地享受观看体验，始终是一个热门话题。进入 21 世纪以来，计算机科学和通信技术的跃迁为文创设计注入了新动能，特别是在广告、展览、培训等与公众体验高度关联的领域，扩大和重构了公众对展览场所文化的获取和展览场所的内容与表现形式。中国数字文创的发展参考了国外的经验，构建泰安地域数字文创设计，消弭了地域文创与受众的隔阂；此外借用虚拟现实、增强现实和混合现实等数字媒体技术，通过人机交互和沉浸式显示设备，使展览形式更加形象和精彩。经过十多年的持续创业，我国数字文创在这些层面收获了丰富的阅历与经验。但是也要清醒认识到，以人工智能为翘楚的"第四次工业革命"早在 2013 年已由德国提出并发起，我们要把握好此次机遇，力争永立于潮头，为展览场所文创产品革新提供强劲新动能。

人工智能（Artificial Intelligence，AI）的定义发端于 20 世纪 50 年代，经过几十年来"三起两落"的浮沉与发展，近年来随着计算机技术的进步和深度学习的应用，新一代人工智能在全球范围内茁壮成长，掀起一股新的浪潮。目前人工智能从分类、识别、决策、预判甚至生成都得到了快速发展，并在多个行业和领域显示出低消耗、高产出的优势。2014 年，国家文物局启动了智慧展览场所试点项目，将人工智能、物联网、大数据和 5G 技术引入展览场所领域，借助受众群体、实体集合与信息流的互联互通，重塑以灵敏化、交互化和智能化为特质的全新展览场所生态。这显示展览场所领域出现了一种新的物种和样态，取代传统和数字等已有展览场所，将展览场所领域的管理聚焦为提升公众的整体观览体验，从以收集为导向转向以需求为导向和以公众为导向，从固定的放置展览转向高度灵活的智能推荐。

二、泰安数字文创交互技术的实施范围

人工智能的用意是使计算机等类似的人工体系趋向于人的行为模式。针对

这一目的人工智能科技不断进化和衍生了许多分支技术，用以顺畅人与计算机之间的沟通，以及锤炼计算机的类人思维和响应，这些功能与交互设计学科的目标是一致的。事实上，人工智能的成就将迎合自然交互、物理交互和情感交互的多模式交互主流倾向，并重新定义交互设计的基本原则。人脸识别、机器翻译等技术的加持已让计算机对人类环境的感知更加灵敏，相当于为计算机擦亮了双眼。人工智能领域又引入了"算力"的概念准确量测对人类情感的计算，给予计算机一种学习、模拟人类的可行手段，人工智能依靠互联网上的海量数据，可以独立学习、独立思考，根据分析外部信息对环境做出判断并产生交互反馈。

同时，国外一些村落地域数字文创产业也转为以面向公共为主的展示、传播，情感交互技术与文创产业正以前沿性的方式结合，给公众带来新鲜的体验。文化创意的实践也表明，互动功能使文化创意的使用者能够最大限度地重视情感，领悟到情感在展览场所文化主题观览、品味和研习中的关键作用。

比尔·莫格里奇（Bill Moggridge）作为设计公司 IDEO 的创始人之一，创新性地提出了"Soft Face"的概念，成为后来交互设计（Interaction Design）的雏形，并最终成为国外情感交互具有代表性的研究。随着数字时代的到来以及互联网、PC 和移动智能终端的持续渗透，交互设计的理念已经在艺术设计领域扎根成长，并日渐发展为一个全新的学科门类。不同学者对交互设计的定义不尽相同，但普遍认同策划交互式产品能够有效改善受众在日常活动中沟通和互动的效率；学者理查德·布坎南（Richard Buchanan）认为交互设计是借助产品的载体功能去承载和优化受众的行为。

事实上，在 20 世纪 60 年代人机交互作为计算机科学的一个分支已经初步崭露头角，该分支技术着重于策划面向受众的接口，打破横亘在人机之间的沟通壁垒。詹妮·普里斯（Jenny Preece）认为交互设计已经蜕变成可以涵盖并重新定义受众与计算机沟通样态的技术，前者不仅包括了人机交互所强调的以人为本和可用性，还涉及了更为广阔的领域，其中受众感受是整个设计流程的关键。唐纳德·诺曼（Donald Norman）认为受众接口和可用性的定义过于狭隘，他期望策划受众体验的定义能够涵盖体验的所有领域，包括工程、外观、接口和交互设计等。一些人甚至激进地认为原有的交互设计已经停滞，并最终为体验设计所取代。即便与人机交互和体验的主题与交互设计的范畴有相交集的区域，但从交互设计的角度和泰安地域文创的研究对象来看，不仅有利于充分考虑人的情感因素，也不分散在体验的各个方面。

20 世纪 90 年代以来，国外的学术探索主要集中在人工智能的功能性方面。但由于当时人工智能的发展尚处于起步阶段，相关著作、文献稀缺，主要涉及群体角色、经验库规划和辅助设计等领域。保罗·罗杰斯（Paul Rodgers）《The Role of Artificial Intelligence as Text within Design》一文中提出了一套由人工智能参与的设计程序，并命名为产品设计评估工具（CADET），方便设计从业人员沟通专业知识和信息。近年来，许多探索已经愈加集中在扩展人工智能的特定手段或使用情境，如自动驾驶、医疗、培训等。人机交互方面，理查德·哈珀（Richard Harper）在《The Role of HCI in the Age of AI》中，从人机交互的概念出发，详尽阐述了人工智能与受众之间交互的理念，达到提高设计从业人员创新能力的目标。

智能学习算法和硬件计算水平的日渐增长为人工智能的发展揭开了新的篇章。情感计算（Affective Computing）的概念和措施得以确立。1995年，麻省理工学院的罗莎琳德·皮卡德（Rosalind Picard）教授给出了这个定义，作为一种加工、辨识和模拟人类情绪和情愫的体系。情感计算能力赋予机器以提取和了解受众情感状态的可能，进而修正人机交互中的相关设置，从而向用户施加积极正向的影响。皮卡德的最初研究大多聚焦在以下几个层次：如降低受众的挫折感、让受众以快乐、舒服的方式交流、开发加工情感数据的底层架构和运算程序和开发辅助优化交际和移情手段的工具等。

情感计算作为一种在人机交互体系已开展过大规模实践的技术，它包括附加的感应模组、交互过程和数据回馈，并在一定程度上微妙左右着受众的活动、体验和情感。因此从交互设计的角度出发，人们开始注意界面设计中情感交互的要素，情感交互设计的定义也横空出世，成为交互设计探索的新热点方向，它与人们传统意义上认知的"设计情感"泾渭分明。在《Multimodal Human-Computer Interaction：A Survey》中，亚历山德罗·詹姆斯（Alejandro Jaimes）讨论了情感计算在多模式交互中的功能，尤其是提取并辨识语音和面部表情中的情感。迈克尔·麦克内斯（Michael McNeese）在《New Visions of Human-Computer Interaction：Making Affect Compute》中拓展了人机交互的新视野——效果计算，他讨论了情感计算技术在人机交互实际问题中的应用，并获得了一定成绩，他论断情感计算必须成为将以人为本作为首要原则的技术手段，为全球数字化经济大发展创造更多价值提供方便性和快捷性服务。哈德利卡（Hudlicka）等人在《To Feel or not to Feel：The Role of Affect in Human-Computer Interaction》中详细阐释了情感在人机交互探索中的理念和实践，论述了情感人机交互的策划架构，并归类阐述了有关的手段和措施，从而将人机交互探索延伸到情感交互方面。

此外，国外的研究也认识并重视人工智能在展览场所中的应用，并逐步探索了决策预判、图像辨识、模式适配和语音交互等场景。许多探索以优化公众的完整体验流程为切入点，论证了如何嵌入人工智能等技术进行辅助。艾琳娜·戈依（Elena Goi）等人指出在改善受众体验方面人工智能及其分支研究可以发挥关键作用，并系统地研究了人工智能在展览场所运营中的形式和作用，介绍了人工智能在展览场所中的应用现状、适用性和实施成本。罗萨莱斯·里卡多（Rosales Ricardo）成功应用了智能代理（Agent）系统，将人机交互的水平评估完全交由人工智能负责，一定程度上进一步优化了受众体验。通过对展览场所受众交互的解构，策划了性能更优的交互模型和交互显示模组。李·理查德（Li Richard）则从移动终端接口获取受众信息，构造出定向推送体系，可以进一步拉近受众与文创产品之间的距离。

在国内人工智能在计算机技术等学科中的应用是近年来研究的重点方向。从 CNKI 中检索关键词"人工智能"可以窥探近几年的研究趋势：2000 年到 2015 年相关论文数量从 1000 篇缓慢增加到 2000 篇；自 2015 年以来，该研究领域的年增长率翻了一番超过 50%，至 2021 年达到 22 000 余篇论文。此类探索以微机、自动化领域的应用为主要切入点，在教育教学、电力系统、电子信息、企业管理等领域也有一定成果。

在涉及人工智能与交互设计的探索中，将他们作为关键词在 CNKI 进行检索，发现已有的研究成果早在 2010 年就已经被发表，2017—2019 年论文规模急剧扩张，表明交互策划与人机交互、人工智能的综合应用已成为一个极具意义的探索热点方向。

中国学者覃京燕很早就注意到人工智能对交互设计的作用。在《人工智能对交互设计的影响研究》中，她强调了人工智能进步与人机交互的关系，从时间层面回顾了它们的历史沿革，归纳了基于人工智能的交互策划特质——"所思即所需，所需即所见，所见即所得"。此外，在人工智能的框架下，人机交互将跨越图形用户接口的藩篱，将注意力集中在情感区域和思维区域，并对场景感应、思维识别和情绪辨识进行指标量化。在《家居智能产品主动交互设计研究》（2019）中，她强调受众与智能化产品间的三类交互样态（被动、强迫主动、主动），论述了新样态与智能产品在交互开端、控制性、信息引导、智能决策等维度的不同，用以改善交互的一致性和速率，帮助受众提高使用效率和体验。

兰玉琪等在《人工智能技术在产品交互设计中的应用》中，综述了基于人工智能的机器语言翻译、自我学习、图形加工等技术领域与创造。借助对智能净水器案例的解析，归纳了创造力、情绪化和结构化等交互策划在人工智能加持下所体现出的特征。

国内学者对情感计算的了解和探索活动开始晚于国外，情感辨识、仿真情感等扩展定义和理念逐渐形成。罗森林在《情感计算理论与技术》（2003）中将皮卡德的理论引入到相关研究中，他认为情感计算是维护人机交互良性秩序的必要条件之一。后续探索多聚焦于计算机层面，试图从面部表情、声音、身体信息等多维度综合方面改进情感辨识方法，达到提高识别精度的目的。同时其他相关学科也日渐感受到了情感计算的实践意义。一些学者为改善儿童教育成效，将情感辨识与其相结合；医疗行业为加快自闭症的治愈与康复，将情感计算与其相结合。然而，由于认知成效的普遍性以及对设备和材料的巨大需求，情感计算中使用的交互场景有待进一步的拓展，目前仍没有真正完全融入实际生活，反映到学术领域其有关探索应用规模仍较小，特别是从用户体验的角度来看，相关的研究稀少。

茅霞是第一个解释和运用"情感互动"概念的人。他在《人机情感交互》（2011）细致解析了当前情感架构、面部表情、声音语义、躯体动作、身体状态、文案数据与情感辨识、情绪智能代理等结合的前沿探索成果，极大促进了我国相关学科与技术的进展程度。颜洪等人在 2020 年率先从交互策划的角度探索了情感交互，探索了基于人本主义的情感交互设计，并开展了人工智能技术在该领域的落地实践，系统论述了一套对情感交互体系叠加人工智能技术的策划措施。

2014 年以来，区域数字文化创意设计的研究得到了快速推进，2016 年以来更发展为一股突飞猛进的势头，该领域的探索成效得到了长足扩展。在 CNKI 搜索关键词"文创产品"，可以检索出包括概念解析、情状分析、策划步骤和策划应用等相关研究文献。在策划步骤和策划应用方面，按照研究角度的转移，又可分为"以技术赋能为切入点、以跨学科交互为切入点、以典型区域文化为切入点"三个维度，下面主要详细介绍第三类。

首先，相关方法和技术应用于工程领域，可以有效提高策划水平和效用的严谨性。以泰安地区为例，结合"序关系–熵权"理论，可以助力推动地域文创的创作过程，可以有效地提取出地区文化在观感、质感、内心感悟等层次的策划要素。其次，多媒介交互技术已成为推动地域文化创新的前进力量。王鹏等建立了"古生物知识库"，采用交互式体验式策划步骤实现了受众层面的自我创作，创新了古生物文化创意产品的策划步骤和应用。陈正捷将增强现实技术与地域文化观览引导应用情境相结合，开发了对文化历史遗迹友好的观览程序应用，实现了对历史遗迹的多层次、全方位呈现效果。

此外，相关研究也指出了人工智能、物联网、大数据等技术在第四次工业革命为地域数字文创赋予的价值。章文指出人工智能的创新设计赋能将给未来的地域数字文化创新带来巨大变化，并直接点出地域数字文化创意同质化、市场研究不准确、生产方法笨拙等深层次的创新设计文化问题。

最后，对数字文化创意和互动文化创意进行了探索，论证了数字文化创意的重要价值。虽然已有大量文献对数字文创或互动性文创进行了研究，但对这种文创形式和趋势还没有总结，也没有对这种文创进行定义和命名。

然而，创意设计与情感交互技术的综合利用尚未被广泛探索。情感在地域文创体验中的重要性是显而易见的。受众奔赴特定地域游览、领略展览主题、消费和体验文创产品，都或多或少夹杂某些情感。韩彬彬从观众的情感要为切入点对情感互动设计进行了探索，她瞄准数字文化创意展览设计中情感缺失等困境，创新性拿出了改良方案，她指出数字文化展示中的情感互动是指受众与受众、受众与产品、受众与场所之间的情感互动，虽然对情感计算中的情感交互技术的研究有限，但关于受众的情感因素和设计表达技巧的论述不再受到原始的"情感设计"理论制约，这在本书中可以进行借鉴。

人工智能在人机交互和交互策划中的关键意义已被大众广泛重视。然而人工智能本质上是一个相对宽泛的范畴，仍涵盖了大量分支领域和分支技术，因此很难对其进行全面系统的探索，综合论述难免陷于表面。当然，一些研究开始聚焦于部分特定情境，论证了人工智能技术加持下交互策划的要素；另一些研究瞄准了人工智能框架，从一个特定的理论来定义某种技术的影响。因此，在分析人工智能框架下人机交互特点的基础上，本书将着重探讨交互设计元素在情感计算中的应用，并以泰安地域文创为互动场景，得出可以优化设计实践的论断。

在情感交互方面，目前的研究主要聚焦在计算机学科，焦点是情感辨识手段的更新。然而情感交互在设计领域，尤其是交互设计领域，并没有受到充分的关注，现有的进展仅限于将情感计算引入某些具体情境或领域。虽然在特定情境中定位和辨识出详尽、实用策划措施的难度是相对较低的，因此这成为一个可行的探索路径，但这对于深化情感交互策划的主题和要义并没有太多助益。如前所述，虽然颜洪的探索已经清晰界定了"情感交互"的范畴，但他给出的策划措施只是从宏观层面对"情感交互设计"的初步探索，并没有给出方法或框架来指导界面设计，也没有总结相应的设计措施和策略。

虽然从跨学科的角度对泰安地域数字文创进行了大量的研究，但站在全局位置观察，相关探索创新仍然不够深入，尤其是对新技术的应用凤毛麟角。少数探索也将"数字文创"作为一种新的文创样态进行概述，但多数探索仅将"泰安地域文创"的研究范围限定在家居装饰、消费品和纪念品。与当今的数字文创实践不同，许多作品融合了互动技术、多媒体甚至人工智能技术。这也表明大多数研究都未能在互联互通的智能数字趋势中更新观念和产品策划，从而无法妥善衡量创新技术在地域文创设计中的关键意义。本书综合运用域数字文创与情感互动技术的相关理念与措施，以交互式的文创为探索和策划目标，也是期望改善这一研究主题差异化不强的突出现状。

三、泰安地域数字文创的现状与问题

（一）泰安数字文创现状与趋势

随着大众物质生活水平的日益提高，人们对精神修养的要求也水涨船高。泰安地域数字文化创意的发展也走上了渐进式的探索之路。泰安地域也逐步主导构建起文化创意产业体系，以自行研发、贴牌加工、品牌联合等方法，开创了数字文化创意设计的先河，创造了一大批广受欢迎的文化创意产品。近年来，我国其他地区相继发行具有地域文化特色的文化创意产品或互动式文化创意产品，并在数字文化创意产品的策划、销售和宣传方面进行了一定尝试。截至目前，发展和提高泰安地域数字文化创意已经越来越受到当地居民的肯定与赞许，互动文化创意策划逐渐成为地域文化发展的新动能，相当数量的泰安地域特色互动式文化创意设计在文化传承的过程中不仅创造了不菲的经济收益，而且也产生出不可忽视的人文价值。

创新是泰安交互文化创意的核心纲领。文化和技术要比翼齐飞已成为人工智能时代下的广泛共识，新技术已成为文化创意策划的催化剂，并带来一些显著变化：首先基于移动互联网，区域文化创意与受众的关系更加紧密，沟通途径多种多样。目前，泰安市文化在线旅游和消费模式已基本创立。根据可查数据，近几年观看线上数字交互文创策划的人数已经超越线下现场参观的人数，世界各地推出了越来越多的线上传统文化创意设计产品，访问总数有数十亿人次之多。同时泰安地域文化创意设计利用短视频、微信、微薄等交际媒体开展了多方位的文化交流，方便公众深入了解地域文化传承，帮助泰安地域文创设计兼顾目标群体的偏好，进一步探索文化创意发展的路径。

其次，人工智能和大数据为设计师提供了深入探索泰安文化内核的机会：在部分有关泰安地域文化特色的展览场所中，传感器被用来收集游客的行程、面部表情、肢体动作、注意力持续时间等，这表明在数字互动文化创作中，收集有关受众个体数据、举止特点、习惯倾向已成为共识；继而利用人工智能进行加工解析和形象展示，可以获得准确的受众特征肖像，将受众需求与策划要素联系起来，实现差异化开发文化创意产品。

其次，泰安地域文化创意以数字媒体和互动技术为框架，利用优良的材料和精湛的技艺，为受众带来更生动、更难忘的体验，以及交互式、参与感和身临其境的经历，在互动任务中让受众了解地域文化、历史典故和逸闻趣事；使用 VR、AR、MR 技术重现历史场景，达到所谓"关公战秦琼"式的跨越时代体验。

最后，泰安数字文创正主动尝试文化创新的多种形式和载体，如影视动画、视频综艺、音乐歌曲、网络游戏等数字文化创新产品的开发；数字文化创新中的互动设备和个人智能穿戴产品亦可以作为文化创新的载体。这些新颖的文化创意作品将受众体验摆在重要位置，着重挖掘和展示文化特色中喜闻乐见的要素，以迥异于传统文化创意作品的方式寻求经济效益增长点。随着人工智能时代的到来，上述技术已日臻完善并广为应用，构建了体系化的产业链，将大大降低数字文化发展的难度和投入，进而促进泰安地域文化创意形式的多样、长效发展。

（二）泰安地域数字文创设计面临的问题

遍历既有的泰安地域数字文化创意产品，其设计实践仍有考虑和优化的空间。目前地域文化创意产品策划的主要方法是提取地域文化资源的特色亮点，将其转化为设计要素和 IP 图像，并附着于周边衍生产品的外观设计中。然而，从市场上在售的文化创意产品来看，大量设计成果基本上都将精美的设计印刷在日常生活必需品上，相对缺乏创意设计思想和方法的返璞归真，造成文化创意设计的症结迟迟无法痊愈。

第一，文化价值浮于表面。设计师片面紧跟市场走向，忽视对传统知识产权文化背后蕴含精神的解读和传播，以年轻人群为代表的文化消费者固然在短时间内认识到了文化创造力的发展模式，但这种模式本质上依赖图案和符号来吸引人们的注意力，带来的文化附加值相对有限。正是因为许多文化创意产品采用"卖萌"的呈现方式，偏离了文化创意的初衷，长周期下观众必然会产生视觉疲劳，对文化创意产品的关注度难以长盛不衰。要走出这一困境，就必须从对商品创意文化设计的理解转向对体验的理解，注重文化元素的表达方式和表现形式。

第二，文创开发千篇一律。由于泰安地域数字文化创新发展滞后，缺乏在运营规则和企业内涵层面的理解，成规模的文创产业类型未高度分化，无论是数字文化创新还是传统文化创新都未形成鲜明的运作模式，通常被简单视为商品和纪念品的研发，文化价值观并没有真正从本源上创造性地加以利用。

第三，数字文创产品质量良莠不齐。在泰安地域文化创意产品的管理上，经营者未完全理解价格低廉、附加值高的要求，简答地依靠精美繁复的策划带动销售。因此他们的策划和开发很大程度上受到材料、工艺和产品成本等因素的制约，成为一些中小型数字文化创意项目的沉重负担。

交互式文创为地域文化创新贡献了一套崭新路径，利用工艺品、快消品和数字文娱介质承载泰安地区的泰山文化、大汶口文化和黄河文化等厚重历史，让受众在互动体验中品味文化的力量。如上所述，地域数字文化创作面临产品类别单一、功能趋同等问题。通过"交互式"概念的灌注，可以拓宽文化创新的方式和媒介，更新文创发展的目的和理念，提高文创的受众体验，最终推动地域交互文创的根本性进化，明确交互式文创与传统文创的联系和界面。

综上所述，以科技化介质为载体，以泰山地域文化为底蕴，以互动体验为创新驱动点，完善其策划思维和手段，完成交互文创为目标的探索，即泰安交互式文创的概念与意义。

情感交互式文创的理念是从互动文化创新延伸而来的。在"科技+"和"AI+"的浪潮下，泰安地域文创互动设计的实践还处于起步阶段。人工智能下的情感交互是以体验为导向的文创样态，它是建立在领悟和响应情感数据的能力之上的，它反映了充分的必要性，可以赋予文创的情感体验以更深远的内涵。其次，情感互动具有理解受众兴趣和调节受众状态的作用，基于人工智能的交互体验展示出真实性、本能性、积极性和多样性，将大量的机会和可能性赋予了文创交互设计。

第二节　数字文创设计中人工智能的主要技术因素

一、算法与算力

计算机依靠具有相应性能的芯片等硬件和算法等软件开展演绎、寻优等基础操作，实现对人类逻辑和举止的仿真。例如，人脑思考的判断环节依赖于对内外条件环境的全盘思量。要完成这一行为，人工智能必须在对应的算法判据和模型中通过迭代计算出局部最优或全局最优解。一般来说，人们把对应的问题和限制、转化关系、自变量、因变量等具体化成公式并输入至计算机，这个过程被称为问题表示。然后计算机根据某个算法计算出问题的最优或局部最优答案，这个环节就是基于策略寻优，旨在解决复杂的战略问题。因此，人工智能中常涉及的问题辨识（如面部、目标、声音识别、架构辨识等）都是在特定算法下开展的。此外，算法还能保障模拟人的行为开展推导、预判等其他基础动作。由此可见，人工智能的强大性能和无限可能均仰仗于算法和计算能力。

二、机器学习

20世纪80年代，科技工作者开展了对人脑活动的溯源与复原研究，从神经元细胞的信息传输模式中获得灵感，设计出人工神经网络算法这一强大的学习算法，揭开了人工智能3.0和机器学习的序幕。通过机器学习，计算机可以持续"训练"自己，从而在不断找到局部最优解的反复过程中获得全局最优解。正如机器学习之父亚瑟·塞缪尔（Arthur Samuel）所说"要让计算机在不大量借助附加编程的前提下具备自我学习的本领"，机器学习必定是以算法为基础，但此时算法必须有自行改善和修正的方法，并不断优化判据和变量达到更好的运算效能，前述的人工神经网络算法即被机器学习广为采选。

当前深度学习的浪潮已经掀起。拥有大量网络节点的人工神经网络已被用于辨识并响应移动终端用户的询问（甚至是语音交流），也被成熟应用于推测用户潜在购买意向并在网站中持续推送类似物品。更有甚者，持续进行深度学习的人工智能也将逐渐获得如"异形"系列科幻电影中所臆想的"造物"的能力。生成对抗网络（GAN）可以首先复制某个特质下任意数量的随机样本，然后使用鉴别判据将生成的样本与原始样本区别开来，经过反复的迭代运算不断地修正算法，并最终达到混淆真假的效果。就是利用这种机制，计算机可以瞄准某种艺术类型和取向进行鉴别，我们甚至可以想象未来计算机将成为文艺创作者并发表作品。

三、大数据和云

在移动互联网时代，大量数据为机器学习的发动机提供了燃料，这数据来源于搜索引擎、电子商务、金融交易、社交媒体、智能家居、传感器等，人工智能已离不开大数据的供养。因此必须建立数据收集和结构化的能力，以构建智能产品或服务。在数据采集方面，一方面构建在线数字系统，另一方面构建基于智能物联网（AIoT）的离线智能服务；在知识结构方面，应采用大规模外包形态和公开版权许可策略，完成大数据的定位和知识域映射地图的构建。

云计算和边缘计算已拥有广域覆盖的计算能力。通过边缘计算，用户采集的信息数据可以径直作为机器学习的样本，也可以进行过滤和处理，然后将计算结果上传到云，很大程度上提供了学习效果，降低了系统总成本。通过云计算，深入学习所需的复杂操作可以转移到云上。网关接入综合云平台后，简单配备了芯片及其附属配件的人工智能产品就能完成指定的操作，如单片机。对策划方而言，产品开发变得更加便捷和经济；对用户而言，产品的重量和体积朝着小巧玲珑的方向发展，其操作和日常维护更加方面。

第三节　村落地域数字人工智能时代的交互特点

一、多模式的交互路径与接口

模式或模态（Multimodality）在心理学领域是一个专业术语，通常指人们受到外界刺激并给出应激行为的传导回路。人工智能在模式、面部、声音、文字等方面的创新为人机的多模式交互创造了完备条件，包括但不限于神态交互、声音交互、触感交互、文字交互和思维交互（如脑电图和其他生物信号）。虽然声音交互的准确性已广受认可，但相关智能产品仍需要保留看似过时的按键和接口，因为要应对多模式交互对全局感应和输入输出形态的潜在要求。

人机交互朝着更加拟人和更加契合人类举止习惯的方向进化，是人们对人机交互的期许，这就要求交互模式要借鉴并充分照顾人的本能，既要保留传统的基于鼠标、键盘和触摸屏等成熟设备的交互模式，也要不断开发基于所见、所闻、所听、所感、所指等新设备的交互模式，并持续完善此类新设备可以预见的输入输出不精细的问题。因此自然交互必须基于多种模式，让其成为一种智能设备，能够理解人类的意图，与人类互动，并以更自然的方式为人类服务。

（一）基于情境感知的主动交互

产品在人工智能的加持下可拥有一种关键的交互子功能，即积极探测和分辨受众的场景条件，通过这些数据进行预判和计划，并参考受众的实际情况给出符合受众要求的体系化服务，这就是情境感知能力。此处的"情境"是指能够区分和校准指定场景的全部人机交互数据，包括受众举止、阅历、情愫和身体状态的表征信息；受众的外部条件（交际和物质）以及受众正在进行的动作、行为或目的。情境感知可以诠释为针对前述表征信息的系统性感应、分析和推断。情境感知是人工智能高度发达情况下泛在计算范畴中的一个关键分支，感知技术使智能设备或体系能够解读和预测受众的心理、生理活动，并基于此为受众提供高效、准确的支撑。前述优点在产品交互维度上已经有直接体现，即从被动接受机器到主动提供服务的逻辑转换。交互环境在人工智能的介入下，前述逻辑可能会被修正，以便于相关设备和体系持续突出其可用性，利用适当预控等手段积极推动交互动作的完成。

（二）交互中实际而客观的感应

人工智能技术不仅将人机交互推进到主动交互接口环节，而且为更加逼真的交互创造了有利条件，它倾向基于多模态检测技术的三维空间交互。总之，在人工智能时代，受众可以采选契合自己人生轨迹和内心认知的交互形态，使得对交互方法的通晓与实施变得易如反掌，推动实现客观交互与多样态交互的初级目标。

（三）虚拟形象和虚拟情感

20 世纪 90 年代，人工智能和人机接口的综合运用造就了仿真人类大脑和内心活动的智能体（Agent）。这一层面的探索旨在记录并复现人类智能，使机器或系统呈现出更友好的用户界面，并直接自然地进行沟通，这种智能体可以基于文本进行交互。

利用智能体为基础开发的产品、用途和场景日新月异，许多周边衍生定义也纷至沓来。但包括聊天机器人（Chat Bot）和社会智能代理（SIA）等智能体同受众开展互动的形态都已经从机器智能发展到具有拟人智能的 3.0 形态。因此互动体验的设计应注重声音、形式等因素来表达思想和情感，以新的互动界面和互动原理来适应对象属性的变化，探索人与智能体互动（HAI）的研究领域。

总之，在人工智能时代，在万物与大数据互联的前提下，交互模式已经实现一对多，交互主体与交互对象竞相互换，交互感知由抽象向形象过渡，在交互中诞生类人思维和情感，这使得人机交互朝着主动交互接口前进，从源头上扩展了人机交互的典型定义，也对交互策划指明了新的前进方向。情感互动本质上与人工智能的现状与未来发展相伴相生，因此在人工智能的语境下策划情感交互的形态和使用情景时，必须反映出前述交互的倾向和特质。

二、从情感计算到情感交互

基于原有的图形交互界面（GUI），键盘、鼠标、触摸屏等几乎是人机交互的全部形态，不可避免地，认识层面的差距从大脑思考与算法逻辑间的不同模式中不断涌现。此外，即便人的情感体验能得到交互策划阶段的肯定与照顾，那也只能借助更顺畅、合理、实用的设计来提高使用感受，在人工智能的下一个时代，人们希望机器具有移情性，人机交互能像与人交流一样真实自然，就像父母不说话就知道他们想要什么，就像同伴不满的委婉语依赖于语调来猜测他们最初的意图。

情感计算、交互策划、人机交互三方休戚与共。一方面需要优化互动协调，另一方面要满足人工智能对高质量仿真的性能需求。在当前的探索和应用中，情感计算和情感辨识的精准程度越来越高，但在交互策划方面，"情感交互设计"却很少受到关注。由于交互策划主要关注人与计算机交互环节中的活动和要素，因此情感交互策划中的情感抒发性能并不强求计算机如真人一般抒发情绪，它侧重的是利用受众情感开启并加速交互环节，以便系统能够根据辨识受众的情感进行对应的优化。

综上所述，为达到提升交互效果的目标，在人机交互流程中体系按照受众对情绪反馈的剖析和会意来顺畅整个交互行为，这被称之为情感交互。随着人工智能时代的到来，有必要以交互策划为切入点来探索情感交互的策略和手段，使受众在与机器交互全流程中感到舒适。

（一）情感交互的特征和功能

1. 观测受众的偏好与要求

在执行人工任务的环节中，系统将根据特定的要求尝试与人交互。在情感互动下，积极的互动会更有作用，让人感到高兴甚至惊讶。当客户观看产品时，情感交互系统开始识别客户的情感，并根据客户满意度和反应程度快速计算客户对产品的偏好。顾客越喜欢这个产品，折扣就越高。这表明利用情感辨识掌握受众的偏好与要求，能够给予更完善的服务和更舒适的体验。

2. 实时调节用户情绪

情感交互可以在特定场景中悄无声息地刺激用户的感官，达到理想的情感和氛围。产品和系统有必要解读受众在体验经济背景下的潜在情绪，利用强化感官和优化环境获得更优的感受。

3. 促进其他交互行为

人们可以通过表达和语调相互沟通，但此类沟通通常属于补充性质，而仅凭情感就做好与外部世界的全部互动，这种假设是超越人类能力范围的。因此情感在情感互动中也仅是附属于互动的一部分。在完全互动中，主要依靠四肢发挥作用。然而，在解析情感信息的基础上，系统可以对内、外部要素进行修正和匹配，让受众享受更满意的体验，为后续高阶交互行为的激发创造有利条件。

4. 心智模型协调适配

新的人机交互架构在人工智能技术的催生下如雨后春笋般破土而出，如声音助手、对话机器人和交际智能体等。新的智能装备响应受众情绪的能力更强，甚至能够产生同理心和承载感情，与受众沟通更加协调、融洽。人与机器的相互理解表明机器的心理模型达到了与人相应的状态。

5. 以情感为中心的设计

这是一种综合考量受众在交互环节中每个时刻情感波动的策划手段。情感数据在情感交互的应用情境中将发挥关键作用，它能够助力设计从业者更好地分析目标群体的需求，探寻更多的策划素材。

(二) 情感交互实施原则和策划要素

1. 情感信息和特质获取

取得足够的原生身体和心理信息是情感计算和情感交互的前提，凝练情感特质并对其进行初级加工，用于简化维度和消弭噪音。其次，情感的抒发和感悟依赖于多种交互模式协同施加影响，在情感交互中进行数据收集宜采用差异化方法。因此，情感交互的策划应该侧重于最有效、精确地取得受众的情感信息，例如基于一种及以上模式的数据收集；摄像机、麦克风和其他传感器的布局及其受众感知；情感数据采集是否影响受众操作。

面部表情：面部表情蕴含了丰富的思想和情感。人脸表情数据可以直接从摄像机中提取，具有场景自适应性和方便性的优势，干扰和噪声可以得到有效控制。随着近些年来视觉表达相关手段的迅猛发展，专注于神态的情感取得成为常见的探索和应用。

语音特征：在人际关系中，人们经常使用语言来积极地表达自己。不同的情感信息可以通过辨别声音节奏和韵律的变化来获得。随着语音交互技术的普及，语音数据的情感特征有着更大的应用空间，但这有赖于与语音交互模式的深度绑定，即要进行情感互动，必要条件是相关操作必须将语音互动作为重要部分。

手势、身体姿态：人们善于使用面部表情和情感判断而不是手势和姿态，一些心理学家长期以来一直在研究这种现象背后的深层原因。然而，仍有一些观点认为，某些特定行为与相应的情绪有关。虽然这一领域的研究很少，但手势、身体姿态与面部表情识别的综合运用可以看作是对情感信息的有利辅助。

生理信号：此类信息通常更客观和准确，因为它们不受制于主观控制等其他干扰。生理信号包括脑电图、肌电图、血容量波动、眼动、皮肤温度、血压等数十项人体指标。受益于感应技术的跃迁，此类信号的收集变得越来越寻常，也不能过度干预人的正常生活体验，这使得生理信号成为情感交互探索的下一个热点。

2. 情感的建构与辨识

计算机在情感计算流程下对情感的获取并不来源于直接量测，而是通过观察情感的外部表现和特征，再进行情感辨识，间接地判断目前的情感状态，因此，情感识别可以解释为在情感特质信息和内心情绪状况之间建立明确的指向性关系。情感建构是通过搭建数学模型对人类情感进行科学的定性和定量分析，然后利用大量情感数据样本对模型和情感判据进行反复的寻优和强化，使模型进化为可以相对准确辨识多样情绪的程度，这是情感识别的重中之重。

情感互动的策划必须明确判定互动环节下的情感，这种判定大致包含情感粒度和描述形式两个方面。粒度是指在情感互动中要求辨识情感的碎片化水平，在某些特定应用情境和行业里，大多数情况下全面覆盖涉及的所有情绪是必要的，有时仅要求做出受众情绪正面、负面的选择。描述方法是指将情感的范畴细分为离散化或多维度层面。离散化一般以情感的基础原则为依据，更贴近人类情感的实际状态，但很难量测情感的丰度、兴奋性等，而情感的多维度架构和其他能够量测情感丰度的架构通常相对更加理性和客观。

3. 情感的抒发与利用

在明晰受众情感方面，情感交互系统必须向受众提供反馈，即情感信息的抒发和利用。上文曾提到，情感计算等计算机学科的探索旨在为机器赋予人为的情感，并最大程度趋近于人的真情实感。然而从互动策划的角度来看，情感数据促进了互动过程的渐进式蜕化，互动的主题和样态得到升华，交互感受实现了向更先进方向进化，情感表达的可行方式得到一定程度的丰富。设计应根据差异化的对象和情境定义情感抒发的利用手段，具体可分为三类：（1）对标受众要求，将受众的好恶与收集到的受众情感信息挂钩，优化供应给受众的物质与精神产品。（2）对标情感体验，体验导向是对受众情感状况的启发和调节，在大多数情况下的目标是追求满意的体验。在少数情况下，它被设计成促进受众保持特定的情绪状态，如学习和驾驶。此外还被设计来烘托一种特殊的情感，比如呈现带有地域特色的厚重历史。（3）对标人工情感，是指在智能代理、情感机器人、仿生人等交互中完成与人工智能沟通的情感抒发。

由此可见，情感运算和情感交互的方法特质和范式原则，对交互策划的研究方向与具体内容明确了思路与要求。

第四节 村落交互式文创的设计层次

通过对交互式文创的大量样本解读，我们可以发现这些文化创意活动是层出不穷的。在表现形式上，有的发挥文娱属性，有的突出教育意义；在表现手法上，一些在该地域内的互动设备上集中投放，显示在投影仪、电视、广告等屏幕上，而另一些则借助于手机端和网页端浏览。尽管已经有一个一般性的定义，但由于案例的复杂性和不确定性，很难总结其创建规则。因此，本书运用记叙视角来解读交互式文创的要素。

交互式文创能够利用数字介质传播互动价值，并将泰山文化知识原汁原味地讲述给受众，以达到教中学、学中乐的目的。这与交互式记述的理念不谋而合，这是由数字媒体跃迁催生出的记叙探索，也就是新技术支撑下记叙流程和记叙手法的革新。互动数字记叙（Interactive Digital Narrative，IDN）是一种受博弈论启发的记叙风格，主要研究交互与记叙之间的定位与关联。在《数字叙事：互动娱乐创造者指南》一书中，卡罗琳·米勒（Carolyn Miller）列举了数字叙事的 10 个主要领域，包括游戏、互联网、移动终端、在线视频、广播、影片、智能家居、仿生机械、虚拟情境和电子展台，此类层面一定与交互式文创有较多公约数。与前述相对应的，哈特姆特·科尼茨（Hartmut Koenitz）构建了逻辑架构将交互式记叙分为三个层面，其中系统（system）代表数字化交互式记叙所依赖的硬件和软件，即所有涉及的装备与程序；过程（process）代表受众作为交互式记叙亲历者的交互动作；产物（product）是指受众个体对记叙中虚拟意象的解析，由于相互作用，交流中迸发的见解大多因人而异。

与传统的文创产品不同，这种图案只是简单地印在玩具、文具、穿戴和其他日常用品上。相反它通过讲述一个故事让受众消融传统文创载体的坚冰，掌握大量关于地区文化的记录与逸闻。由此文创产品的交互性既有活跃性又有严谨性，这与经典记叙的理念不谋而合，后者的部分理论具有相当的借鉴价值。依据文化系统概括理论的观点，权威叙事观将记叙分为三个维度：即事件、记录和讲述。这里的"事件"是指读者对文本的宏观概括，属于底层架构；"记录"是一个在宏观与微观间的临界状态，一般将某个故事为读者留存；"讲述"是历史真实叙事的具体路径。因此，传统叙事与交互式数字记叙的概念分野是一个三段式构型，但两者之间的对应关系也有矛盾之处。这是由于交互式数字记叙中记叙顺序的不一致和灵活多变所造成的，即受众对"事件"的理解千差万别，深受交互式操作的影响而转变故事的演化和解读。因此，"产物"很明显就是"事件"，而"系统"就是"记录"，这两种概念方法实际上是互联互通的。

一、层次内容

参照交互式记叙和记叙理论的分界，本书将交互式文创的策划和分析角度分为三个层次。

价值层：即文创的策划目的和原则，在前述样本中，部分意图增进受众体验和历史学习，部分意图受众的感知与文创进行关联，部分意图激发受众的灵感。这一方面可以称为"价值层"，正是原创的设计意图和设计理念决定了文化创作的价值，与记叙"事件"和交互式记叙"产物"是对照关系。

实施层：即关键作用和对应的交互环节、经验和发生的活动、故事。因为它是一个从价值层面具体表达宏观策划思想的环节，所以它被概括为"实施层"，对应于记叙中的"记录"和交互式记叙中的"过程"。

完成层：受众可以径直阅读、观看或感触的纹样、脚本、声音，直接发生联系的输入设备、输出设备甚至是虚拟物质，均概括为交互式文创的"完成层"，即全部主题数据、载体以及存储它们的软硬件系统，这与记叙的记叙性和互动性相吻合，相当于记叙学的"讲述"或交互式记叙的"系统"。

"价值—实施—完成"的三个维度大致囊括了可能发生的全部情况。无论如何，利用该策略解析出的三个维度是层次化的，可以全面描述创意策划的每个流程与专业，因此对任何一个案例都具有可实施性。当然这三个维度也并非无懈可击。例如，在解构环节中，文创"完成层"的特征必须分解为主题、载体和手段三个要求，这使得完成层的范畴不明确。笔者认为，这一现象是由交互记叙中系统层面定义的繁杂多变造成的，尤其是交互数字记叙不同于以文本记叙为对象的经典记叙研究对象，忽略了载体、手段等要素。交互式数字记叙体系包括从主题到载体，从程序到装备的完备体系。因此最好不颠覆这种妥协性，为后续解析交互式情绪干预的策略提供便利。

（一）价值层的区别与设计关键

价值层以泰安地区村落展览场所的特色文化或主题为线索，突出某一特定的文化或历史，使公众特别是儿童能够更好地理解和获得娱乐享受；而国外的村落交互式文创已经具备了这些特征，而且更试图给观众一个反思和交流的机会，以激发大众对历史文化给予更深层次的关注与思考。这是因为交互式文创在各展览场所中非常普遍，而我国的交互式文创实践仍局限于一线城市，主要集中于少数几个类型的场馆中，这也表明地域文化主题与文创的价值层密切相关，有必要让大量少有展示机会的村落地域文化特色飞入寻常百姓家。

泰安村落特色文创的取材范围虽然广阔，但主要集中在内容和形式的表现效果上。然而，上述基于价值层的分析却各有不同，需要进一步归纳与阐述。由于价值层的本质是策划概念，许多观点有助于分析设计的要点。国内外专家也对地域交互式文创进行了调研，发现观众在展览中的偏好可细化为十四种，大致可概括为身体体验、认知体验、社会体验和反思体验这四类。在此基础上，演变出 IPOP 理论，指出大众在展览场所的感受主要受"观点、人、物、身体"四方面的综合影响。

基于这一理论和案例分析，交互式文创的价值层可以概括为四种基本类型：情感体验、知识体验、物理体验和反思体验。情感体验是指交互式文创在激发受众兴趣以及创造愉悦体验方面的作用；知识体验是指受众通过交互式文创，与历史、地域和文化知识进行接触，以满足其对知识的渴望；实物体验是受众在互动中通过触摸真实的地域文化生活和虚拟场景所带来的现实感；反思体验是指互动式的文创给受众留下难以磨灭的记忆、灵感和思维。

这四个类别可以在不同策划中可能各有偏重，也可以几个或全部同时均衡存在于同一个文创产品中。泰安景区的服务中有一项关于互动笔和互动桌的活动，受众在互动中可以充分享受乐趣，可以使用真实的文化元素或泰山纹样设计自己的专属壁纸，因此在这个活动中情感体验和实物体验得以兼顾，实现了学中乐、乐中学的文化创造价值。展览场所的种类、主旨和特色很大程度上影响着交互式文创价值层的设计决策，目前从既有实例中看，"实物体验"相对较为适用于大量交互式文创的创作。

（二）实施层的区别与设计关键

在实施层，国内外案例展现了一种明显的趋势，即娱乐性和游戏性。当然，游戏化的重点是不同的，例如一些游戏基于历史叙事，并转化为与玩家的交互体验，以唤醒玩家的记忆和共鸣。此外，另一类专门设置的游戏任务是为了引导玩家在游戏中探索的兴趣与动力。其次，通过对国外案例的分析，发现具有实用功能的文创产品屡见不鲜，这些产品除了把玩的趣味性外，还突出体现了另一个特点——产品的实用性。大量具有实用特征的交互式文创案例反映了功能设计的两个方向，一是将文化和展览领域的共同功能结合起来，如场馆导航工具和展览搜索工具；二是通过引入其他领域的新技术和功能来创造原生功能，例如使用眼球运动分析帮助观众解析他们对文物的关注角度，使用对话机器人响应或激励受众，以及使用 3D 和 AI 技术帮助受众进行二次创作。总之，交互式文创实施层设计的两个方向是游戏性策划和功能性设计。前者可分为基于经典故事的设计和与经典游戏的结合；后者可以分为地域文创实用产品的组合，和构建原创功能的新技术的组合。

文创实施层策划是与上述游戏方法或实用功能策划相对应的互动过程设计。在案例研究的基础上，可以用六种方法来概括文化创作实施层的设计，即游戏化、情境建构、增强感知、对话建构、联系建构和灵感与创造。游戏化是将文化元素和文化知识融入游戏任务中，使之更具吸引力和可理解性；情境建构是一种通感和联觉的手段，主要是烘托氛围、调动情感，进而巩固受众的感性解析；增强感知是利用可视化、虚拟现实、增强现实等技术帮助受众增强理解能力；对话建构是一种在人机交互中使用对话机器人，让受众了解历史和文化的特殊文创形式；链接建构是根据受众的主观感知和个人思考实现对互动体检的解析与流程优化；灵感与创造让受众能够依据观览内容进行广域范围内的冥想与再创造，以获得个性化的思维与观点。

实施层的设计依赖于价值层的策划思想，但具体的设计方法并仅限于此。例如，对于"反思体验"文创价值层的意义，可以使用"对话建构"模式（如 Iris+ 询问受众对社会发展的观点）或"游戏化"模式（如艺术镜头展使用交互游戏向受众形象指明"艺术欣赏之路"）来构建抽象概念。

（三）完成层的区别与设计关键

在完成层上存在两个主要差异：第一，与一线城市相比，泰安交互式文创案例更多的是以手机应用和网页为媒介的在线案例，展览场所采用互动屏、互动桌、互动投影等设备。这些差异可能是由于文化壁垒、移动互联网的发展趋势以及离线体验的涵盖区域有限造成的。在泰安地区中轴线展厅、数字展览场所和智能平台的背景下，交互式文创需要区分线上体验和线下体验的应用场景和涉及因素。第二，国外发达国家对人工智能、体感交互、语音交互等新技术给予了高度关注。相比之下，中国交互式文创强调技术与文化内涵的协调，在文创内容上做出了巨大努力，这也印证了中国漫长的历史和璀璨的文明是交互式文创发展的不竭动力之一。

交互式文创策划的完成层是关注展示给观众的功效。通过对案例完成层的剖析，文创完成层可以从空间与周边、介质与技艺、形式与成分等方面总结。空间与周边，即作为一个系统的场景与物理环境的设计元素；介质与技艺涉及展示文创的载体类型（如移动应用程序、网页、互动桌、投影仪等），也可能涉及加载表单策划和背景功能模块；形式与成分是文学创作中图形、音频等多媒体形式成分的设计。此处的设计方法类似于传统文创，文化特征通常从展览场所中汲取出来，转化为策划元素并重新加工设计，使形式成分更加符合当代受众对美学价值的追求。

完成层的设计强调对泰安村落区域文化或文化意象的处理、调整和信息补充。二次创作的特质使其符合展览场所文创的内蕴和交互式基调下数字空间的特性。这种处理和创作，不仅是从观感层面上让产品及其附着文化成分的漫画化，而且以"卖萌"的形式展示给目标群体，而是由静至动、从一到多、从被动接受到主动获取、从对文化知识的感性认知到理性领略的进化，需要对其中关键点进行不断排序。其中，设计内容是指各层面的主体策划标的，设计要点是指标的涉及的要素或可能的策划倾向，对交互式文创设计要点的总结，为情感交互式文创策划元素的进一步细化提供了支持。

二、案例分析对进一步研究的启发

虽然国外交互式文创的发展极大开拓了我们的眼界，但泰安村落地域的文创开发特色和文创繁荣程度存在显著差异。在进一步探索之前，有必要明确研究标的展览场所类型，使研究成果更具有普适性并且更契合当地展览场所的实际状况。泰安地域交互式文创的主要见解可分为科技类、历史类、纪念类、改革类、自然类、文艺类和民俗类。

基于以上关于泰安地域的研究见解以及结合文创发展的宗旨，进行实践探究，并提出对应的策划逻辑，原因有二：首先，泰安地区历史文化源远流长，其存续和发扬始终是当地相关从业人员甚至是每个居民的职责所在，兼具了社会意义与经济价值；其次，泰安本地展览场所的交互式文创相较于 20 世纪已经大为扩展，但在一些农村文化领域的应用还相对稀少，需要进一步地深入发掘，交互式文创与情感互动的介入对泰安地域文创的发展具有重要的实际意义和可操作性。

第五节　泰安村落展览场所情感交互式文创实践研究流程

一、实践研究的对象界定

本书并不希望明确界定泰安地域交互式文创的目标群体，这是缘于即便泰安地域文化的受众和粉丝具有年龄、性别、职业等明显可区分的特性，但也不能认定泰安村落地域文创的目标群体也与这些特性相匹配。对于最热衷于交互式文创的受众群体没有硬性的划分，要求在策划中要关注通用性，即使是为儿童、老年人和受教育程度低、消费能力低的受众也要创造舒适的文创体验。

然而，在研究过程中，通过对研究对象的界定可以得出最具特色和参考价值的结论。幼儿群体在关注点、认知体验、互动能力等方面与成人有显著差异，而大龄群体在人机交互方面的操作能力匮乏，更不用说使用互动产品和情感产品了，因此这两个群体并未计入研究范围之内；其次，研究过程必然涉及展览场所文创的视角及其互动体验的评价。因此有必要确保研究标的具有相关的经验和经历。综上所述，初步选取近两年来关注泰安地域文创体验的青年、中青年（即 16~45 岁）作为调查对象。

二、实践研究思路与过程

目前，交互式文创在地域文创策划中占据比例和涉及领域相对有限，交互情感干预尚无应用实例。因此，研究过程适合以更为常见的交互式文创作为基础，首先关注目标群体的认识和感受；以此为依据，笔者引导研究对象在情感交互功能干预后进行文创策划，以探索相关潜在要求并将其具象化为设计方向。

为此，本书将调查研究的流程环节分为四个步骤进行。

1. 通过对交互式文创的纸面调查和实物调查，明晰情感交互式文创的发展状况和文创交互式设计的相关要素，如文创习见的主题和样式、存在的短板、应用案例、情境、介质和互动操作等。

2. 通过向特定人群发放针对文创交互式周边产品领域的问卷，了解受众的喜好及其对文创交互式的认识和要求，作为对文创交互式策划重心的补充。

3. 基于问卷调查得出的论断，通过对受众的点对点深入访查，探讨受众在情感交互式文创诸方面的要求。

4. 以一些成功的文创案例为参照，邀请客户和技术专业人士进行实验，衡量交互式文创在情感交互体验中的关键点表现，进而得出由表及里的共同结论，所有这些结论都将都转化为情感交互式文创设计元素。

以上四个步骤中，步骤一作为对初步分析的考证，并支持问卷调查、访查和实验等下一步骤操作。步骤二、步骤三和步骤四分别对应于调查的三个重心，通过问卷调查、访查和实验，得出了最终的调查结论，发挥对情感交互式文创策划方法的引导作用。

第六节 泰安村落地域情感交互式文创受众研究

一、实地调查的流程及结论

(一) 村落地域交互式文创桌面调查

在调查的初始阶段，二手数据调查方法（也称为桌面研究）可以快速获取有关国内外交互式文创的信息，并为后续调查铺平道路。通过"百度""谷歌"等检索服务运营商可查询得到公开的地域交互式文创案例，并且检索获得的样本可以尽可能范围宽泛化、样式多样化，且都是独树一帜的代表作品。在中国典型的交互式文创样本研究部分，通过调查和研究，可以总结得到桌面研究的成果。

1. 交互式文创的主题多种多样，但可以概括为游戏使命（如基于历史和典故展开的游戏，或与解密结合的休闲益智类游戏）、场景模拟、探索性发现（帮助受众探索、发掘，或浏览具有 VR/AR 效果的物品或见闻）、解释性指南等主题。

2. 在发展模式上，百度、腾讯、字节跳动等互联网科技企业通常在数字媒体领域合作开发或委托团队开发。前者主要以移动终端 APP 为文创媒介，后者主要以触摸屏、互动桌和投影界面为载体，实现肢体和现实情景的互动。

3. 除展览场所外，中央商务区、游客集散地等也有会以演出、临时展台等形式出现的应用场景。或者让受众通过移动终端 APP、个人电脑网页、智能扬声器等在家中即可实现的体验。

(二) 泰安村落地域交互式文创实地调查

借助桌面研究获得的信息，本书将对泰安市主要展览场所和传统村落进行实地调查和受众访查，通过切身感受交互式文创和递进旁观受众操作，得出以下论断：第一点，部分场所场馆一味强调技术在文创发展中的应用，如流媒体、场景交互技术等，但与题材和文化内蕴不具有强相关性，使用感受也不尽如人意，相反由市场化运作的文创周边的表现相对更佳。因此，下一步考虑应关注策划的文创主题、样式等概念维度要素，规避策划路径偏离文化的根本特质。第二点，在泰安村落地域展览场所体验交互式文创的参与者大多是群体活动，例如友人、伴侣或亲戚关系等，下一步调查和研究应更加聚焦于目标群体的特征与要求。第三点，交互式文创的应用场景要做到实体环境应与主题互相映衬，并应注意辅助配件等易忽视的因素。第四点，由于调查研究中发现的交互式文创样式呈现百家争鸣之势，有必要区分适合情感交互干预的形式、模型和媒介。

二、问卷调查的流程及结论

（一）问卷调研的设计与执行

根据前面的叙述，问卷调查的目标是了解各类群体对泰安现有村落地域交互式文创的集体立场、认识和多维度的要求，为下一步对情感交互式文创的调查与研究提供借鉴，并为后续策划要点的归纳给予支撑。

问卷的布局可分为五个方面：第一是调查目标的基础信息，第二是对地域交互式文创的大致了解，第三至第五是受众对文创的价值层、实施层、完成层三个层面的感受和立场。在前述的样本调研中，通过解析各级策划要素以及桌面研究和实地调查中提出的问题，确定问题及其可选择项。

为了获得最确凿、最有用的结果，笔者将问卷统一印刷，并分发给泰安美术馆和泰安科技馆的出入人群。

（二）问卷调研的主要结论

1. 调查对象基本状况

回笼的问卷汇总事实表明，答卷人的性别和年龄散布大致均衡，能够确保问卷结果不受群体差异的干扰，具有广泛的代表性。其次，调查目标基本囊括了各行各业，其中占据较大比例的是在校生和老师群体。根据发放问卷的既有经历，在部分时间可能会有更多的学生群体、青少年和家庭群体，由于前述对调查目标的要求，本次调研最终未将 16 岁以下的人群统计在内。

2. 调研对象的地域文化体验基本要求

从以泰安为游览目标的群体的基本关注点和要求来看，大多数游客选择"娱乐旅游"作为主要目的，少数游客是为"陪伴他人"而来，而为了"增长见识"而来的群体不到样本的三分之一。这表明游客对旅游感受的期望不是观览景物和积累见闻，而是以休息放松为主要方针，进而寻求愉悦、新颖的综合经历。这与笔者在实际调查中碰到的情状相一致——数字展示和多媒体观览区的体验人群密度和观看时间并不低于其他主要展览区域。其次，当被要求集体移动到各固定展点时，只有11.3%的游客透露他们是个人独自出行。根据笔者在全部调查研究过程中的见闻，游客大多数都是与友人、爱人或亲戚一起旅行，其中有不少是父母陪伴子女的情况。

3. 受众对泰安地域交互式文创的整体立场

占据绝对数量的接受调查群体已经对交互式文创有了部分认识，其中大多数的受访者均承认他们已经亲身经历过交互式文创的使用过程，这表明交互式文创的理念已经在大众中进行了部分有效传播。通过对具有典型交互式文创样本的展览场所进行问卷调查，笔者从桌面研究中注意到，交互式文创项目在我国不同类型、不同规模的展览场所中已经不在罕见，事实上得到了广大公众的认可。此外，占据绝对数量的受众承认这类文创具有长远价值，并期望着更加优秀的使用感受。

4. 受众对泰安村落地域交互式文创价值层的要求

对交互式文创价值层的理解，展现了受众对文创产品的性能要求。基于这种理解因人而异，笔者枚举了受众可以采选的目标和用处，以帮助受访者做出决断。从统计数据来看，"增强体验效果"和"创造情境"是最具选择性的文创功用，分别占65.2%和60.5%，这表明交互式文创附加的视觉、听觉效果和情感最为受众所欣赏。近年来，基于多媒体的视频、投影和数字场景已广泛应用于大型展览场所，为观览感受赋予了更强烈的文化感和体验感。其次，多过半数的受众选择了"提高乐趣"，这也表明娱乐性是对交互式文创不可忽视的要求，受众想要获取一种活泼生动的文化体验和展览体验，而不是单调地浏览传统展示样态。最后，仅有36.8%和31.2%的受众选择了"讲授知识"和"辅助性导游"，这也表明受众要求更多的是感受愉悦，而并不关注交互式文创到底可以发挥多少实际功用或可以传播何种民俗文化。

遍历各种要素中暗含与交互式文创进行联结能力的，"与实物结合"选项的被选率最高（62.4%）。受众融入真实事物的期望，其实是对参与体验必要性的体现。过去受众在展览场所的举止主要是"看"，很少涉及肢体活动。交互式文创可以填补这一空白。紧随其后的两个选项是"与环境、场景结合""与社交网络结合"，占比都大于样本总量的半数。选择前者是因为当前的交互式文创太过凸显自身的特殊性，以交互屏幕为例，外形、系统、操作均与展览场所环境互不兼容，内容与观览主题无必然的对应关系；对于后者来说，这可能是因为网络平台与大众社交更紧密地联系在一起，而且在文创领域也有一些优秀的创作被上传到快手、抖音、微博等平台。此外，很少有受众选择与一同出行的家人和朋友共同参与一项交互，通过离线实地调查，笔者认为这是由于交互设备、使用方法、任务目标等都是为单人场景量身打造，家庭成员的爱好因性别和年龄的不同而大相径庭，进一步降低了共同体验的可能性。

5. 受众对泰安地域交互式文创交互层的要求

在调查过程中，受众承认交互式文创使用中发生的困难主要是设备自身的功能缺陷，同时没有顾及外界条件中的场地、光照、声音等要素。互动性是交互式文创使用感受的根本，但在策划中缺乏一定的测验环节，未对真实功用的欠缺引起足够重视，造成对受众使用感受的妨害。根据作者在泰安的实地调查结果，一些交互式文创起步较早，但没有及时升级换代，导致产品逐渐与时代脱节，一些如体感交互、AR、VR 和 MR 等新技术的真实性能未达预期，这也是一个关键源由。此外，交互式文创还必须斟酌特定的应用情境。

问卷中还提出了一些疑问，用以考察受众对交互式文创的初级功能和高阶功能的要求。事实说明，在初级功能方面，许可目标群体发挥自身才智"自由创作"是交互式文创中广受青睐的功能；使用数字多媒体进行"景观创作"也是众望所归，这两者分别有 36.5% 和 35.1% 的受访者采选。在高阶功能中，采选"实体道具"所占比例最高（41.5%），随后是"个人体验""集体参与和共享"。在价值层的研究成果中，受众的交互性能要求大致符合对文创的系统认识和解析，揭示了受众在文创体验中的趋势和特质。

6. 受众对泰安地域交互式文创完成层的要求

完成层主要从受众对媒体、情境和观感体验的倾向性来酌量建立问题。对调查问卷成果的剖析表明，受众更热衷"大型互动屏幕"，其次是"智能装置""投影"等，这表明屏幕引导操控仍是受众最熟谙的样态。选项"其他智能装置"位列其后，这表明受众对展览场所当下配置的交互媒体是不惬心的，或者不首肯在展览场所放置屏幕和配置游戏、视频的应付措施。此外，对于文创的使用情境，"线下体验"和"视情况而定"占总投票的 89.6%，表明离线亲身感受在文化展示领域的紧要性，奔赴展览场所的群体正是在寻找一种仅靠互联网不能获得的灵魂感受。

完成层创立的最末一个问题涉及交互式文创的观感体验，意在了解受众对观感要素、格调和评价美感的倾向。问卷调查结果表明，被采选最多的选项是"糟糕的多媒体显示效果"（78.5%）、"缺乏历史浪漫主义"（75.2%），其次是"无聊、缺乏艺术处理"（43.4%），少数观众认为它不够漂亮、色彩不够丰富。从这个角度看，文创仍然亟待二次创作使其中的文化要素更加生动、平易近人和引人入胜，太过古板和僵硬的观感体验很难调动受众的兴致和共识。此外，由于研究范围相对较小，无法避免对低效率和不感人等问题的扩大。事实上，桌面研究表明类似于故宫博物院数字展厅、敦煌博物院 APP 中的文化要素和观览体验均非常优良。

三、受众访谈的流程及论断

(一) 被访谈者的筛选

对被访谈者的筛选被圈定在那些有交互式文创使用经验的受众中，即交互式文创的使用者，以确保被访谈者可以领会相关观念并获得灵验的成果。此外，由于很少有普通受众实地体验过人工智能的情感识别和情感互动，因此很难从访谈中获得公众对情感交互干预文创的见解。因此除了要保证被访谈者提前知晓情感交互的观点外，还应确保被访谈者中有多名交互设计有关专业的学生或行业人员。作者选择了具有交互式文创从业经历的两位设计人员和五位学生。这七位被访谈者的访谈均为专家访谈，他们不仅对文创有全面的领会，而且对情感交互的理念和手段也有深刻的理解，因此他们的意见颇具说服力。另外三位被访谈者作为本次访谈的对照添补，他们被要求在访谈开始时接受情感交互理念的灌输。

此外，被访谈者的年龄、职业和性别均匀分布。共选取年龄 20 ~ 45 岁、男女各五人，从事行业除设计领域外还囊括了企业员工和自由职业者。其中，熟悉泰安地域文化的有四人，对交互文化领域有兴致的为四人，热衷于交互文化领域的有两人。选取的十个样本基本可以表征大部分受众，因此具有相当的普适性，可以撑持随后的理论迭代。

(二) 受众访谈的执行流程

定性调查是在半结构化的点对点电话访谈中进行的，该访谈征采了研究所需的依据，并为访谈提供了足够的变通性，以获得一些有用的反馈。通过问卷调查和分析，可以基本掌握受众对交互式文创的理解及其在性能、交互、媒体、情境、观感要素等维度的要求。然而，数据结果并不能完全彰显受众的感知，这要求在访谈中进行更深层次的交流，发现被访谈者潜藏的要求。其次，情感交互干预文创的形式因其特殊性和生僻性，并不适合通过问卷调查的形式进行探究，而是亟待访谈来获知目标群体的立场和见解等。

访谈通常遵循"引见—暖场—普通问题—深刻问题—收场和致谢"的流程进行。

开场阶段是引见，首先介绍访谈意图，阐述访谈的原则与章程。第二个阶段是暖场，通过交流试图创造起一个和谐的气氛，使被访谈者易于在后续流程中敞开心扉。第三个阶段是问询普通问题，提出关于交互式文创个人体验和感知的一般性问题，并阐述对某个文创实例的见解。第四个阶段是问询深刻问题，可以从"价值层、实施层、完成层"来研究受众对文创中涉及的情感交互的理解和认知，包括文创中的情感交互应该扮演何种角色，文创还可以再关联哪些附加功能，对情感交互的输入、输出、反馈和持续时间有什么需要，对文创媒体和文创的应用情境有什么倾向。最后是收场和致谢，要对被访谈者的配合与付出表达谢意，随后梳理访谈记录中的重要讯息和蕴含的深意。

（三）受众访谈的主要结论

1. 受众对情感交互式文创的感知和立场

访谈显示，大众对交互式文创普遍持积极立场，大部分被访谈者都能具体形容自己的交互式文创经历，这也表明交互式文创给在访谈者脑海中镌刻下清晰的印记。大众的交互创作感知主要体现在两个层面：一种是强烈地参与交互流程的意愿，随后产生喜悦、惊讶、新奇等情绪，具备此类功能的文创通常是游戏性、文娱性的；另一种是通过眼睛、耳朵和四肢的感知建构情境，让受众能够体验跨越古今、置身其中的参与感，给大众留下长久的记忆。这种文创强调多媒体的表现成效。关于案例中的情感交互式文创，被访谈者认为帮助目标群体分享感情，这一点尤为重要，要摒弃从地域互动的维度简单地呈现和解释，而是利用受众的情绪使引导和推介的文创产品更具吸引力和亲和力。

2. 受众对情感交互式文创价值层的需求

被访谈者对案例中创建情感交互式文创的重要性有着共同的默契，并广泛承认其独特之处在于为每个受众提供差异化、多种多样的阅历。被访谈者表示，包括大众的兴致、感受和情绪在内的情感因素呈现出极致的差异化。因此在情感交互中运用这些个性化要素，使泰安本土文化与个体建立内在的关联。

至于情感交互应当发挥怎样的功效，被访谈者的观点主要来源于自己在交互式文创的经历。另一部分被访谈者表示，情感交互创建的重要性不应局限于表现效果的水平，而应彻底运用情感信息来了解受众的爱好和状况。

3. 受众对情感交互式文创交互层的要求

在交互层的剖析和认识方面，被访谈者从自己的智能装备的交互经历出发，遐想情感交互文创的感受。在互动功能方面，受众热衷于文娱性远多于真实性能，他们认为最关键的一点是要迅速激发更多人培养出参与的兴致，这种兴致不仅来自观感成效，还来自交互环节中的游戏性。

就交互的基础样态而言，喜欢躯体感官交互的被访谈者表示，沉浸式体验是一种能涉及全身的交互样态；偏好触摸屏交互的被访谈者表示，这种形式相对简易，不会给交互执行带来附加的阻碍。声音互动通常被认为是一种不太为人所知的形式，因为在日常生活中此类交互体验相当匮乏，受众无法感知到它的优点，同时还有在大庭广众之下使用被人鄙夷的忧虑。

其他问题还考察了受众对情绪交互和日常生活互动之间某些差异的理解。部分受众承认，他们接受传感器是因为他们不想因辨识错误引发不满意的交互体验，而不接受传感器的受众则表示情绪是很难预判的，它随着时间的推移而不断变化，缺乏确定性。关于情绪识别结果的回应，被访谈者的普遍共识是，在不干扰交互执行的前提下，以书面形式默示结果更为恰当。最后，研究结果表明受众能够容纳可能影响受众的负面情绪，并在与主题关联的前提下，以其他形式疏导这类情绪。

4. 受众对情感交互式文创完成层的要求

在对完成层的剖析和认识方面，笔者从技术要素、审美要素、情感迸发的具体形式等方面对受众进行了访谈，并得出以下论断：一是受众对地域文创中新技术的应用和创造持乐观态度，他们认为技术整合必须有效果和收益，而收益的多少由技术应用的恰当性所决定，这也意味着受众不倾向繁琐的使用流程，顾虑其带来额外的负担。二是就体系化的情感输出而言，大多数受众都愿意在界面上直观察觉到"人设"，人设甚至可以只闻其名而未见其形，当然大部分受众更乐于接受漫画般的图形，它们也可以与展览场所的文化要素相融合，构成全新的 IP。

最后，关于受众情感感知的要求，被访谈者大多表示眼睛的观感对情感有着最直观、最剧烈的影响，其次才是耳朵和躯体的感知，但躯体和鼻子的感知表征可能很难与特定的情感相匹配。这些看法在很大程度上符合作者的认知，其中一些侧重于以前被忽视的方面。例如一位被访谈者认为，敏感的身体感知可以明显地影响情绪，这一观点始于他个人的体感互动式文创经验，该文创产品让受众通过大地震颤模拟交战现场的恐怖场景。另一位被访谈者承认，他对文创体验所用到的配件难以忘怀，这些配件被用作增强现实扫描或合成影像的道具，形状类似于古铜镜。

综上所述，情感交互文创的出色发挥不仅依赖界面上的视觉和听觉元素给受众带来生动的体验，还可以充分酌量其他物理感知的概率。此外，所使用的交互情境和配件也对受众施加深远的感导作用，成为策划和表达的重要组成部分。

第七节　泰安村落地域交互式文创实验分析

一、实验方案的策划

（一）实验的目标和方法

在案例研究的基础上，本书尝试概括了交互式文创的策划重点，当然这些重点可能并不匹配情感互动前沿的交互体验。例如，常见的交互式文创互动样态有触摸屏交互、声音交互、躯体交互、手势交互、触摸笔交互等，多样的交互样态在情感交互中的呈现出不同的表现形式——手指的触摸可能非常准确，但更理智、更严格。躯体交互有赖于受众在很大程度上活动自己的身体，这与精神是一致的，并在推动情感表达方面发挥作用，因此有必要通过实验方法探索最匹配情感交互干预的文创策划元素和特定方案。

在桌面研究和实地调研的基础上，笔者总结出情感交互式文创的五个基本策划元素，即文创样态、交互样态、交互情境、交互媒介和内容要素。

实验的关键是在每个情感交互策划元素下对每个选项的有效性进行评价和确认，然后通过解析其内在因素来定义情感交互文创所需要的策划元素。因此，实验可以分为以下几个阶段：（1）确定评价内容，即每个选项的评价原则要都适用于交互式情感干预；（2）约请受众感受交互式文创，并对每个评价内容进行赋分；（3）利用上述结果优化人工智能神经网络，构建受众评分值与选项优缺点的映射，再使用专家评分展望全局最优选择；（4）最后根据情感交互的理论和特质，对实验效果进行剖析，获得拥有普适价值的论断。

（二）实验目标的筛选

实验目标按照实验组和对照组进行配置。实验组通过观察案例，对情感交互嵌入文创构建较为全面的认知，评估成果可以展现受众在情感交互式文创体验中的实际感知；对照组不要求很好地了解情感交互的建构，但要求全面掌握人机交互的基本理论，并对情感交互的理念有一些了解，评估成果可以辩证地展现策划元素与评价指标之间的关联。

因此，实验组的实验目标可以选定为泰安地域文创的追随者（不限于当地人群），在年龄、行业等方面应尽可能多样化，利用实验组的评价数据优化人工智能神经网络。此外，对照组的实验目标可以圈定为专家，具体包含交互策划技术人员、学生和老师，以确保对情感交互有充分的理解，将专家组的数据推送至神经网络，可以得到更贴近真实的计算结果。

二、实验执行的过程

实验执行期间，笔者邀请受众在泰安交互式文创展览区域使用文创产品，并对各项指标进行了评估。在实验中使用十级量表进行评分，其中十分表示指标与产品信息高度一致，零分表示指标完全不一致。在受众开始评分之前，有要求需要向他们阐明：在对每个元素的四个选项进行赋分时，尽量不要受到上一个体验的文创样态所关联感受的影响。

实验结束时共获取 30 个评价数据，并邀请 20 名交互设计专业的学生进行评分。得益于前 30 个数据来源于受众的真实感知，前 30 个数据可以被用来训练人工神经网络，提升基于认识关系的多角度整体效果。设计专业学生对各种交互样态和交互元素有了详细的认知，该群体给出的基本分数颇具说服力，因此后 20 个数据可用于神经网络预测，评估未来情况。

三、实验结论的分析

由于用于优化神经网络模型的数据来自公众的主观认识，因此存在一些推测性和移变性因素。此外，本实验以泰安地域展览场所的两件交互式文创作品为基础。如果使用其他文创样品，实验情况或许会不尽相同。总的来说，这个实验没有摆脱片面性的束缚，为了取得带有说服力和普适性的论断，有必要进一步解析前述实验结果，并探索潜藏于表征数据中的根本因素。

（一）文创样式方面

根据实验的最终结果，选择游戏或情境模拟作为文创样态是广受欢迎的。游戏是娱乐活动的一种范例，它赋予人以高兴、喜悦的情绪，另外也有焦虑、兴奋的心情；情境模拟，在展览场所的展览领域中常被称为"场景复现"，是通过模仿复原真实甚至华丽的历史场景、情境和气氛，使受众产生如梦似幻的错觉和时空旅行的感受。可以说，这两种样态的文创和情感交互相辅相成，共同促进了情感向丰饶、浓烈和积极的方向演化。然而，仍不能完全断言引导游览和探索类的文创与情感交互相互排斥，相反这种文创也存在利用情感要素提升性能和感受的必要性。

（二）交互样态方面

实验结果表明，躯体感觉交互（动作/手势）和物体交互（笔、手柄等）的样态更适用于情感交互干预。通过比较两个选项的原始数据评价，发现指标的平均得分最高，表明受众认为他们能够激发和传递更浓烈的情感，并维持对情感的核心支配。在躯体感觉交互中，受众通过双手、四肢甚至全身其他部位的动作进行表达，此类动作观感明显，代入感和体验感强，而且进入方式往往与上述"游戏和情境模拟"相关，具有情感体验的特质。在物体交互中，硬件设备的输入模式可以模仿真实环境中的行为，因此得分高的原因与躯体感觉交互有类似之处。例如触笔+触控屏的输入路径可以模拟书写和绘画的动作。因此，无论物体交互如何，都可以借助工具或配件来生成情感化的表述。

（三）文创情境方面

在情境方面，展览休息期间和展览期间的评分都比较高，其次是展览前后的评分，而在展览场所外的评分大幅落后于前面几个。首先这表明在受众的感知中，很难将交互式文创的情感体验与一个宏大的情境割裂开来，这与问卷调查和访谈的论断是相符的。其次，由于实验所依据的案例具有很高的趣味性，"观看展览"的得分应略低于其他案例，这表明情感交互式文创产品应与展览内容有强相关关系，便于发挥学中乐、乐中学的优势，这不仅仅是展览前、展览后和展览期间的娱乐活动。

（四）文创媒介方面

在媒介方面，实体配件相较于其他媒介具有显著的优势，其次是智能机器人等智能装备，而交互屏幕和传统投影的评价分数较低。这表明在文创的情感交互中实体配件起着关键的作用，但在这个领域，所有的信息和操作显示方法都是有限的。以幼儿园教师使用的图本为例，尽管市场上的儿童用电脑、手机或平板电脑上有丰富的学前教育软件，但仍有些人选择图本，这是因为使用阅读笔扫描图本是一种情感体验，因此情感交互必须与物质世界维系沟通。

（五）内容要素方面

在内容要素上，图像视觉、纹理、味觉、嗅觉评价得分较高，相互之间没有显著的优劣之分，仅视频的评分较低。本书认为，尽管背景音乐的音效和声音样式对电影等领域的情感有显著的提升作用，但在展览场所里音频的应用相对稀缺，仅限于平缓背景音乐一类；音乐对情感的正向作用通常需要一段时间，而文创作品的平均使用时间往往不长，最终导致了选择的表现不佳。同时视频图像没有这样的条条框框，嗅觉、味觉、触觉等情感特质浓厚，所以得分较高。

事实上，任何意义上的刺激都将产生一定的作用。在真实情境中，它应该适应文创作品的主题和场景，使其要素尽可能丰裕和充满张力。

本章分为案例研究和调查解析两个环节，一是研究交互式文创的特征和策划层次，二是通过对受众的调查解析，明晰受众对交互式文创的认识和要求，研究情感交互干预的可能性。

首先，案例研究是以国内外现有的交互式文创样本为研究素材。与交互式描述和记叙原则的讨论架构融合，交互式文创可被分为"价值—实施—完成"三个层次。本书在分析国内外展览场所文创样本的基础上，归纳了各级展览场所的策划形式和设计重点，并通过对比国内外展览场所的文创样本，探讨了我国展览场所交互式文创中不易察觉的要素。

其次，以历史类展览场所和综合展览场所为例进行展览场所受众调查。在以上三个层次的基础上，通过问卷调查，收集受众在既有交互式文创感受中的欠缺、需要和展望；通过深度访谈探讨了受众对文创中情感数据的性能、效果、交互执行与观感表达以及情感交互的认识与要求。最后在人工智能实验的基础上，明晰了匹配情感交互式文创的主题、交互样式、互动媒介、互动情境和内容要素。以上结论表明情感交互干预在交互式文创的可实施性，也为未来的探索和策划提供了依据。

第八节　泰安情感交互式文创的模型构建

一、情感交互式文创的策划要素

通过受众调查，得出了情感交互式文创的策划要求，并初步分析了情感交互创造的基本策划要素。然而情感交互作为一种先进的手段和交互框架，尚未广泛应用到一般场景，其详细的策划准则和技巧不能仅仅从实验数据和调查结构中获得。本书从情感交互策划的环节与流程、投入与产出、前馈与后馈以及受众与心境等方面分析了干预情感交互策划的影响要素。

（一）情感交互的环节及其作用

情感交互系统的特质是可以意识、领会受众的情感，并在此基础上决定下一环节的反应，其实施环节可细分为情感的"搜集、辨识、决策、输出"环节。这里的交互环节不同于通常意义的交互作用过程。前者是为实现系统情感交互功能必要的后台行为，受众不是第一手感知，但会影响交互过程和感受。这四个环节依次传输信息并不断循环往复，这种循环是同时和连续的，每个环节都可以通过大脑解决困难的相应环节来认识。

1. 情感搜集，即采选受众的情感信息，用于输入情感交互系统，包括面部表情、运动、声音、语义、生理信号和其他数据。首先，收集获得后要进行初步处置，这些数据经过初步处置后可转化为情感辨识所必要的情感特质。其次，用户的个人数据、健康状态、个人爱好以及情境中包含的讯息也必须完成系统的决策。这一环节包括数据采集方法的策划，包括所使用的传感器及其操作技巧，并可能要求受众所属账户和连通个人电子终端以取得其他信息。因此，策划的关键是让受众对信息搜集的方便性、满意性和安全性有一个清晰的认识，并在搜集流程中收获优良的体验。

2. 情感辨识，即基于取得的情感特质，运用对应的情感范式处理情感，通过多模式赋予权重，可以成体系化地通晓受众的情感（情绪状态和身体状态）。这个环节是在后台处理的，受众不会百分百感知，但一些要素对交互感知的效果有很大作用。一方面，必须确保受众能够知道情感辨识的结果，并部分许可受众否认、纠正或再次辨识谬误的结果。另一方面，为了规避影响交互任务，有必要均衡辨识结果的频度与时长。

3. 情感决策，指将情感辨识的结论与人、机器、情境等要素相结合，做出推断和决定，再修正和优化交互作用的系统。在决策环节，系统需要具备多个层次上的人工智能决策水准，甚至交互中的持续学习和自我进化能力。智能系统可以给受众一种与真人沟通的感觉，但也可能造成真假难辨的困扰。因此，将人性化的图像、文本等要素融入界面，给受众带来天然的体验。

4. 情感输出，也被一些学者称为"情感干预"，是一种基于情绪决策和改变互动环节和元素的系统，它部分左右了受众的情感状况，可以促进下一阶段的情感互动。情感输出是情感交互功用中的重要环节。它不仅可以满足受众的快乐需要，还可以刺激负面情感或提升感受、提高效益和引荐内容。此外，由于决策过程中信息解析、加工和计算都要消耗时间，策划中还必须考虑守候时间以及反馈和情绪生成之间的时间差。

（二）情感交互的环节及其作用

1. 渐进式，是指受众通过一个线性业务流程，遵循一个相对清晰的方法来达成目标。受众一般有清晰的任务或使用依赖的交互性能，系统一般不允许支线任务或中断任务的举动。在情感互动的文创中，用户体验在每个文创中投入的感情、体力和时间都是一定的。冗余的采选和动作不匹配受众和游览场所场景的特征，导致体验焦点的丧失。因此，每个文创应尽量只赋予一个或多个题材的游戏和功能。每个功能的交互方式都是独一无二的，过程必须尽可能简约。

2. 往返式，是指受众可以通过两个或更多步骤来回转换。这些交互方法在关键或艰巨的游戏中比较普遍，受众必须持续证实信息和调整操作，这将牵扯大量的体力和感情。综上所述，情感交互式文创需要尽量降低繁杂环节的占比，并尽量避免与其他交互路径堆叠。

3. 随机式，是指主流场景下的交互方法。受众在实践中可能没有预先设置任务，但他们仍处于一种探寻形态。例如在某些网站和视频应用程序中，用户可以从一段视频的中间或后部切换到另一个视频，或者从一个频道跳到另一个频道，所有这些都是一个偶然生产的兴致和目标。这种在互动环节中的前后转换模式将体现在情感交互式文创的部分特色用途上，如收藏检索等。

二、情感交互式文创的设计对策

交互设计的五元素架构是辛向阳教授在《交互设计：从物理逻辑到行为逻辑》一书中阐述的理念，该理念向设计从业人员推介了用于策划和解析交互体系的构架，它用五个基本概念来表示设计元素，即"人、举止、目标、情境和载体"。依据各元素的内涵，将其嵌入到情感交互式文创的策划中，并在情感交互式文创的设计对策中获取相应的范式。

（一）受众方面

在五元素理念中，"人"是指参加人员的水平、性格和特征，不同受众在互动中的行为和特质大相径庭；"目标"是指隐含于受众举止背后的要求和方针。在文创的情感交互策划中，"人"代表了受众方面的要素，尤其是在情感响应角度；"目标"则锚定满足文创产品性能和实质的要求，特别是迎合情感交互的各类用途。

事实上，情感交互式文创的实际性能相对局限，其设计或许不能匹配受众的某个特定要求，因此"人"与"目标"之间的差异非常混沌。其次，可以对受众进行划分，以便于理清不同受众的要求，即受众解析实际上是对文创要求的不同方面的诠释。因此，情感交互式文创策划中可以定义"受众"来匹配五元素理念中的"人"与"目标"。

（二）举止方面

"举止"是指人与机器之间的横向互动。受众受到意念驱使做出不同的行为，从习性、认识、才能等维度解析受众的特征。在文创的情感交互策划中，还需要分析受众的情感响应，以及研究穿透界面的各种因素如何施加作用于情感。此外，受众还要注意他们对数据采集、智能决策、独立交互和反应、情感介入等独特性的感受。

（三）情境方面

"情境"是在特定环境交互时影响对策划有感导作用的要素。对于文创而言，受众可以利用连续阐释和细化情境来诠释交互情感场景的不同要素（如物理光亮、噪声、受众数量、耐性和流动性；包括展览开始前、行进中或结束后）。

（四）载体方面

"载体"是指在交互中传递信息和举止的介质，其特质也可以变更为策划要素。在文创中，载体或介质与互动形式密切关联。其次，有必要确定交互要求的举措以及交互对策划的作用。

由此可见，在情感交互文创策划中引入五元素理念后，将"人"与"目标"等元素整合到受众要素中，其他三元素的内涵可以小幅度变更。

三、情感交互式文创的受众

（一）泰安村落地域文创受众分类

通过对交互式创作受众群体的窥探，以及对此类人群的问卷调查和统计情况的汇总，受众可以粗略分为三类。

第一类是伴随家人出行的受众，主要由家长及其未成年子女构成，此外可能还包括祖父母等祖辈。这类受众的特征是，未成年子女作为交互式文创的主要使用者，对色彩斑斓、风格活泼、喜闻乐见的文创产品表现出极大的兴致。尽管滞留时长非常可观，但此类受众缺乏观览展品和汲取学问的主观能动性；作为陪同未成年子女的父辈、祖辈们，只有少部分可以和未成年子女们打成一片，而部分人却只是自顾自玩手机，极少数能亲身劝导未成年子女。

第二类是与友人或爱人同行。友人一般以两个人一起出行为主，有时可能会扩展为三至四个人或更多，爱人的组合也很普遍。他们多数是年轻人、中年人构成，也包括许多学生。与第一类受众对比，他们对地域文化范畴充满了猎奇和好学的主动性。他们去每个展览常说不只是为了娱乐和观光，也是为了学到一些东西。此类受众具有以下特征：（1）具备较高的学识水平，愿意借助观光泰安当地领略历史、文化和风俗，不仅仅是享受文创的观感性和游戏性。（2）借助巡游泰安寻求个人体验，置身于历史风光和当地文化中，充分汲取在书籍、电视和互联网上很难企及的参与性和新颖性。（3）乐于倾注体力和空闲去探索交互式文创，同时具备一定的鉴赏能力，能够在短时间内摒弃不必要和肤浅的文创样式。（4）有浓厚的交际意愿，乐于在出行过程中与同伴交流想法，并借助社交平台的发布展示功能来抒发见解。

第三类是单独出行的群体以及其他类型的群体。这些群体可能以游览为目的，或者是出于学业和务工的要求，但大部分群体对泰安当地的历史文化表明了主观接受的态度。在现场考察中，笔者发现此类群体流连于交互式文创前的持续时长和使用时长不如前两类受众，进一步表明此类群体的目标清晰，因此可能不重视以传播分享快乐为主题的文创；其次，因为没有足够数量可与之沟通的同行者，此类群体倾向于少体验以放松和快乐为主的文创。

（二）受众层面的设计手段

1. 表达性要求

表达性是指展览场所情感交互式文创的外形、界面、样式、语音等要素的呈现结果。好的结果通常与趣味性和便利性有关，类似"好用即美"的道理。同时，与低层次观览对比，文创作品对眼睛和耳朵的冲击力可以迅捷激发受众的兴致，使其比单纯地观览实物更引人入胜、更易于接受、更助人成长。表达性要求的底层逻辑是受众对体验和快乐的追寻，这是最基本、最初级的要求。

2. 沉浸感要求

沉浸感是交互式文创与任何其他样态文创产品的根本差异。它为受众提供了躬体力行、开放探寻和置身其中的契机，而不是被迫地受引导和观览。同时，情感交互式文创需要符合受众的实际体验要求。多媒体用于演示，如放映视频或网页，以取代文案的旁白，但还不足以实现情感交互式文创的宗旨。在当代的教育行业，沉浸感的理论已经被证实对研习和认识是有益的，在它的加持下受众开动脑筋、手舞足蹈地抒发情感，它不但能激发受众的兴致，而且是受众兼顾教学与娱乐的前置要素。

3. 对交际互动的要求

在马斯洛的人类需求五级模型理论中交际友谊是第三级，即为人类承上启下的基础要求。受众在购物场所置办文具、玩具等文创产品当作礼物馈赠他人，此类行为均是交际与交互要求在文创中的表征。

调查发现，大多数展览场所文创体验群体都是成群结队进行观览，他们中的许多人经常集体使用交互式文创。此外，在实践中一个人使用、其余人旁观的情况屡见不鲜。因此，交际互动在情感交互式文创中的要求是多角度的，从小规模的一同参与者互动到与较大规模的区域人群交流，再到互联网上的无线共享，当然部分有关情感交互的信息可能不方便集体共享，这要求遵照一事一议的原则均衡交际中的私密性和交互性。

4. 成就感和满足感

同样，文创产品的销售一般是由交际或社会要求驱动的。隐含于这些现象之中的是受众对展示自身文化鉴赏能力的动机，期待得到周围人的欣赏与推崇。尊重需要是马斯洛人类需求五级模型中的第四级，是一种高层次要求，它可以让受众取得心理上的成功与满意。

在文创的情感交互策划中，对情感的辨识和解析可以首先表示为对人的同情和恭敬；另一方面，基于灵活变更任务和形式，受众可以在互动中均衡负重感与成功感；最后，第一时间做出回应，通过精神和物理激励获得快乐。

5. 对深层次感觉的反馈

目前，交互式文创并不罕见。在这种情况下，交互过程通常遵循给定的步骤开展，受众在几个选择项目中进行采选，系统也将反馈既定的内容。受众倾向于首先浏览列表中引人瞩目的选择，然后单击检索其中的信息，是内容类文创中的常规性操作。虽然内容和形式非常具有吸引力，但互动体验终归是不是无限的、灵活的。

以情感计算为依据的深层次情感解析能力、人工智能的评价和推送能力、巨量大数据线上存储能力，情感交互式文创的产生是对人深层次情感的反馈，这使受众能够与展览场所建立更加紧密的关联。为成千上万的人带来差异化的体验。

四、情感交互式文创的行为

（一）任务和环节的感知

关键任务不仅涉及界面架构、执行步骤和形式展示，还涉及受众在以上几个方面的清晰感受。在交互策划中，导引、按键和文本等要素赋予了迅速领会任务、对交互体验做出基础决策以及预测后续交互行动的功能性。不是每个人都能接纳展览场所的交互式文创，尤其是情感交互式文创，左右受众感受的重要元素包括：在正式开始交互之前揭示结果，让受众对交互任务有一个积极的回忆；借用技术装备和软件，受众更加期望互动和模态环节；抑制情感交互性能，加深对根本功能的解析。

（二）激励和启发的措施

激励措施在交互策划中不可或缺，由于受众爱好不一而同，鉴赏力、专注力等水平也参差不齐，同时对不熟悉的交互样态信心匮乏，短时间的波折就可能导致交互动作的中断。情感交互的情绪表征环节，利用干脆或迂回的情感介入促使受众维系兴致、获得正向的感受，根本上也属于一类激励措施。

在游戏行业，精神和物质激励经常被用来鼓励受众坚持体验，这样受众就可以直面挑战并为之游玩更多时长；近几年兴起的短视频平台也尝试使用算法推导受众爱好，让后续推荐的内容更加具有吸引力。同样，情感交互式文创中的激励和导向措施比比皆是，如激励性的话语、纹样、文案，甚至是派送小礼物等物质性的回馈。

（三）激发情感的本能抒发

在一般情况下，受众发自本能地进行情绪输出，如果受众过分在意自身的面部表情、语音和身体动作，他们的情感输出就会溢出，情绪特质的收集和辨识就会不精准。即使在环境的作用下，情感的抒发也不是纯粹的；同时，它会使受众的专注力发散，对交互动作产生轻视。在任何情况下，这违背了情感交互的意义，一方面它会导致情绪认知的谬误，另一方面也会产生不必要的负面感受。因此，在交互初始环节，需要保证受众保持比较冷静的状况，并对情感交互中的执行步骤有深入的理解。在交互执行进程中，利用恰当的回应进行情绪感知辨识，并保障辨识结果正确。

（四）替受众考虑和决策

该系统基于对受众情感的解析和对受众本人属性特质和环境特点的了解，具备模拟人类的思维和决断的能力，有助于积极的互动或优化行动步骤。此类设计并不是为了限制受众的感知和操作能力，而是为了使用一种容错率高的体系来节省受众在交互动作中的投入，本质上是对内容的强调与突出。

（五）受众在交互中的支配地位

支配意味着受众有能力通晓和掌控交互状况，并能够改正已经发生的谬误，相比于上一种元素，这出于一种相反的理念。然而这并不代表这两种元素是互斥的，因为受众不需要获知全部的信息，也不需要管控交互中的全部行为。受众的评估能力和执行能力是一定的，因此无法聚焦全部要素并探索其思路。无论如何，情感交互中的状况识别和行为操控应该最大限度加以约束，用于规避多余数据导致的麻烦。例如情绪辨识的结果可能看起来很关键，但在真实的交互执行中，情绪及其辨识会持续改变，因此不可能实时监控。调查还发现，通过文本数据进行分层回应或披露模糊结果可能是更优的解决方式。

五、情感交互式文创的情境

（一）与展览环节的相匹配

基于展览情境，持续开发文创的分支情境仍然是可行的选项，用于进一步辨识有意义的设计元素。借助受众使用展览场所全环节的解析，可以枚举走进场所、游览初期、游览中期、游览末期、途中休憩、预备走出等情境。用交互式文创的样本为例，部分发生在初始阶段，但对进一步观览有引导意义；部分则集合起来成为一个数字展览场所，还有存在于全部展览场所观览环节中的。同时，情感交互式文创也亟须对应地完成情境化改进，推动其性能与形式匹配目前的情境。

（二）与实体情境的相匹配

展览场所情境中一个显著的特征，即要求反复推敲实体情境中的要素。实体情境对交互可以产生一定作用，例如展览场所中的声响会干扰语音的纯净；光照会干扰投影清晰性。在这方面对情感交互的影响更为严重，繁复的情境和人群，既让交互执行者的情绪暴露于一个近乎完全透明的情境中，又会或多或少上消弭情感辨识的作用。一旦与传感器等公共装备发生关联，还要求思量分发、杀菌等服务流程。

（三）其他情境的结合

受众在游玩的过程中观览属地的展览场所，因为其眼界被限制在展览场所里，导致受众与文创产品的关联被约束了。基于此，有必要注意观览初期和观览末期的情境，智能装备和艺术类应用程序的私人账号即是一类沟通其他情境的平台，例如更新个人账号的信息，文创能够分析受众历史轨迹进行情感与个体特质辨识；利用合成带有纪念意义的照片，帮助受众延长特定记忆的存续时间。

六、情感交互式文创的媒介

（一）媒介的多样性

媒介多元化元素涵盖情感交互式文创媒介的定义和策划，以及它们对交互模式、界面风格、显示器、传感器和配件等硬件设计的驱动作用。

交互文创样式逐渐愈加多元化，后续交互式文创样本的解析，也表明交互文创能够搭配多样媒介实现，例如交互屏幕、交互桌面、交互投影仪、手机应用程序、网页链接等。媒介元素与受众元素、情境元素、动作元素紧紧关联：媒介的采选首先要匹配情境元素，界面及元素的长度、宽度等大小标准应当适用于受众的范畴，选择媒介的交互样态又约束了交互中的执行动作。因此，情感交互式文创的媒介不仅是多元化的，还无法摆脱元素之间的内部制约。

（二）面向受众的界面

面向受众的界面强调易于培训、善于操作和乐于使用的意愿。受众界面（User Interface）是系统与受众之间的沟通方式，一个好的界面可以让受众迅速了解、轻松掌握并激发热情，同时在推动交互方面发挥正向价值。情感交互创建界面的设计应该能够缓解受众对展览场所形式和情感交互性能的疏离感，培育受众的操作意愿。

（三）实体性的结合

实体性是展览场所游览感受中值得重视的特质之一。实体性感受是前述阐释的展览场所四类体验之一。样品、装饰、景象等各类要素形成了实体性，帮助受众在个体的觉悟中充分感触实体，其自内而外的第一手触动是电视和互联网等信息化媒介所不能比拟的。

同样，假如在情感交互式的文创摒弃了实体形态，交互体验的说服力和愉悦性以及感受后的记忆和自省也将大不如前。因此，文创设计要主动与实体设计对接，达到相辅相成、共同提高的效果。

七、情感交互式文创策划架构组成

前两部分首先论述了情感交互介入策划的影响元素，利用加入交互设计的五元素理念，从受众、举止、载体、情境四个层次概述了展览场景交互式情感文创的策划措施。本部分将论述情感交互文创策划的层次模型，将其作为一个完整体系，从全局层面解构其策划核心、条理和类别，以说明全部策划流程和各个方面的策划元素。其中，从情感交互策划的角度出发，策划元素是文化互动体验和文创互动体验的关键元素，策划环节则覆盖了策划中的详细流程、环节和形式。

八、情感交互式文创策划架构定义

以"价值—实施—完成"的层面对交互式文创的样本进行解析，明晰每个层面下的策划重点。但面临着探索向更深层面前进，以及人工智能和情感交互涉及手段与理念的援用，将不可避免地对文创的策划原则、交互形式、交互媒介、使用模组等层面有一定感导，旧有的三个层面不能诠释情感交互式文创的策划核心。因此，要求串联上一部分给出的策划元素，再次阐述情感交互式文创的策划元素。

情感交互式文创策划的四个元素，可组成涵盖"发挥性能、提升感受、缔造样式、配合手段"的策划层面架构，各元素的范式如下。

（一）发挥性能层面

发挥性能层面是文创核心价值理念与情感交互功用的动态组合，即性能的策划与概念。其关键是文创策划原则，展现了文创的作用和效果层面，相当于交互式文创策划的价值层。

（二）提升感受层面

提升感受层面是情感交互式文创的执行环节，借助于情感交互手段改善或激发崭新的感受。该层面的策划形式是依据策划原则组成交互的工作、思路、步骤，还要对交互方法、介质、情境等底层元素进行明确。该层面本质上是文创的交互策划，相当于交互式文创的实施层。

（三）缔造样式层面

前述内容将交互式文创的策划实施环节称之为完成层，很明显无法将情感交互式文创要求的形态元素与多载体元素两方面都结合起来，为此要求把完成层再度拆分成缔造样式和配合手段。缔造样式层面大致涵盖文创交互系统中观感、听力等层面要素的组织，还有对受众情感状况的引导。

（四）配合手段层面

配合手段层面也就是相当于交互式文创的完成层。该层面是从体系执行的视角，对情感交互式文创的架构开展再塑造，进一步形成其性能模组、措施模组，也包括文创的实体与介质、传感器等智能装备、涉及配件和材料。

由此可见，从样本解析中收集，并借助五元素理念提炼的策划流程，和利用情感交互策划方法归纳的策划元素与层面模组，交替完善，相辅相成。前者从策划调查的角度，理清了真实状态和受众要求等维度的元素；后者的形成，以及策划元素的提炼，主要是为了从策划探索的视角给出策划措施。

最终，将"受众、举止、载体、情境"四个层面下的策划措施与层次架构组合，对两方面开展结对共建，可获取本书展览场所情感交互式文创策划探索的关键论断，为详尽策划方法实施给出了立竿见影的探索根据。

借助研究交互设计五元素理念，从前述的论断中发掘了情感交互式文创"受众、举止、载体、情境"四个层次下的策划措施，当成策划出发点。此外，考虑到平时活动中有关情感交互作用的造物和感受还很匮乏，受众访查中很难得到他们对情感交互感受中特定元素的立场和要求，因此应当对情感交互下互动环节、互动措施、投入与产出、刺激与回应、认识和思考几个层次对其干预交互式文创的主要元素开展书面解析，用于支撑推动进一步探索。

最终，把情感交互干预的元素解析，与前述部分中概括的交互式文创策划重点进行融合，用于归纳展览场所情感交互式文创策划的架构元素，分别从性能策划、交互策划、输出策划、架构和体系的层面，论述了情感交互式文创策划的观点和内核。在此基础上，阐述了情感交互式文创"发挥性能、提升感受、缔造样式、配合手段"的策划层面架构，该架构将文创系统性划分为四个领域，各自对应于不同的策划元素，并确立了情感交互式设计的执行步骤，为策划措施的具体实施增添支持保障。

第九节　泰安村落地域情感交互式文创策划措施

依托交互式文创策划要素，结合情感交互干预的策划要素、策划流程解析，阐述了情感交互式文创的策划元素；建立了情感交互式文创的策划层次架构，将文创策划分化为四个角度和领域。

以该架构为基础，运用从案例解析中得出的策划流程，提出发挥性能、提升感受、缔造样式、配合手段等四个层次下的详尽策划措施，进一步论证其效果。此类措施既是对情感交互式文创多维度的概述，又遵循情感交互的理论，与感受文创的受众真实需要充分叠加，进而对详尽策划的实施发挥参考价值。

一、情感交互式文创的性能发挥

（一）情境化的性能发挥

情境化交互（Scene Interaction）和周边环境交互（Contextual Design）是交互策划的普遍流程。前者是指从受众所在情境和状况的元素组成产品性能，而后者是从受众活动的各个方面获取信息，完成受众的真实要求后概括性能。对于古典文创，应用情境摆脱了展览场所的桎梏，其性能策划不需要与珠宝、生活必需品相联系。在情感交互式文创方面，案例分析表明，其基本应用情境仍在展览场所巡展中。此外，情感交互等人工智能协作手段对交互介质和装备提出了更精密的要求，规范了情境的应用。因此，根据"关键情境"和"扩展情境"，我们可以分别论述情感交互式文创的主情境和分情境，它们的性能设计也呈现出别样的特质。

1. 基于关键情境的性能策划

走进场所、游览初期、游览中期、游览末期、途中休憩、预备走出，参考对受众的查访，受众大都偏好在展览场所内感受互动式、情感交互式文创；实验结构也显示"游览中期"与"游览末期"的空档、"途中休憩"最匹配情感交互感知的要求。同时，参照真实调查研究的结果，例如历史类展览场所普遍以时代为次序安排观览步骤，主要由多个展览空间按次序拼接，每个展览空间又有唯一指向的观览路径。因此情感交互式文创的关键情境是游览环节，再具体分化为"游览初期""游览中期"和"游览末期"。

首先，走进展览场所之前，情感交互式文创能够发挥指向作用，辅助受众了解展览场所、锚定有兴致的主题。其次，将情感交互式文创与展览空间相结合，甚至嵌入到特定样品中，起到促进观览和知识传递的效果，作为观览主题有效强化。目前大量的交互式文创开始填充观览主题，在国外的部分实体物品稀缺的展览场所中较为普遍，改善了存量少、美誉度不够、受众兴致不高等短板，借助交互式文创填补真实物品缺失的空白，同等效果地呈现当地风俗和历史沿革。最后，情感交互式文创也能部署在关键展览场所或空间外，如过道、休息室，或组建交互感受区、形成智能放映厅。在此类情境下，文创题材与观览形式并无强相关联系，主要是在"游览末期"或"途中休憩"环节发挥作用，大多呈现游戏取向，并配合前述涉及的造物、交际、留念、激发灵感等额外用途，巩固受众观览记忆的强度与耐性。

对桌面研究中获取的展览场所交互式文创样态开展了梳理，揭示并归纳共性的文创用途，再按照"愉悦—用途、学识支配—兴致支配、直接—迂回"三个层面进行阐述。此类文创样态一般能够紧紧关联文化内蕴，同时迎合受众关切，能够发挥情感交互式文创的基本作用。

2. 基于衍生情境的性能策划

作为对关键情境的添加与延伸，衍生情境为文创与受众交流创造了大量的机遇。一方面，它以专项展览与表演的样态，把体系化的大量文创产品荟萃呈现，让文创产品被来自五湖四海的受众观瞻，衍生情境中放置的文创品质有时可能超过关键情境。处于该情境中，受众可以花费更大的体力和更多的时长在某一特定产品上，对于策划比较繁杂、多元化的性能表现是妥当的。另一方面，该情境广泛根植于移动终端程序中，建立泰安传统村落小程序，即受众借助手机登录小程序或者公众号，足不出户就能享受几乎全部情境下的情感交互式文创。当然必须指出，考虑到手机等移动终端可以承载的情感获取手段仍较少，情感辨识技术和现有的数据计算能力还未能完整加载进应用程序，就算运用云计算技术仍无法屏蔽信息延时的影响，因此必须为既有的交互介质进行量身打造，变更甚至是禁用情感交互性能。

从受众的角度出发，身临其境感受的关键作用不可忽视，在村落现有的展览场所周边或互联网线上创设虚拟情景。衍生情境中的情感交互式文创的性能策划任务，需要思量用户对文创题材的认同水平、偏好倾向，达到激发受众兴致为初级目标，促使受众对产品建立从情感出发的认知，在这个过程中其文化作用发挥是要让位于前者的。

（二）情愫信息的运用形态

从情感交互式文创的字面意义上看，它是由"情感交互"和"交互式文创"两个短语连接融合后组成的。策划中一定要先区分清楚两者的联系，即情感交互的手段及功能是"表"，文创是根源和"里"。因此，情愫信息在情感交互式文创中的使用要遵循文创基础样态和作用，充分扮演对文创关键作用的支撑角色，这是左右文创情愫经历的关键。

径直介入和迂回介入是情愫展现的两种样态，根据调查研究结果和策划手段对其进行完善后，可将展览场所文创情感交互作用划分为以下三种。

1. 符合差异化群体的特质

泰安村落文创的目标群体非常宽泛，可以按照年龄、性别、行业、受教育程度、出行任务等层面加以区别，其要求也大相径庭。情感交互借助情愫运算、情境体验、海量信息挖掘对受众的地位、爱好、鉴赏能力进行辨识，积极满足差异化群体的要求。

首先，情感交互式文创利用面部辨识技术和私人电子装备、交际平台等介质得到受众的标识属性，再通过数据整理挖掘生成因人而异的策略。比如在索引、概览、综述式的文创中，借由辨识受众的出发地，用差异化宣传来建议无人问津或比较典范的文创形式；在文娱类、情境复现类文创中，按照各个年龄、身体状况的受众，分配任务目标、活动范围等。另一方面，随着交互环节流转，按照受众的情感响应和情绪状况判定其兴致，迅速对产品进行建议和变更。由此可见，情感交互可以从根本意义上改变普遍观览中的静态、被迫接纳式感受，更好地迎合受众的差异化要求。根据技术的反馈将平面设计的元素创设好。

2. 推动文创的"心流"感受

情感交互式文创利用情愫展现，对受众的精神与身体状况的进行积极感导。文创交互经历中，受众的情愫和情绪，以及一定的元气、心力、耐性都会受到意识和环境的影响而变更。如当受众发自内心地觉得文创欠缺魅力，或相关环境条件随着观瞻的持续，受众也许会背负消极情愫或分散专注力。在"心流"理念中，借助均衡个人能力与任务要求的差距，能够让受众保持长时间专注。同时在情感交互式文创中，能够借助感官"催化剂"、AI 推送、难度自适应等径直、迂回的介入措施对受众进行积极感导。例如在场景复现和典故类的文创中，蕴含着许多情绪化的要素，即"催化剂"，利用情感辨识，对情感介入的时域和空间烈度等进行快速处理，以便实现"心流"感受。

3. 情感化交流

情感化交流，即通过对话机器人（Chat Bot）或者智能代理（Agent）为交互介质开展情感交互。在情感处理和自然语言加工的基础上，赋予了系统以文案、声音以及其他样态交流乃至生成个性和图像的功能。尽管在介质与产品上有一定局限，但是近期国内外采用这一手法的文创作品并不少见，比如敦煌与微软小冰联合开发的产品。以对话机器人为载体的情感化交流是人工智能时代展览场所文创工作的一种全新方式，它可以融合解说、引导、探究和游乐等诸多用途，为受众提供了一种理解文创知识心路历程的全新方式。

在设计时，情感信息使用模式可在以上三个层面上进行界定。同时情感交互其实也不会对文创基础性能产生改变，也就是说摒弃了情感交互功能的文创仍然是可利用的，或者是能够被其他方式所弥补。这恰好契合了"表"和"里"，使文创基本性能和情感交互性能更好地融合在一起。

（三）强化受众体验和记忆

情绪是受众在短时间内产生的精神行为和状态，它是在领会事物的基础上产生的一种立场与经验，具有安稳的特性。但二者发挥效用的时长都不是无穷的，并随时光的流逝逐渐减弱。所以情感交互干预文创功能策划不应止步于"体验快乐、刺激"这一表层认识上，应力求让受众有所触动、有所共鸣这一深层次情感，从而将感受和文化要素持久地保留于受众脑海里。

1. 利用算法的差异化体验

在人工智能识别、推测、构建算法的基础上，情感交互式文创能通晓受众的偏好，并将其检索和定制成特定内容推送到个人，继而达到因人而异、差异化的效果。

（1）内容定向推送

当前内容定向推送机制已在网上购物、视频、交际和资讯等领域有了一定的实践应用。针对受众的浏览、收藏和转发等痕迹，利用可持续进化的神经网络不断地分析受众行为习惯及偏向，从而达到内容提升及定向投放的目的，当前具有代表性的算法主要包括分析内容、联合筛选以及挖掘数据三种。

在情感交互式文创里，大量收集情感信息是为了给内容、产品、服务定向推送带来更清晰、更有效率的参考依据，如使用面部表情进行情感辨识、抓取受众对内容响应、判断受众是否有兴致等。定向推送尤其对解密式文创、展览场所内海量的物品、典故等如量身定做般适用。通过精确擘画受众行为肖像并向其有针对性地投放内容、产品、服务等，让怦然心动般的文创经历成为可能。

（2）内容塑造

通过海量文创产品的迭代后，神经网络就能自行确定判据和边界条件，通过持续地比较和识别来完成寻优与进化，并生成可媲美人工制作的文创产品。近些年来，文艺从业者们也在试图利用人工智能来从事图画、乐曲和诗歌等文艺创作。内容塑造为受众近距离接触文化、历史奉上了一条路径，即情感交互式文创的使用与体验。例如在手工制作的文创中，协助受众策划带有鲜明特色的书法及绘画，而复现场景式文创则是运用人工智能整合受众的摄影作品与著名画作以产生一个全新的创作。

综上所述，以人工智能为基础的算法确定受众和文创主题的核心连接，让文创经历不再依赖于展览场所里放置的物品或者设定的题材，而是依靠自身的差异化要求，并能够和文创主题形成琴瑟和鸣的效果。

2. 以交际为基础的交互能力

交际作为人类的一种基础需要，在和别人交流情感和接收反馈时能够得到更深层次的认识和激励。交际元素在体验中同样具有举足轻重的作用。一方面受众会选择与其他人同行并持续陪伴沟通，另一方面受众也愿意在交际网站上、口述交流等方式与其他人共享自己的文创体验。所以情感交互式文创不应忽略受众的交际要求，应借助它来提升情感阅历水平。

一方面，情感交互式文创能以团队配合为运作模式，构建交互体验。配合过程中受众可以和亲朋好友之间形成充裕的沟通和合作，这既为文创体验参与提供了力量，又加剧了他们更多的情感响应，将经验分享给别人，让受众有更多的感触和难以忘怀的记忆。

另一方面，情感交互式文创可以发布日志与共享文创经验流程、成果、体悟等途径，来更加增进交互与深化情感。比如把文创里的主题用图片或者视频等方式存储起来并上传至个人终端上，或者在"拍立得"等器材的帮助下产生图片，"集印章"记录等方式让受众留存长久记忆，让体验不被单一阅历约束，又比如通过连接交际平台来推动受众共享活动等方式，让文创体验对于受众产生更深层次的影响。

3. 策动式与通畅式的体验

该部分罗列了功能情感交互式文创中玩耍、情境复现和讲授等几大样态。其中受众根据一定的目标与要求做出交互举止，通常可以获得期待的效果，文创的关键作用是以清晰性能发挥为前提。而策动式、通畅式体验关注互动时结果的不清晰，为受众预留了一些斟酌空间，让他们有抒发个人见解并有继续探究的愿望。

情感交互式文创的引导方法有很多，本书推荐了其中三种：第一，以情感信息为基础的引导，是将受众浏览多种文化内容后完成某些行为的情绪反馈留存起来，在互动结束后加以说明，让受众专注于自身情感层面的激发，重新定位自身的气质与倾向；第二，以敞开式设问为基础的引导是让受众生成与发表评论、看法，还能注意到别人的看法；第三，以创造活动为基础的引导则是让受众通过遐想自主创造，或者利用算法工具来帮助创造出具有积极导向作用的文创产品。

二、情感交互式文创的品质提升

情感交互式文创实质上属于数字交互产品，必然要求对交互界面开展特定的策划与定制；但情感交互技术与其使用感受还未为公众所熟知，这会造成受众使用过程中的困境，以上情况均给策划带来困难。对此，本书将借助下面叙述的一种文创交互策划方法，用于助力情感交互式文创可行性方案和交互使用感受。

（一）受众对情感交互各环节的认识

基于前面的介绍，情感交互创造的关键体验来源于文化功能和受众需要的叠加。情感元素和性能在关键互动过程中扮演协助角色。因此，情感交互在文创中的定位不应该被受众全部感知，以规避本末倒置。情感交互式文创交互策动的关键是将情感交互的收集、辨识、筹备、行动等环节融入文创的基础交互过程，并按照其概念策划手段发展互动过程。将概念变更为详尽的交互式目标和多个分支目标。详尽策划方案不限于界面框架、要素和关联关系等。每个分支目标可以存在一定的间隔时长。文创交互过程铸成了文创体验文创认知的内涵，情感交互的三个环节的行动和体验应最大程度地抑制。

1. 情绪获取环节

情感获取在交互体验流程中基本是自始至终。首先，凡是采集受众地位、信息和之相关的私人电子产品、数字资产等，均应处于初级交互阶段和接口中，或者初步有所显示，防止给未来工作带来混乱或中断工作。其次，在前一检查阶段和其后几个阶段中，均应使受众察觉其情感收集行动正在顺利开展，而不必忧虑其行为、噪声等导致情感收集失败。比如通过接口的暗示，隐晦指出摄像头能够对面部进行更广区域的识别，受众能够任意行动，相应的摄像头、话筒等传感器也要具备指示灯和提醒音等实体接口交互动作，显示情感收集和辨识的工作情况。

2. 情绪的辨识和酝酿环节

这两阶段都是后端完成，前端接口要防止受众一直紧盯辨识情况而削弱体验通顺度。情感辨识的重点在于回应方法的构建，可以将其划分为三类；第一，在交互的最后一个工作及网页上上传全部成果，适合互动任务简单而过程并不繁杂的文创样态，可以说明哪种外部刺激会产生情感辨识成果，以及系统参照这些成果生成何种信息；第二，交互环节给出隐形提示信息，如在上下两个工作的间隔时间中呈现，或者以导向性文案和心情标记来说明辨识的宏观情况，适合大部分文创情境；第三，没有回应辨识成果。受众得知交互系统将以情感信息为基础进行响应时，辨识结果已经无须显示，尤其是某些以效用性为主的文创样态下，受众已经不再在意成果多与少。情感酝酿环节的重点在于用情感来界定交互路径和在进行积极交互时的认知，这在后面会具体阐述，在这里不再赘述。

3. 情绪抒发环节

这一环节可以干预文创交互中期和后期的大部分过程，对于文创体验具有关键意义。前面已经提到过情感抒发有"催化剂"径直介入和对基础形式及活动的迂回调整两种方式，但是无论以哪一种形式为依据，均可当成是接口上的抒发要素，同时要参照以下准则：一是抒发要素服从于接口基础要素并保持不变，给受众以一个安定的头脑，防止只要有情感介入就不合时宜地产生；二是抒发要素在互动环节中要尽量相仿，样式要对等并限定不多于三种类型；三是要协调好接口形式、自身和观感格调。

（二）推动情感本能的发挥与呈现

在情感交互经历的流程中要尽量让受众出于本能地抒发自身的感受。纯粹以情感计算为基础，以情感辨识为核心的交互方式对于大部分受众来说都是疏离的，若受众由于最初产生怀疑而难以激发持续下去的冲动，此外若错误地理解了情感交互样态，会导致未来进程中的慌张、焦虑或者害怕表达的情绪，这不仅会偏移情感辨识效果而且还会使得整体观感不佳。

1. 适宜的文本注解

交互前期非常有必要用文本或者声音来形象描述工作任务。即使读起来费时费力，文字仍然是可以稳定无误输送信息的要素，它以亲切感强、言简意赅的语言直接向受众诉说，既不过分突出受众本人的神态、语音和行为，又尽量倾注在内容上。体验前花费一些时间使受众轻松，这远远超过了流程上无所适从时被动改变所产生的效果。

2. 情感呈现的恰当场景

受众常常对表现情绪和神态等外在表象抱有羞怯的顾虑，尤其是某些大幅度的神情和行为，这在展览场所等人流众多的场合中表现得更为突出，继而使得神态、交流等显得更加矫揉造作。对此，必须从文创交互实体领域出发，利用合理分配空间和路线来适当迟滞人群，使受众保持不受打扰。另外，当情境中存在多种文创的情况下，还需让它们拉开一定的间距，防止受众间互相制约。

3. 强化信息的安全

情感交互涉及的面部辨识、地位辨识、声音辨识和情绪辨识等信息都是不应公开的秘密。安全是人类最初级的要求之一，受众为防止手机信息被人偷看，乐于用可视角度窄的贴膜，保证大庭广众之一应用移动终端的舒适感受。对应地，情感交互式文创开始体验前，初始接口和其他流程的交互信息安全也有利于情感的本能抒发。

总之，设置情感辨识结果的取消与变更功能是有市场的，它在显示结果时还给出了"辨识谬误"的选项，情感辨识情况对于未来工作有很大作用时可以径直打出"再次辨识"这个选项。但由于辨识不对是罕见情形，不能借此偏转大多数情感的经历，该功能的作用相对就较小，因此对变更功能的知觉必须比辨识结果本身要弱。这种弱知觉能被色彩创造出来，比如饱和度减小、明度减小，或者是一些对于视野没有明显干扰的标志被用作入口，比如问号等。此外，将常设选项及按键分布在远离接口中心位置亦为有用方法，因其方位较为恒定，能给予受众冷静的内心感受，因此互动时无须持续注意。最后如眼动追踪也为策划给出了一种可能的途径，情感交互是建立在面部辨识基础上的，这使得这种途径具有更大的可实施性。例如，在用户注视辨识结果两秒钟以上时再弹出变更结果的选项，用于最大程度降低错误结果给受众造成的损失。

三、面向受众的接口和执行动作

（一）选择亲和力强的交互样式

因为情感交互式文创策划是建立在不同文创主题、形态上，或是策划原则、介质、情境上，可采用的交互形式是非常多元化的。丰富的交互方法为文创体验带来多种可能的同时，也会带来高昂的培训支出并给用户带来执行上的难度。

前述实验情况显示在情感交互文创中，受众较偏好手语、躯体行为等身体互动模式，声音互动次之，实体互动较少，触摸模式更甚。详尽策划时可以依据文创交互总体流程的平均选项数、使用频次多寡，以及是否要求精密动作等要素分两种情形进行考量。平均使用数多者达几十次时，每一个动作都需从至少四个或选项中选择，或者输入准确度要求较高时，以触摸屏方式进行点击是最恰当的，这样受众执行中遇到困境的概率才会最低化，相反，当执行和选项比以上情况少时，采用体感交互既能提高互动的真实感又能深入参与内容的表达，有利于情绪的抒发。

以体感交互为主的文创策划首先要在执行方法上保持数目的约束，如仅存在下滑、点触和拖拉3种行为，每一种行为所对应的手语或者四肢运动都是单一的，相互之间存在着显著的差异。另外，利用受众比较熟稔的手语尽量做到动作符合实际环境、符合生活的行为、避免学习困境。最后把光标转化为手语行为，或者把关键的行为动作显示到远离接口中心的位置，同样可以让受众提高操作效率。

（二）易于理解的执行与启发措施

情感交互式文创中交互使用感受呈现出研发周期短、生产要求低和起效速度快的特点。在展览场所这种适中的情境中，需要能够迅速地吸引注意、了解它的目标和使用形式，并能够很快对产品性能进行巧妙地发挥。首先在互动进行之前的无人执行状况下，初期接口的展示会连续放映能够传递互动经历和效果的照片、影像、和执行演示，让受众能够更快地了解情感交互式文创所具有的执行方法和性能，并且判断受众是否有兴致；其次在个人信息受到保障的同时，也能够显示出上次受众使用本文创产品所带来的效果，这些内容相比于事先准备好的活动更加逼真，并且能够让受众对其执行之后的效果进行遐想。

此外，还能在互动环节的各个分支工作的前期流程中恰当地指导受众。在此经常以影像和卡通的形式，展示下一步所需要的动作，大概率会掩盖非重点部分及主题。这类措施经常使用于移动终端小程序，因为它升级速度很快，往往要向受众讲授新的内容。情感交互式文创不适宜加入过于精密的行为，导向通常比较精练且时间短，能够约束受众省略，否则要留有能够省略导向的方案。

四、情感交互式文创的样式刻画

情感交互时在了解受众的情感、状况的基础上，通过情绪手法这一环节与样态来平衡交互时的各个要素，从而实现某种目标。情感交互式文创宗旨的定义和原则策划维度相关，如在受众情感和文创主题之间形成纽带，以定向推送受众所倾向的主题或说明情感和知识之间的逻辑；同时让受众进入一定的情绪形态以产生对文创主题的共鸣；还可以只是通过改变受众情况让受众产生快乐，最终达到改善文创感受的目的。而详尽的情感抒发或者情感介入措施，就是在情感交互式文创过程中达到以上目标的措施，即与其样式刻画逻辑是相互参照的。

（一）多途径的情绪抒发

上面所述内容根据情绪抒发、介入时是否运用"催化剂"，对它进行了径直和迂回两类途径的划分，同时还表明情绪抒发的一切要素都可以合称为"抒发要素"，并以全面的眼光加以审视和策划。情感交互式文创抒发要素的核心包括观感、听力要素和文创交互性给受众带来的情绪感受两个方面，详细来说可以划分为四个类别。

1. 感觉要素

感觉要素是指在交互中以眼睛、耳朵、四肢、鼻子和嘴的知觉为主要信息途径并径直引起受众情绪的抒发要素。其中眼睛的知觉被运用得最多、效果最好，这是因为受众对真实环境的感受最仰仗于眼中所见，而展览场所情境中眼睛的知觉受到外部干扰和约束程度最小。另外几个途径可以根据文创概念、主题、交互形态等进行综合运用，如在涉及作词、编曲和演奏的文创中，以声乐为感觉要素是非常有作用的；在交互样态是借助实际介质交互的情况下，可以考虑以肤觉、触觉对情绪施加作用的要素。

感觉要素可以划分为催化剂和普通要素两类。前一类大多是指缺失后不会给当下交互活动带来变化的要素，如眼睛知觉中情绪化的标记、神态和卡通等；后一类则是指构成交互活动基础架构的要素，如历史解密式文创产品中的历史影像。但是这两个要素在策划上的界定并不是泾渭分明的，有一些要素处于二者之间，比如显示执行效果的文案、动作和语音等。

2. 流程要素

流程要素是受众进行交互活动时迸发的一种情绪。交互中最能影响情绪的要素为活动的难易程度和所需时长。活动难易程度指受众在实现交互目标的流程中消耗的力气和心气。文创交互策划逻辑表明以情感交互为基础可达到控制交互过程之目的，自然亦属情绪抒发要素之列。例如受众对文娱类文创的游玩会产生沮丧和胆怯的心理，需要用下调难度的方式恢复心情；若讲授类文创发现受众的迷茫和厌倦的心理，需要变更主题的描述方法。活动时长是第二个流程要素，它意味着执行时间、快慢对受众施加的影响。每一个步骤的运行和实现任务所需要的总时长的多寡都可能扰动心情，同时每一个受众对于时间的认知也是不同的，例如能够通过减少时间防止受众无聊，在受众关切得到正向反馈的情况下也应该酌情增加活动时长。

3. 举止要素

举止要素是指在互动过程中，由受众本身活动造成的情感波动。在涉及情绪的策划中，往往会把受众行为和实际环境的活动关联起来，推动受众迸发快感和其他正向的情绪。例如在私人终端接口上，借助拖拉动作将文件移到回收站图片上进行删除操作。或者是对带有浓厚情绪要素的举止加以区别，比如社交类应用中对热爱、讨厌的举止以向左划动和向右划动来进行区分表达，通过划动这一举止就推动了差异化情感抒发，所以情感交互式文创还能借助受众的举止要素来进一步抒发感情。

4. 音义要素

根据接口声音、文案主题的含义抒发情绪的集合可被称之为音义要素。文案能够迂回表达抒发情绪，比如褒贬受众的行为，或者使用有正面或者负面意图的话语来更含蓄地显示出来。文案广泛存在于各类交互接口上，从而可应用于不同种类的情感交互文创之中。有两种交互形式尤其需要重视：一种是典故、文化讲授类，通过海量文案为中心主题，基于音义要素的情绪抒发时要侧重自然地转换旧有信息，二是以人机对话为主题的文创，要防止情绪抒发频率过高而掩盖基本用途。

（二）文化特质的情绪化建构

文创策划要以既有主题为主线，各种展览场所拥有丰富的特色历史文化，为文创策划的展现尤其是眼睛知觉策划的抒发赋予了思路和创新点。文化特质是以展览场所物品为原型进行设计要素总结，多用于普通文创形态策划。情感交互式文创样式建构来源于情绪抒发的前提，通常应侧重情绪化建构的文化特质。本书对于情绪化建构并没有进行铺陈，只是介绍了情感化交互式文创的恰当措施。

1. 基于初始主题的展示要素策划

情感交互式文创尤其是文娱类和典故讲授类的文创样态应该将源于出处的主题经过文艺处理以提炼接口上的展示要素，这样既能满足目前受众的品位又能让情绪的抒发更加高效。恰当的情感交互式文创策划初始主题主要有两类。第一类是形态与颜色。前面已经说过，以眼睛知觉途径为依托进行情绪抒发是最干脆的，但文创形态的妍蚩、轮廓的刚柔、颜色的深浅，则为其赋予了一种径直、管用的情绪化方式。第二类是根据文化特质所形成的情绪抒发要素能够唤起受众的记忆与想象，并由此引发相关情绪反馈。以初始主题为主的展示要素可以被大规模应用于文创样态建构之中，一般不会太强势或者给受众带来不适，同时还能让文创交互接口格调协调一致，防止文创观感太过"技术范"并脱离题材，或者太过卡通化和少儿化。

2. 基于人格化策划的情绪抒发

人格化作为情感化策划中的一种可用方式，它为情感化文创赋予了情绪抒发的通道，它借助塑造类人相貌和人物标签，从而基于神态、立场和语言等方式来传递多种情绪。从人格化的深度来看，它们在文创上的详尽体现是有区别的。

一方面，人格化能够以无画面的人物标签为基础，也就是说受众无须见到自己的眼睛知觉描述，而只需借助文案或者话语就能够体验人物标签在发挥作用。有了对话机器人之后，受众就能够借助话语进行表达等相关行为，这时就能够鼓励受众抒发自己的内心情感并且利用径直抒发自己感情的话语做出反馈，甚至还能够借助虚拟形象的神情个行动更加有效地展现感情。因为在互动的过程中会有一种贴近于与他人沟通的头脑，而受众则更加倾向于抒发自己的情感以及感受自己的感情，从而起到了推动情感互动的功能。在没有对话机器人的情况下，使用者会认为系统存在进行了情绪化表达而不会有积极说出自己情绪的可能，因此在抒发上不宜用太过通俗和有力的话语去表达内心感情，话中会通过含有刺激、赞赏成分的话语对使用者产生影响。这时，情绪抒发就不能迅速和多次发生，而要在等待受众完成当前交互行为并观看结果的空档中呈现。

另一方面，把眼睛知觉画面应用到情绪抒发要素上，以人格化的神态、行动对受众进行展示与引导。运用眼睛知觉画面不会受到虚拟情绪和人机对话技术的限制，在交互样态和交互介质上没有明确规定，具有广泛的普适性。在这些人格化标签中，表情是展示感情的初级手段，它能干脆地传达喜欢、愤怒、哀伤和高兴等情感；手语等肢体运动还能展示立场，如竖起大拇指和拍手体现同意，抖肩和摆头暗含惋惜。现在许多移动终端接口和程序都大量采用人格化标签进行创作，在策划时应该借鉴具有更高应用规模的神态体系，防止加大用户感知上的难度。最后是要一定程度动漫化、简约化地设计眼睛知觉画面，要清醒认知到这种设计方法的优点是仅凭眼睛和嘴巴就能够有效传递感情，而过度地人格化反而会给画面带来辨识上的繁杂与不便。

最后，不管采用哪种人格化方法，其源头仍然是以催化剂为基础进行径直介入，它和交互关键行动之间没有固定联系，所以在情绪抒发环节均要按照前面提到的理论，可以在策划时恰当运用。

(三) 情境的效力和真实物件的加入

虽然拥有了情绪辨识和抒发功能，但情感交互式文创实质上依然属于电子媒介的运用，交互接口所能给受众带来的参与感并不可观。最近又有利用增强现实（AR）、虚拟现实（VR）及混合现实（MR）等技术提升参与感的相关探索与部署，但是其仅仅在观感效果方面产生了亦虚亦实的幻境，该模组很难带给受众真切的感受。所以，情感交互式文创要注重真实情境的要素，以情境和实体为介质创造出一种较强的参与感。

1. 文创情境与场所的策划

文创利用情境中场所策划和情景策划，让交互体验跃出接口之外。首先，策划要把接口、装备、情境和场所当成完整体系，让情境中所有要素都要和情感交互式文创主题在观感格调方面保持相仿。对触摸屏幕和传感器等智能装备，要尽可能地减少它们的主导作用。

对交互情境下受众与受众、样品和若干文创产品的位置关联进行策划。受众间的位置关联也就是人的活动轨迹，例如文创产品被一些人运用后，其余受众可在某些地点等候，这个过程中可进行某些筹备或是阅览某些讯息；和样品间的关联则是指在展览场所游览情境中，根据文创所具有的用途和主题来定义它和相关样品或是展览场所不同区域间的相对关系，例如对于样品或是文化具有说明功能的文创而言，完全可将展览场所区域放在鉴赏有关样品前进行。

2. 交互中的实体配件的应用

交互接口能够携带的资讯毕竟不具备真实感受，即便再分明的观感和听觉效果也很难让受众辨识清晰。所以，在交互环节中添加受众能够直接接触和运用的实体配件，能够使受众提升参与感和感受多元化。实体配件没有要求必须有特定用途或是成为推动交互环节的要素。另外实体配件还可在互动时充当真实物体或者触感式辅助装备以创造更强烈的参与感。

五、情感交互式文创的配合手段

（一）情绪素材群的组成和应用

1. 利用素材群的情绪抒发合理性

组成多样态的情绪抒发素材群是情感交互式文创抒发策划的一个重要环节。在互动方面，为了让整个体系能够完成情感引导并自主决定匹配的抒发要素呈现，要求每个要素在策划中都界定了映射的情绪。界定的思路可以分为以重要情绪为基础的界定和以情绪要素为基础的界定。

情感离散模型（DPM）用来提供根据重要情绪所界定的抒发要素，即首先枚举和归纳受众可能产生的情愫或者心理活动，组建重要情绪，然后在抒发要素和重要情绪之间建立映射关联。这种策略具有简化策划过程、对体系计算需求不高的优点，但其缺点是情绪运算不甚准确。而以情绪层面为基础的界定策略出自情绪层面模型（EVM），即把可能发生的情绪分配给两个或更多层面，比如之前所说的快乐感、清醒感和照亮感，然后把抒发要素关联在由几个层面组成的区域内。

以上两种情绪界定策略既为情绪抒发提供了重要的策划环节，又使得文创情感抒发策划变得综合和方便。策划时可首先选用界定手段对抒发要素进行基于重要情绪或者层面的策划，或者策划完成之后参照两者进行评价，以确保情绪抒发要素能分配到主要情绪或者层面。

另外，在以解谜、游历和讲授等功能为基础的文创中，有时只有照片等初始主题进行情绪抒发，虽然不要求对抒发要素进行深入装饰和处理，而是要求设计从业者注明情绪信息，也就是说设计从业者可以在专业建议的基础上，从外形、颜色、功能、配色和主题等方面综合思量来评价所能抒发情绪的种类与层次，同时用画面辨识取代设计从业者情绪注明还使得策划环节变得更迅速。

2. 让受众感到畅快、自由

情绪抒发要素的适当运用可以为受众带来一种畅快而自由的感受。首先互动中的抒发要素要妥善、有限地运用，表现为类型与力度。从样式建构方法上看，所列情绪抒发要素的四个基本取向，每一个取向下详尽要素也是多种多样的，交互接口以不多于两个要素最为重要，还要有微量要素作为比对和支撑，尽可能防止同时采用多个抒发要素及模组，尤其是不涉及关键交互工作的推动，既避免给受众心智及执行带来压力，又确保体系对于情绪交互时刻处于受控状态。

其次，交互环节要谨慎使用生硬的情绪抒发手段和要素，或者要让它们所占比例尽量低。本书前述部分中曾经表示情感交互的分类是以情境为基础的，亦即受众是否具有明确之目的，以建立不同之情绪运算与呈现方式。在情感交互式文创应用情境中受众互动目的甚少是绝对确定之情感的呈现，亦应面向流程，持续平缓地作用于受众。

最后在情绪抒发要素的运用上，要降低其积极与消极情绪间过多数量与过快速度转化的问题。一方面，受众情绪的发端、演化和平复都要消耗一段时长，而抒发要素中多个情绪层面中主要情绪间的迅速变更将导致情绪辨识结果不尽如人意。另一方面，情绪抒发不平稳也将让受众感到迷茫，并最终干扰到感受。

综合以上内容，情感交互式文创策划在情绪抒发素材群的形成过程中，系统能够依据情绪引导结果对各类型要素进行灵活运用。其次，通过界定重要情绪及情绪层次来调节输出要素情绪抒发的力度和时间等。最后，构建情境模组来评价输出要素给受众带来的结果和作用，然后针对情感交互体系进行迅速变更，以确保情绪抒发能够让受众有一种畅快、自由的感受。

(二) 分步化与体系化策划

作为人工智能背景下文创的一种新颖方式，情感交互式文创所使用的科技要素较早期的数字展览和交互产品的范畴更为扩大。故藉由将文创体系之各项用途拆分成若干分支用途及分支模组，既可帮助在策划及生产时妥善地运用各项基础及配套手段术，又可方便文创之策划。

首先，分步化策划把情感交互模组从相关关键交互用途中分离出某一部分，使得各个模组可以持续发挥作用，从而为情感交互式文创体系化提供契机。体系化策划时，为了组成带有体系化特征的文创产品，可以参照不同文创题材及概念，运用同样或者相仿的情感交互用途、情感信息手段，并借助于既有模组。其次，情感交互式文创策划生产的用时较长且更新换代较慢。模组化策划为产品升级提供了便利性，在更新策划时可参照真实要求，仅修改某些模组，以便能定时修改主题和版本。最后，前面已经说过，情感交互式文创最关键的利用情境还是展览场所，但是仍然要为展览场所在各种情境下的运用提供契机。模组化策划可以让文创产品更加方便地匹配多种交互介质，如去除或者变更情绪计算相关及其他模组，并可迅速移植至移动终端程序中。

六、情感交互式文创的价值体现

（一）以情感体验推进融学于趣

泰安地域交互式文创的近期发展已经显示出许多设计理念正在发展改变，已经超越了传统意义上文创的物质属性和商品属性，注重文创的体验感，在交互式文创的使用中，感受沉浸式附有文化、人文精神、历史积淀的交互式文创体验成为流行趋势，以情感交互作为交互文创的融合点，加速和促进了交互文创与人们之间的流程衔接，为实现地域文创中融学于趣的主旨起到至关重要的作用。

第一，情感体验能够帮助用户对地域交互式文创产生积极的动机和更难忘的印象。无论是任何群体去参观、购买和使用文化创意产品，情感元素的注入基本上都能满足用户的精神、文化和娱乐需求，往往是自然的情感因素主导着文创的体验思维。与传统说教的文创产品主题相比，人们对情感的自然流露更加偏好。情感计算技术则以情感识别和情感表达为基础，创造一种情感互动的文化，一方面许可受众出于本心地抒发情感，另一方面对受众产生径直或迂回的引导，不仅使体验更流畅、更有趣，而且给用户再次体验埋下种子。

第二，不同用户情感体验对文创内容产生不同的感受，为了使文创体验舒适度增强，需要了解不同个体的多项因素。情感会根据外在刺激发生变化，而情感交互系统则可以随着受众情绪流露、生理状态和言行举止的变更而持续同步匹配，因此所有人均可得到与众不同的定制化体验。因此，情感互动文化创造的内容要素、互动路径和结果反馈不再固定。而是根据成千上万的人和面孔的情感体验让用户对交互文创内容有了更深层次的同理性体验。

第三，交互文创借助情感体验在理解文化教育意义方面取得了优异效果。教育中情感要素的注入可以增强交互文创的教育意义，学习过程中的积极状态和相应的情绪可以增强学习动机的意愿，促进认知过程和其他益处。结合了情感互动的文创设计可以在诸多文创使用中进行解释和讲解，抵近教育的初心；以人文常识为主题的娱乐活动也能够将教育价值体现得淋漓尽致，而不至于偏离教育的主航道。

（二）为泰安地域体验注入创新动能

情感交互式文创的策划与生产为改善文创体验带来了新动能，为文创设计的发展提供了更多的可能性，创新性地在文创的表现环节中增加了技术性环节和表现力内容，基本表现为以下几个方面。

地域文创的数字化创新，促使对文创设计的要求增加了难度，需要对地域文化进行符合适宜的创作，就必须要注重文化的个性化处理和文化内容的转化和加工，在文创的表达上也应该增加更为多元的处理和凝练。赋予用户多感官多模态的感触，通过科技手段增加文创体验的真实效果。

地域情感文创的概念化创新，使得交互文创以情感的角度创设了一条新的文创发展思路，即情感交互技术与交互式文创的融合，这种思路也绝非是固定不变的严格模式，情感的注入的目的是让交互文创更加灵活的适用于地域中的各大场馆、服务各项设施和活动。为地域交互式文创增加良好体验。

地域文创的体验式创新，情感交互文创与传统文创相比，不是简单意义的贩卖文创商品和简单粗暴的创造收益，而是注重文创使用的体验服务和功能，通过数字技术完成更多通道的沉浸式体验，有时甚至不注重经济利益，更加体现地域文化的价值和魅力，是一种追求持续性改变的大胆尝试，这种兼具人文精神的体验感会给地域文创带来更广阔的前景，并激励发挥出意想不到的效果。

七、文化与科技交融的意义

（一）人工智能在文创中的重要意义

随着人工智能的不断完善，情感交互技术也日趋成熟，泰安村落地域情感交互式文创也在逐渐走向繁荣。情感交互式文创发展的核心因素离不开情感模式、情境交融、感情决策，同样离不开人工智能技术的协同。

泰安地域情感交互式文创的发展能够加快，泰安地域交互式文创发展的路径与实践落地，使得地域文创设计的发展向着科技与文化融合的方向加快了步伐，尝试了一种新的可行性路径，同时收集交互式文创的体验数据进行分析论证，不断改善技术与文创的融合发展。

人工智能神经网络具有很强的数字内容生成能力。目前，许多设计师通过学习大量计算机辅助技术，利用人工智能设计文创产品，其表现形式也丰富多元，这种创作能力不仅有助于设计师创作情感互动的文创设计，也可以看作是文化创意的一种功能，根据用户的需求为用户产生各种文创设计视觉效果。

通常使用的图像和视频的"过滤器"是内容生成的一种表达形式。还有一些情况下，过滤器被用来将用户的照片转换成泰安地域文化和创意作品中的设计作品。人工智能在用户认知方面发挥着重要作用。如上所述人工智能能够参考受众特质、情况和情境要素动态调整文创体验，参照受众偏好解析的结果，进行主要和次要方面的建议，有针对性的信息呈现、有针对性的交互调整体验，都提高了用户的交互认知能力。因此，人工智能的情感互动和创造不仅强调感知上的本能与协调，还许可受众在日常生活中主动领略其他地域历史文化。

人工智能在泰安地域文创层面的开发还处于探索阶段，还有更多的交互文创内容和应用需要完善和跟进，随着交互技术和情感互动的人工智能文创设计的展开，会激发出更多的设计思路和探索空间，这不仅仅是文创本身，还有其他设计门类，甚至是其他行业都会促进发展，相信未来人工智能所产生的价值会越来越多。

（二）智能化的文创设计实施环节

泰安村落地域情感交互文创设计是一种综合运用文化与科技的产物，它以情感计算为关键手段，以数字产品为传播媒介，以人机互动、智能交互、互联网、大数据云计算服务为支撑。同时，在文创策划过程中智能化也几乎无处不在，微观层面如交互沟通、多模态呈现、情境构造，宏观层面如产品功能模组优化和实体构造生产等，以上特征均要求策划从业人员要掌握多元化技能并具备选择适当策划路径的能力。

村落文创中采用交互式的设计手段，与传统的单一传统模式相比，有以下几方面提升：

第一，基于泰安地域文化数据采选、引导舆论有了显著的提升。提高对地域文创用户的认识度，对泰安地域情感交互式文创目标群体进行快速准确辨识，选定若干地域文创受众角色，参照受众的要求和取向确定文创用途；第二，交互式设计同样也提升了智能化的设计流程，特别增强了智能化设计的实用工具。能促使地域文创元素和文创体验更加符合受众角色的定位和喜好，也有助于让各个地方的用户接触到泰安文创的内容；第三，利用大数据等科学技术的加持，进行文创内容的筛选、定位、创建减少冗余负担，改善文创开发效率；第四，人工智能手段可以组合成为检测工具箱，对策划对象与策划成果开展评估。第五，基于情感交互式文创采集的受众情绪响应，可以再次检测策划成效，并为后续体系化设计指明方向。

综上所述，依托于对情感交互式文创策划环节的巧妙运用，以泰安地域为内核的文创开发将逐步提升设计的现代化水平，达到创新性与工业化兼具的良好局面。

　　泰安地域情感交互式文创主要从层次架构和策划元素开展建构，依次从发挥性能、提升感受、缔造样式、配合手段四个层次确定建立泰安地域情感交互文创的策略，对于泰安地域交互式文创的发展贡献了一种新的思路。发挥性能策略的核心是将创设的场景与处理的情感数据的相结合，让文创用户通过共情建立深刻的印象；提升感受策略是以地域文创受众体验与操作性为切入点，确定组成良性感知、调节受众自主交互动作和操控感、为受众创造优质的人机交互条件；缔造样式策略主要是针对交互过程中各项元素的相互协同，例如环境因素、空间物体因素等进行立意；配合手段策略则侧重于情绪抒发素材群的汇聚与可拆卸化功用的策划手段；情感交互技术应用对于泰安地域文创及其策划环节的推进作用是巨大的，其创新优化的交互设计方式既清晰界定了地域交互式文创的精髓，又为赋能地域交互文创设计指出了人工智能与情感交互技术领域的建设性意见。

第七章 村落地域数字文创的总结与展望

一、总结

本书以文化领域和设计领域交融互动为研究重点，以泰安地域交互文化创意策划为全局目标，在文化创意体验中综合利用人机交互、情感交互的理念与措施。针对当下地域文化中严重的同质性、有限的互动性和肤浅的文化价值等问题，运用情感互动策略设计文化创意，构建和丰富情感文化创意体验，并回答上述问题。在整个探索流程中，解析和选取方法科学严谨，修正和优化设计合理创新。

（一）情感交互干预文创策划的作用

情感交互以情绪运算为理念，让微处理机对受众的情绪特质进行辨识和反馈，已有的探索主要聚焦于微处理机科学、哲学以及解析学等方面，侧重于基于科技的实现工具，很少有策划探究过程中涉及的情感交互问题。在本书中，以对于情感交互与人工智能的实践样本为参照，以科技要素为导向，以相关原则与功能为衬托，解读了它们对于人机交互体验所带来的作用，并由此深层次剖析了情感交互在文创感受干预当中所产生的详尽作用要素。其各种要素虽在交互式文创的情境下，但是大多数看法与论断亦具普适性，可以应用于多种交互体验情境，组建情感交互策划要素群。

（二）情感交互式文创策划要点

考虑到泰安地域内情感交互式文创归纳为文创创新策划理念范畴，已有的实践中能与其内核匹配的案例较少，这给相关探索受众来获得策划关键契机带来一定困难。在此背景下，本书探索从含义、流程和执行三个维度出发，先以展览场所有针对性地发放调查问卷的方式，发掘在已有交互式文创经历上存在的瑕疵；然后从个案入手，利用深度访查探索受众对情感交互干预下交互式文创在含义、性能、交互执行和观感效果上的立场和要求；最后利用人工智能手段通过试验定义了匹配情感互动的互动方法、互动情境和主题要素。以上研究论断根据交互设计五元素理论归纳出的策划要点体现出当前交互式文创感受众所忽略的要素，同时为情感交互式文创策划奠定了基础。

（三）情感交互式文创策划层次架构

以"价值—实施—完成"的层面对交互式文创的样本进行解析，明晰每个层面下的策划重点。但随着探索向更深层面前进，以及情感交互理念与人工智能方法的援用，将不可避免地对文创的策划原则、交互形式、沟通媒介和应用情境等层面有一定感导，旧有的三个层面不能诠释情感交互式文创的策划核心。因此，要求串联上一部分给出的策划元素，再次阐述情感交互式文创的策划元素。

作为本书探索目标的情感交互式文创，是情绪交互为主的文创产品两个理念的叠加，已经完成的应用探索中没有发现可径直参考或使用的情感交互策划架构、公式。为此，本书经过交互式诠释以及论述学原则的点拨，将交互式文创的策划分为"价值、实施、完成"三个维度；利用对情感交互干预的策划作用要素开展解析，并运用到前述维度里，形成了情感交互式文创的策划层次架构，包括"发挥性能、提升感受、缔造样式、配合手段"四个层次，各个层次下关联各自的策划元素。该架构与文创策划步骤的建立，更加清晰了情感交互式文创的核心和实质，同时为探索与策划活动给出了原则和依据。

（四）情感交互式文创策划理念

本书将文创实际案例解析的论断发展为情感交互式文创策划手段，并结合其层次架构，从发挥性能、提升感受、缔造样式、配合手段四个层面指明了详尽的策划理念，更加明确了情感交互式文创策划所发挥的作用。以策划理念为关键探索论断，站在不同视角，能综合高效支持策划活动并对村落文创产品优化给出建设性的方法。

二、展望

以人工智能为代表的诸多技术已经取得长足进步，并仍有持续提升的空间，可以推断文创传统的画面交互接口向情境交互接口进化已是一种不可逆转的潮流，在这股潮流的推动下技术对交互体验的辅助作用将更加明显。策划探索还要求在交互策划和经历策划等领域视野下，研究基于人工智能、情绪运算和情感辨识的全新探索路径。本书通过情感交互干预策划作用要素的解读，为"情感交互策划"的村落文创探索进行了一定程度的研究，随着情感交互手段和方法在多情境下运用的深入发展，势必给它的策划带来更多的困难与机遇。因带有地域特色的情感交互文创样本稀缺，很难定义其针对多种类别受众的多元化策划要素。以上问题还需要随着文创策划实践的增加，配合情感交互手段和方法的进步，更加侧重这种新颖文创样态的研究。

参考文献

［1］ 大泽博隆，鲁翠.人与智能体交互：与人相关的人工智能系统设计［J］.装饰，2016（11）：14-21.

［2］ 吴朋波.旅游纪念品设计［M］.北京：人民邮电出版社，2014.

［3］ 颜洪，刘佳慧，覃京燕.人工智能语境下的情感交互设计［J］.包装工程，2020，41（06）：13-19.

［4］ 尚忠安.人工智能时代的博物馆情感交互式文创设计策略研究［D］.江南大学，2021.

［5］ 杨裕富.设计的文化基础［M］.中国台湾：亚太出版社，1998.

［6］ 林明华，杨永忠.创意产品开发模式［M］.北京：经济管理出版社，2015.

［7］ 金元浦.当代世界创意产业的概念及其特征［J］.电影艺术，2006（03）：5-10.

［8］ 李亦文.产品设计原理［M］.北京：化学工业出版社，2011.

［9］ 章文，范凯熹.破译"同质化"探寻"新设计"——AI时代博物馆文创产品智能开发与研究［J］.新美术，2019，40（04）：117-120.

［10］ 廖青林，王玫，冯战.基于情感交互的智能家居产品语音交互设计［J］.包装工程，2019，40（16）：37-42+66.

［11］ 徐洋，陈辉，王慧.情感计算用户界面模型国际标准提案研究［J］.信息技术与标准化，2020（Z1）：35-39.

［12］ 尹碧菊，李彦，熊艳，等.设计思维研究现状及发展趋势［J］.计算机集成制造系统，2013，19（06）：1165-1176.

［13］ 覃京燕.人工智能对交互设计的影响研究［J］.包装工程，2017，38（20）：27-31.

［14］ Alexander B. The New Digital Storytelling：Creating Narratives with New Media-Revised and Updated Edition［M］. Abc-clio, 2017.

［15］ Carolyn Handler Miller. Digital Storytelling：A creator's guide to interactive entertainment（3rd Edition）［M］.Berlington：Focal Press，2014：3.

［16］孙凌云.智能产品设计［M］.北京：高等教育出版社，2020.

［17］王国江.人机情感交互的方法与技术研究［D］.北京：北京科技大学，
2007.